水资源约束下的农村劳动力转移与城乡协调发展
——以张掖市为例

王录仓 张云峰 王 航 著

科学出版社

北 京

图书在版编目(CIP)数据

水资源约束下的农村劳动力转移与城乡协调发展：以张掖市为例 / 王录仓，张云峰，王航著.—北京：科学出版社，2017.3

ISBN 978-7-03-052191-0

Ⅰ.①水… Ⅱ.①王… ②张… ③王… Ⅲ.①资源短缺—影响—农村劳动力—劳动力转移—研究—张掖 ②资源短缺—影响—城乡建设—协调发展—研究—张掖 Ⅳ.①F323.6 ②F299.274.2 ③TV211.1

中国版本图书馆 CIP 数据核字（2017）第054764号

责任编辑：杨婵娟　姜德君 / 责任校对：郑金红
责任印制：张　伟 / 封面设计：铭轩堂
编辑部电话：010-64035853
E-mail: houjunlin@mail. sciencep.com

科　学　出　版　社 出版
北京东黄城根北街 16 号
邮政编码：100717
http://www.sciencep.com

北京京华虎彩印刷有限公司 印刷
科学出版社发行　各地新华书店经销

*

2017 年 3 月第　一　版　开本：B5（720×1000）
2017 年 3 月第一次印刷　印张：17
字数：324 000
定价：85.00元
（如有印装质量问题，我社负责调换）

前　言

　　农村劳动力转移和城乡协调发展是各国工业化与城市化发展的普遍现象，也是我国实现"五个统筹"、构建和谐社会和建设社会主义新农村的必然要求。目前中国已进入城市化的快速发展期，城市的拉动作用越来越明显；与此同时，中国依然面临着严重的农村滞后，农民增收缓慢，城乡之间、区域之间差距不断拉大的困境。按照经典的发展理论及其国际经验，城市化是一种经济、人口、文化、景观转换的过程，是城乡互动发展的结果，而农村劳动力转移是城乡互动链条中的关键环节。本书将研究区重点界定为西北干旱区内陆河流域（具体以黑河流域张掖市为案例）。在理论上，研究内陆河流域水资源约束对农村劳动力转移与城乡协调发展的影响，挖掘农村劳动力转移和城乡协调发展的耦合机制，构建农村劳动力转移与城乡协调发展在水资源变化、制度创新和产业结构演变三重相关因素下的过程。在实践上，寻求特定环境条件下城乡人口迁移和城乡协调发展的道路及制度建设。这对于解除干旱区内陆河流域水资源压力、加快农村劳动力转移、推进城乡协调发展有重要的决策参考价值。

　　对内陆河流域而言，农村劳动力转移和城乡协调发展除了受经济条件、体制条件的制约外，尤其还深受水资源条件的约束。由于受资源性缺水和结构性缺水的双重约束，经济用水挤占生态用水，农业用水挤占工业和城乡生活用水，形成水资源分散、高耗、低效利用的格局，其矛盾的焦点在于城-乡互动链条，问题的关键在于中游绿洲区域。其内部约束机制是：传统的农业经营模式—高强度占用水土资源—结构单一、比较效益低下—农村劳动力迁移机会不足—农村劳动力的刚性约束；工业化发展有限—城镇化发育不足—对劳动力转移的吸纳能力有限。外部约束机制是：在现行制度约束下土地资源、经济资源、社会公共资源在城乡间、产业间的差异分配，一定程度上又妨碍了劳动力转移和城乡协调发展。因此，必须将人口转移、产业转化和城镇化统一起来考虑，在空间过程、空间机制、空间格局的耦合关系中探讨农村劳动力转移与城乡协调发展问题。

从流域系统、城乡系统角度分析论述黑河流域张掖市农村劳动力的基本状况。结果表明：农村劳动力总体规模庞大，剩余数量较多，抑制转移的基础稳定，惯性强，转移的任务艰巨；持续增长，形成的累加效应明显；文化素质低、劳动技能差，就业的选择性差，转移的适应性不强；主体位于种植业，水-土-产业-人口的刚性约束力强。从流转的情况看，区内转移以自发转移为主，主要转向建筑等第二产业和进城从事商贸、餐饮等服务业，经济发达的甘州区转移劳动力比经济落后的南部地区多。重劳务输出，轻产业培育；服务体系不完善；农村劳动力综合素质低，技能单一，就业竞争力不强；本地经济发展较滞后，就地转移空间较小；受政策影响，稳定转移困难，合法权益难以保障是劳动力转移中存在的主要问题。

定量分析黑河流域张掖市的城乡发展不协调表现。结果表明：人流、资金流、物料流（水资源、土地资源、产品流动）等在城乡间的流向和流量不协调，利益分配不均衡；城乡间在经济增长、居民收入和消费水平、受教育机会、就业机会、公共卫生和医疗条件等方面存在着差距，形成典型的二元结构，并伴随着经济社会的发展，差距和不协调度有所扩大，严重影响了城乡协调发展的进程，并导致农村劳动力转移受阻。

农村劳动力的转移是有时空递进关系的，而城乡协调发展也是建立在不同的组织状态下的。第一层次转移（农业内部转移）：通过对农业内部劳动力就业结构、水资源部门利用结构、产值结构的相关性分析，辨识农业不同部门的水效益和经济效益。计算分析表明：农村劳动力无论从事种植业，还是从事林牧业，都只能在一定程度上改变农村劳动力的产业分布状况，并有限地提高水资源的利用效益，而无法从根本上改变农村劳动力和水资源的较低收益的配位关系，农村劳动力和水资源的主体依然滞留在农村和农业上。第二层次转移（农业向非农业转移，即"离土不离乡"）：农村非农产业吸纳劳动力的规模在逐年提高，但仍然无法彻底解决超载问题。第三层次转移（农村向城镇转移，即"离土又离乡"）：在完成第一、第二层次转移后，依然没有彻底解决农村劳动力转移的问题。究其原因，一方面由于农村对劳动力的吸纳能力有限，另一方面无论是农业还是乡镇企业都不是收益最大、资源配置效益最佳的载体。因此必须跳出农村区域，从更广阔的地域空间寻找劳动力转移的途径，即从农村劳动力转移的外部性考虑，促进农村劳动力转移向城市产业和城市空间集中，进而实现农村劳动力转移。

农村劳动力转移都存在着层次性、阶段性和渐进性，这一转移过程既涉及乡村系统，也必然涉及城市系统；既涉及人口要素的流动，也涉及经济、社会要素的变迁；既涉及网络体系的建设，也涉及制度和体制的创新。要在劳动力转移过程中协调城乡关系，首先是城、乡系统内部要协调，在此基础上再进一步协调城乡系统。因此，借助系统的演化机制和发展规律，得到促使张掖市城乡协调发展的机制主要有内部动力——自上而下的扩散力机制，即从城市子系统核心作用的发挥角度，自下而上的集聚力机制，即从农村子系统入手促使城乡互动发展；外部动力——制度创新保障城乡发展中生产要素的合理配置和利益的合理分配，实现城乡的协调发展。对于城市子系统要以发挥其核心作用为中心，通过各城镇的空间格局优化和合理的职能定位，在水资源承载力的范围内促使城镇化进程合理而快速推进。通过农村产业结构调整、不断发展壮大劳务经济等措施，促使农民稳定增收，缩小城乡差距。从城乡系统各要素的网络化发展及制度改革加强城乡联系和互动发展等系统内外部动力方面，缩小城乡差距，实现城乡的协调发展。全书共分十四章，其中第一章主要讨论选题的背景与价值；第二章主要进行理论梳理；第三章至第六章主要考察农村劳动力剩余和城乡系统协调发展状况及其致因；第七章，分析内陆河流域水资源约束条件下的农村劳动力分层次转移；第八章至第十四章主要探究劳动力转移与城乡协调发展的策略。第一章、第八章至第十四章由王录仓撰写；第二章、第三章由王录仓、张云峰、王航撰写；第四章、第七章由张云峰撰写；第五章、第六章由王航撰写；全书由王录仓统稿。

由于中国人口、经济、社会的快速转型，劳动力转移和城乡关系总是处在剧烈的变化之中，新情况层出不穷，尽管我们殚精竭虑，但总有捉襟见肘之感，很难把握时代跃动的脉搏。劳动力转移和城乡协调发展是一个永恒的话题，我们只能在自己的认知范围内，阶段性地勾勒出劳动力转移和城乡协调发展的样貌，传达自己的感悟，缺憾之处在所难免。

本书得到了国家社会科学基金项目"劳动力转移和城乡协调发展"

（05XSH010）、国家自然科学基金项目"基于灌区尺度的绿洲聚落空间格局及耦合关系——以张掖绿洲为例"（41261042）的资助。在本书的调研过程中，我们得到了张掖市发展和改革委员会、农业局、水务局等部门的大力支持，特此感谢！

王录仓
2016年12月28日

目　录

第一章
绪 论

第一节 选题背景

一、区域全面、协调、可持续发展的必然要求

农村剩余劳动力转移是发展中国家从传统农业国向现代工业国转变的必经之路，是世界各国经济发展过程中的普遍现象。城镇化是伴随工业化发展，非农产业在城镇集聚、农村人口向城镇集中的自然历史过程，也是人类社会发展的客观趋势，以及国家现代化的重要标志。但是，由于各国的经济体制、资源禀赋和工业化与城市化发展战略的不同，农村剩余劳动力转移的模式也各不相同。选择什么样的转移模式，才能更好地完成我国的二元经济转型，是我国经济发展所面临的一个重大课题。

21世纪以来，一方面，我国农民收入增长趋缓，城乡收入差距不断扩大，农民收入的增长越来越依赖于与农村剩余劳动力转移密切相关的"外出务工"收入；另一方面，作为我国目前重要的农村剩余劳动力转移形式的进城"农民工"，又因为拖欠工资、子女教育问题、超时工作和劳动条件恶劣等引起大家的普遍关注。面对日益严峻的"三农"问题，党中央、国务院提出了城乡统筹发展的新思路，也为我们分析农村剩余劳动力的转移提供了一个新的视角。

城乡协调发展并不是要完全消灭城乡对立，而是要不断缩小城乡差距、城乡协调发展。为缩小城乡发展水平上的差距，人们提出了城乡融合理论。恩格

斯曾指出："……城市和乡村的对立的消灭不仅是可能的。它已经成为工业生产本身的直接需要……"所谓城乡融合，是要缩小城乡差距，而不是消灭城市和乡村的具体形态。从我国目前情况看，社会主义制度的建立为消灭城乡对立奠定了良好的社会基础，但社会生产力发展水平低下，尤其是大部分乡村贫困落后，又是消除城乡对立的根本障碍。在此背景下实现城乡融合，主要有三种理论模式：乡村社区优先发展模式、城市社区优先发展模式和城乡协调发展模式。

城乡协调发展是指在区域经济社会发展中，突破城乡二元结构的束缚，在区域整体（包括社会、经济、环境等各方面）利益的指导下，运用经济、社会、政策调控手段，统筹城乡经济社会，使之成为职能分工不同，却又有机组合的区域整体。

二、区域工业化、城市化发展的必然要求

工业革命以来的经济社会发展史表明，城市是工业革命的摇篮，而工业化是城市化的最基本动力。城镇化与工业化互融共进，构成现代化的两大引擎，是现代化建设的历史任务。

随着我国经济体制的转型和产业结构的调整，农业、工业及其他产业之间的关系和转变越来越受到人们的关注，作为纽带的工业化和城市发展问题也成为人们考察和研究的焦点之一。正如著名的经济学家西蒙·库兹涅茨在他的《现代经济增长》一书中所指出的，伴随着经济增长，经济结构会发生巨大的变化；在这种变化中最主要的是产品的来源和资源的去处从农业活动转向非农业生产活动，即工业化的过程；城市和乡村间的人口发生变化，即城市化的过程。农村劳动力转移与区域工业化、城市化发展有着直接的联系，农村人口向非农产业的转移和向城市的迁移是社会结构变革的必然过程。城市化过程中的农村劳动力转移主要是指作为城市人口增长来源的农村人口向城市的迁移（简称城乡人口迁移）。经济发达国家的发展历史证明，在工业化的阶段，农村劳动力转移处于十分活跃的时期，工业化过程中伴随大量农村人口向城市转移，农业人口向工业转移，劳动力转移是各国工业化与城市化发展的普遍现象。无论是扎林斯基的人口流转理论，还是刘易斯、拉尼斯、费景汉、托罗达等学者的二元经济模型，实际上都是对工业化过程中农村劳动力转移，即人口城市化现象特质的论证。

据麦肯锡全球研究院分析，2005～2025年，中国城市新增人口中70%是由人口流动带来的，到2025年，现有流动人口（1.03亿）和未来新流动人口（2.43亿）将占据总城市人口的40%（图1-1）。张掖市是城镇化发展水平相对较低的地区，这为其将来农村劳动力转移和城镇化提升创设了巨大的发展空间。

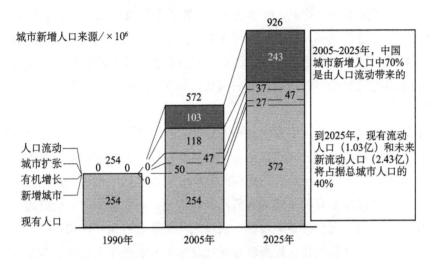

图1-1　城乡人口流动对城镇化的贡献
数据来源：麦肯锡全球研究院，2009

三、集聚经济与城市规模效应的必然要求

集聚经济（agglomeration economies）是经济活动主体在特定地域空间集中所产生的经济效果，以及吸引经济活动向一定地区聚集的向心力，也就是说集聚经济为社会经济活动的空间集中提供了吸引力和推动力，是导致城市产生和不断扩大的基本因素，各种产业和经济活动伴随着人口的"迁移-集聚"，在空间上集中后产生的经济效果和向心力促进城市的发展，产生规模效应。但是人口集聚达到一定规模后，收益反而会降低，产生规模不经济后果，这时如果克服门槛限制，又会引起新一轮集聚的规模效应。城市作为一个经济实体，经济增长是城市发展的决定性因素，一方面城市规模扩张带来城市集聚经济效益的同步增长，而城市集聚经济的增强又进一步拓展了城市市场，增长了城市对经济的支撑力；另一方面城市经济的增长也必然伴随着城市规模的扩张。理论和实证研究表明，在城市化过程中随着城市规模的扩大，经济效益有一定程度的

提高，城市的经济效益是由人口的聚集和资本的集中带来的。因此，城市化是在空间体系下的一种经济转换过程，人口和经济之所以向城市集中是集聚经济和城市规模效应作用的结果；经济增长必然带来城市化水平的提高，而城市化水平的提高无疑又会加速经济增长。

由于生产力水平的约束，中国的农村长期处于分散分布和粗放经营的状态，造成人口与经济的空间稀疏性，大量消费有限的土地和其他资源，这与集聚经济的规模经济的发展要求不一致。因此，将分散的、低效配置的资源通过有效的途径向具有优势的空间进行适当的聚集，是实现规模经济与聚集经济的必然要求。

我国农村人口过多、农业水土资源紧缺，在城乡二元体制下，土地规模经营难以推行，传统生产方式难以改变，这是"三农"问题的根源。我国人均耕地仅 $0.1hm^2$，农户户均土地经营规模约 $0.6hm^2$，远远达不到农业规模化经营的标准。城镇化总体上有利于集约和节约利用土地，为发展现代农业腾出宝贵空间。随着农村人口逐步向城镇转移，农民人均资源占有量相应增加，可以促进农业生产规模化和机械化，提高农业现代化水平和农民生活水平。城镇经济实力提升，会进一步增强以工促农、以城带乡能力，加快农村经济社会发展。随着我国经济体制改革的深入，乡镇企业和大中城市吸收农村剩余劳动力的能力呈现下降趋势。从客观实践来看，仅仅依靠乡镇企业和大中城市来解决农村剩余劳动力是有限的。城镇吸收农业剩余劳动力，使农民逐步开始从事农村工业和第三产业的工作，减轻了农村的土地压力，有效缓解了农村人地矛盾。同时土地的合理流转，为农业生产的适度规模经营和提高劳动生产率创造了条件。城镇工业的发展，可以为农业生产提供更多的资金，促进农业生产采用先进的机械化设备，提高农业生产机械化水平。城镇化的发展，增加了对农产品，特别是商业性农产品和深加工农产品的需求，为农业现代化创造了市场空间，有利于推进农业现代化进程。

四、内陆河流域发展的客观需要

西北干旱区内陆河流域总面积占整个西北地区土地面积的 75%，相当于全国土地面积的 1/4，是我国西北地区的精华地带，也是最具发展潜力的地区之一。但水资源短缺、生态环境脆弱、经济社会水平相对落后、城市化滞后已成为制约这一地区社会经济发展的最重要因素。内陆河流域的发展目标是既要保证流域上、中、下游能够合理地分享水资源，又要保证全流域的生态安全和经济社会的可持续发展，谋求环境承载力的弹性扩大和社会经济福利的最大化。而要解决上述问题，必须回答和解决城乡人口迁移与城乡统筹发展问题。

然而西北内陆河流域却相对封闭，流域内产生的各种经济、社会、生态问题向流域外转移的可能性小，也成为发展过程中各种问题的集结地区；而城市和农村相互作用耦合形成的城乡系统，却是一个开放的系统，与系统环境存在着物质、能量、信息的交换。作为城乡系统环境，相对封闭的内陆河流域系统与开放的城乡系统并不耦合；同时内陆河流域的生态环境脆弱，经济发展相对落后，城市化水平低，城乡矛盾突出。对内陆河流域而言，水资源是流域生存和发展的命脉，由于存在着资源性缺水和结构性缺水的双重矛盾，经济用水挤占生态用水；农业用水挤占工业和城乡生活用水，形成水资源分散、高耗、低效利用的格局。其矛盾的焦点在于城-乡互动链条。内陆河流域的农业作为广域产业，对灌溉的依赖性强烈，结构单一性突出，比较效益低下；然而在现行的土地承包关系和用水制度下，农村家庭人口与农村土地的一一对应关系受到法律的保护，其结果导致土地小块分散经营，阻碍了农业产业化的发展，使得农村生产效率和效益低下，农村非农要素扩展空间不足，影响了农民收入水平的提高，使农民进城的阻力加大（城镇门槛实际被抬高）。城镇由于缺少必要的产业支撑，又进一步延滞了城乡人口迁移与聚集。如果农村人口不能从土地中转移出来进入城镇，那么水资源分散、低效利用的状态就不可能改变，城乡用水的矛盾也难以根除。因此，必须从城镇-绿洲-水资源的空间耦合角度、人口-产业-资源协同角度，将人口转移、产业转化、土地流转、水资源转移和城镇化统一起来考虑，在空间过程、空间机制、空间格局的耦合关系中探讨农村劳动力转移与城乡协调发展问题。在这一目标的要求下，需要考虑究竟能从农业地域中迁移出来多少人口（迁移规模）；迁移的途径和机制是什么；迁移出来的人口应向何处进行空间聚集（空间聚集）；作为接收地的城镇，究竟应发展多大规模；其空间格局怎样；等等问题，才能实现城乡统筹发展。

因此，在经济全球化、区域经济集团化的国际大背景和经济全方位转型的国内背景下，急需从全新视角，运用科学研究的逻辑思维，深入探讨内陆河流域城乡人口迁移与集聚、制度创新和产业结构演变之间的发生机制；分析城镇集聚扩散功能、规模效应发挥的过程机制；总结内陆河流域在制度创新和产业结构演变条件下，农村劳动力转移与城乡协调发展的普遍规律，确保内陆河流域早日摆脱经济与生态贫困、稳步走向"小康"社会的战略需求。

黑河流域是我国西北干旱区典型的内陆河流域，具有干旱区内陆河流域的一切特点。它是一个典型的多基质、多层次的景观生态样带，是多种物质体系、能量体系、功能体系，甚至文化和社会意识体系的融合区。受青藏高原和大陆腹地的综合控制，流域内自东南向西北形成了链状山地－斑块绿洲－广域荒漠的生态系统，生态梯度明显，系统界面分明。土地利用和产业结构呈现山地牧业区－走廊绿洲农业区－高原牧业区组合特征，具有典型的农牧业分异和农牧交错特色；文化教育传统由少数民族牧业文化向汉族农耕文化、城市文化过渡；行政管理上地跨甘肃、青海、内蒙古三省（自治区）。在空间组织格局上，呈走廊南山（水资源产流区、牧业区、人口散居区）－绿洲区（水资源汇流区、农业区、城市密集区）－走廊北山（水资源散流区、人口城市稀疏区）分布。上述自然、生态、经济、社会及文化传统的过渡交错与融合，使黑河流域有别于西北其他内陆河流域，在充分体现内陆河流域环境底色同质性和相似性的同时，又映射出其复杂性，尤其是地跨三大省区的地缘政治格局对环境承载力问题研究具有借鉴意义。

黑河流域的一些重大问题越来越受到重视，为了整治流域内，特别是下游地区日益严重的生态环境问题，1995 年 8 月，国家发展和改革委员会、科技部、财政部、水利部、交通部、环境保护总局、中国科学院、中国工程院组织院士考察团对流域生态环境进行了全面调查；1997 年国务院正式批准了《黑河干流水量分配方案》，并成立了"黑河流域管理局"；2001 年国务院又正式批复了《黑河流域近期治理规划》。分水方案实施后，居延海已部分恢复了水面，初步缓解了下游额济纳绿洲的生态危机。

张掖市占据了黑河流域上、中游的绝大部分，是全流域人口、经济和居民点集中分布的地区，是黑河流域主要的灌溉农业区和经济主体，也是流域内各种矛盾集结的地区。其特殊的自然地理条件致使其人居环境恶劣、生态系统脆弱；加之历史基础、政治因素、区域基础和经济发展水平等因素的限制，导致城市规模偏小、职能不健全，区域城镇体系不完善，城乡互动机制薄弱，二元结构明显，很难发挥中心城市的带动和辐射作用；经济、社会发展受水资源的约束较强，经济结构不合理的问题突出，工业规模小、大项目少，第三产业发展相对滞后；城市规模有限，对农村的辐射带动弱；农村的发展速度慢；城市和农村在各种资源、资金等方面的配置存在重城轻乡的现象，农民增收困难，城乡居民在收入、消费、文教卫、社会保障等方面的差距较大，影响了区域的可持续发展。因此，需要建立协调的城乡关系来进行资源、要素、利益的合理分配，调整城乡系统结构，在相对封闭的流域内增强城乡系统的输出功能，保证经济社会的快速发展和流域的安全，带动整个流域的发展。由此可见，从张掖市的微观层面看，经济社会的持续发展需要建立新型的城乡关系，通过城乡的协调发展实现张掖市的快速发展。

第二节　研究意义

一、有助于区域城乡二元结构向城乡网络化模式转变

城乡发展不仅是一个非均衡过程，而且是一个网络化关联过程，而农村劳动力的转移可以改变城乡二元结构，并促使其向城乡网络化方向发展。这包括两个方面的涵义：即城乡二元经济结构（传统的自给自足的农业经济体系和城市现代化工业体系）和城乡二元空间结构（农村分散、无序低等级模式和城市集聚、有序高等级模式）向城乡网络化模式的转变。由于受经济发展水平和自然条件的制约，西北内陆河流域人口城镇化水平低，地域差异明显，城镇数量少、规模小且结构不合理，区域发展不平衡，与我国东部地区相比城乡二元经济结构问题较突出。这种状态既是西北内陆河流域经济结构存在的突出矛盾，也是其相对贫困和落后的原因。发展西部地区，进行大开发，可以说在很大程度上就是要实现西北内陆河流域的城乡二元经济结构向现代经济结构，也就是城乡发展的网络经济方向转换。人口和经济的空间分布动态变化在不同的时代具有不同的特征，空间集聚与扩散带来新型城乡交互模式，改变传统城乡概念，实现西北内陆河流域农村劳动力的转移，并由此带来城市的规模效应（城市的集聚与扩散功能），正是体现了内陆河流域区域空间结构形态的演化趋势，即由核心－边缘型向城乡网络式发展。

二、有助于促进区域产业布局和产业结构的优化调整

产业结构的演变一般经历着由第一产业为主向第二产业为主的转变，即由低级阶段向高级阶段的演变，而产业布局作为产业结构的空间投影，必然也会相应地发生变化，从分散于农村地区的状态转向集聚于城市地区的状态。一方面，在这一变化过程中，作为生产者的人口也必然会发生居住地的改变，尤其是处于由以第一产业为主的农业社会向以第二产业为主的工业社会的转变过程中，农村劳动力的大量转移更是势在必行；另一方面，进入工业社会后，农村劳动力转移的原动力也恰恰在于产业结构与产业布局的变化。产业结构的演变是通过资源在不同产业之间的动态配置实现的，西北内陆河流域在显著"二元结构"特征下对该区域产业布局和产业结构的优化调整主要是以劳动力为主体的各种资源在不同产业间的重新配置，即实现劳动力的转移；另外人口在城市的聚集，产生规模效应的同时也对产业结构的演变和产业布局的优化调整创造了条件，结果使城镇拥有必要的产业支撑，反过来又进一步带动农村劳动力的转移。因此，对于西北内陆河流域而言，农村劳动力的转移与产业结构和产业布局的优化调整是相互促进、互为条件的。

三、有助于加速工业化与城市化的进程，促进区域经济发展

工业化、城市化是社会必经的发展过程，从世界各国的发展历史看，工业化与城市化是紧密相连、不可分割的。按照农村劳动力转移的一般规律，城市化进程与工业化进程有很大的相关性，许多国家工业化过程与农村人口大量转移活动相辅相成，工业化引发农村人口的产业转移，城市化所标志的则是城乡人口分布的空间变化。伴随着经济发展和社会进步，任何一个国家或地区，从社会形态的变革到经济发展水平的提高，无不伴随着农村劳动力的大量转移。众多学者研究表明，我国城乡二元经济显著的原因之一就是实施的一系列政策、措施使得农村劳动力没有得到有效转移。典型的城乡二元结构造成了工农关系的不协调，在城乡之间出现了工业体系的二元结构，城乡产业间缺乏有机联系，造成了工农业生产资源、要素的不合理配置和浪费，区域产业结构不协调，整体工业化水平低，进一步阻碍了工业化对城市化发展进程推动力的发挥。因此，只有破除城乡二元结构的壁垒，建立起城乡之间的合理关系，使得城乡之间统

筹协调的发展，才能对各种资源和生产要素进行合理配置和利益再分配，形成统一完善的工农业生产体系，转变不合理的工农关系，调整产业结构和产业布局，充分发挥城市作为区域经济发展的增长极和辐射带动作用，促进广大农村及区域的经济社会发展。

而对城乡二元经济显著的西北内陆河流域而言，通过农村剩余劳动力转移，一方面可以逐步减少农村人口，增加城镇人口，改变内陆河流域目前城镇化水平比较低的状况，推进内陆河流域城镇化进程；另一方面人口在城镇的聚集能够产生规模效应，充分发挥城镇的集聚与扩散功能，转变生产增长方式，提高劳动生产率，优化第一产业，促进第二、第三产业的发展，反过来又进一步带动农村剩余劳动力转移，从而提高区域整体经济效益和社会效益。因此，研究农村劳动力的转移对于西北内陆河流域经济发展和社会进步的促进作用是不言而喻的。只有从全局出发，统筹城乡，做到资源的合理配置和高效、低耗利用，完善产业结构才能实现工业化的快速发展，进而推动城市化的发展进程，促进区域经济发展和社会的全面进步。

四、有助于缩小城乡差距，构建和谐社会

新中国成立以来，我国选择了赶超型工业化发展战略，这种通过追赶来加快实行工业化的发展战略，必然要让农业做出牺牲；同时，随着城市经济体制改革的逐步推进，特别是城市工业化、现代化的发展，从制度上制约了农村经济的发展，在城市经济发展的同时，城乡差距在一步步地拉大，形成了以城乡居民社会地位和城乡社会经济环境的悬殊差距为突出标志的城乡二元结构，阻碍了区域经济发展和社会的全面进步。从社会经济发展史看，城乡二元经济社会结构是发展中国家从传统社会走向现代化的过渡形态（宋宏远，2004）。其中，城乡差距主要表现在：居民收入、生活消费、家庭财富、公共服务、社会保障、社会投资、劳动生产率和社会负担八个方面，在经济和社会发展过程中，这些差距，如居民收入、生活消费等方面的差距扩大有愈演愈烈之势（张菊生和张启良，2005）。只有统筹城乡，将城市和乡村融入一个统一的系统内，各种资源、要素合理流动、优化配置，加强城乡之间的经济、社会、生态、技术信息等方面的联系，进一步实现城乡互动、工农业互相促进，彻底打破城乡对立的二元格局，变城乡经济社会各为一体、封闭式的循环发展为一体化的开放式

整体循环发展的新型城乡关系，实现经济、社会、文化等要素在城乡之间的自由流动和配置，实现城乡的协调发展，促使区域的稳定、持续发展，构建和谐社会。对于西北内陆河流域来说，经济社会发展的总体水平较低，城乡之间的差距十分显著，二元结构典型，同时城市发展水平又十分有限，且对广大农村地域的辐射和带动作用较弱，造成总体发展水平低且城乡之间的差距大，资源、要素的流动强度和利用率不高。因此，研究该区域城乡协调发展问题，对缩小城乡差距、改变城乡二元结构，构建和谐社会显得十分有意义。

第三节　研究思路与方法

一、研究思路

以可持续发展理论为指导，以内陆河流域水资源承载力为前提，研究水资源的承载力变化对农村劳动力转移与城乡协调发展的影响；以内陆河流域制度创新和产业结构演变为主轴，构建内陆河流域城乡人口迁移与集聚（城镇化效应）和集聚与扩散功能（规模效应）之间的耦合机制；思考以水资源承载力为地理基质的内陆河流域制度创新和产业结构演变在城乡人口迁移与城乡协调发展的反馈过程机制，建立各相关要素之间的正负反馈链；揭示内陆河流域城乡人口迁移与城乡协调发展的机制和规律；选择结合内陆河流域资源优势，在水资源保障前提下，以及制度创新和产业结构演变升级条件下的农村劳动力转移与城乡协调发展道路。

我国内陆河流域水资源不仅要承载绿洲的社会经济发展，而且要承载脆弱生态环境的维持；在水资源紧缺的情况下，水资源的承载力决定了土地资源的承载力，更进一步决定了人口的分布和城镇化水平。因而，研究内陆河流域农村劳动力转移必须同步考虑水资源承载能力和生态系统的水资源保障条件。内陆河流域城镇数量少、规模小，产业结构单一，制度创新滞后，城镇对区域的集聚与扩散功能不强，所以内陆河流域社会经济要得到可持续发展，有效实现农村劳动力的转移，进而实现集聚和扩散功能及发挥规模效应，必须对内陆河流域农村劳动力的转移进行系统综合研究，从城镇－绿洲－水资源的空间耦合角度、人口－产业－资源协同角度，将水资源约束、人口转移、产业转化和城镇化统一起来考虑，在空间过程、空间机制、空间格局的耦合关系中探讨内陆河流域农村劳动力转移问题。以可持续发展理论为指导，以内陆河流域水资源承载力为前提，在此基础上同步实现制度的创新和产业结构的升级演变。

二、研究方法

本书采用野外考察和室内分析相结合、社会调查与统计分析相结合、历史分析与空间分析相结合、生态环境分析与经济社会分析相结合、案例研究与规范研究相结合的综合集成研究方法，在广泛占有资料的基础上，积极利用 GIS 和网络信息手段，将文献研究、统计分析、问卷调查、专家咨询、背景分析、对比等方法有机结合。在大量调查的基础上，恰当选用分析、评价、预测和决策模型辅助相关的定量研究，对部分问题开展典型案例研究，在广泛的公众参与基础上完成研究任务。

1. 静态分析与动态分析相结合的方法

内陆河流域农村劳动力的转移可以理解为人口、资源、环境、发展复合系统在较长时间序列过程中相互作用耦合联动的过程。内陆河流域城乡协调发展可以理解城乡复合系统中的各子系统在较长时间序列过程中相互作用、耦合联动的过程。所以必须采用动态分析的方法，在较长时间序列过程中把握其动态变化及其态势特征。一个时间序列的发展过程实际上又是由若干个时点截面构成，对其某些代表性的时点截面进行更深入的剖析无疑可以补充动态分析的不足，深化动态分析的结果。

2. 定性分析与定量分析相结合的方法

在客观上描述内陆河流域农村劳动力从业结构特征、水资源利用效率、水资源约束下产业结构演变的劳动力转移规模、城乡差距、二元结构、城乡发展水平、城乡发展协调度等需要进行定量的分析，否则就会描述不清。首先通过综合指标法和利用有关资料的统计数据，对水资源承载力进行粗略的估算；然后通过回归分析方法建立模型，确定劳动力转移规模。推理判断产业结构空间聚集条件下劳动力转移的空间区位指向需要进行定性的分析，否则就无从判断。定性分析是定量分析的基础，定量分析是定性分析的深化，二者相辅相成，结合使用，才能取得预期的效果。

3. 实证分析与规范分析相结合的方法

实证分析偏重于对研究对象的客观描述，规范分析偏重于对研究对象的理性判断。对内陆河流域城乡协调发展研究，既要通过实证分析对其空间结构变化态势进行客观描述；又要根据规范分析对其变化过程中的作用机理和因果关系做出理性判断。从而有利于在"实践"的基础上升华到"理论"的高度，达到"理论"与"实践"的相互补充和结合。

4. 系统科学的理论和方法

系统科学是以系统及其机理为研究对象、研究系统的类型、一般性质和运动规律的学科，通过这种研究为人们提供认识世界中各类系统的性质和特点的理论依据，以便按照人们的目的和需要在改造、创建各种系统中进行科学的设计、管理、预测和决策。城市和乡村两个子系统耦合在一起就形成了城乡复合系统，城市子系统和乡村子系统相互联系、相互依存，两者时刻进行着物质、能量、信息的交换，并在外部发展条件的影响下共同构成了一个开放、复杂的系统。因此，从系统科学的观点出发，对城乡如何协调发展予以解释和分析，以找到城乡协调发展的最佳途径和模式。

第二章
理 论 基 础

第一节　农村劳动力转移理论

自从英国人口学家拉文斯坦（E. G. Ravenstein）1885 年发表《人口迁移法则》一文开始对于农村劳动力转移理论的研究，至今，西方学者逐步建立起了若干农村劳动力转移理论。这些理论可以分为两类：即微观农村劳动力转移理论和宏观农村劳动力转移理论。微观劳动力转移理论是以行为科学为理论基础研究个别人的迁移行为，如"成本 – 效益理论"和"迁移决策理论"；宏观劳动力转移理论是以劳动力转移现象宏观统计为基础研究农村劳动力总体的转移行为，如"推拉理论""引力理论""转变理论""系统理论"和"部门理论"等。纵观西方国家关于农村劳动力转移的宏观与微观理论，可以分为这样几个流派：经济理论（economic theory）、人类生态理论（human ecology）、现代化体系（modernization theory）、马克思主义及新马克思主义理论（Marxism or New-Marxism theory）。总而言之，国外学者对非农化、工业化和城市化进程中农村劳动力转移问题的研究取得了丰硕的成果，得出了不少经典的理论。其中，对农村劳动力转移研究最为系统、最富有应用价值的是经济理论即"二元经济结构理论"。刘易斯（W. A. Lewis）创立了劳动力转移的二元结构模型，费景汉（J. Fei）、拉尼斯（G. Ranis）和乔根森（D. W. Jorgenson）对二元结构模型做了进一步的发展，后来托达罗（M. P. Todaro）又补充了刘易斯 – 费景汉 – 拉尼斯模型，完善了二元经济配置的理论。"系统理论"则应用系统论的方法来研究劳动力转移，强调不仅要关心劳动力为什么转移，而且要关心整个转移过程对外界的各种影响。"部门理论"用工业部门和农业部门发展的理论来说明劳动力转移的阶段性和部门流向。"引力理论"是借用物理学上的引力概念，分析和预测地区间劳动力转移的数量和影响数量的因素。"转变理论"是从历史发展的角度分析不同历史时期所呈现的劳动力转移规律和特征。

一、刘易斯的劳动力流动与两部门结构发展模型

该理论是由美国著名发展经济学家刘易斯在 20 世纪 50 年代中期创立的，刘易斯的农村剩余劳动力转移模式源于他的"二元经济结构理论"。在其《劳动力无限供给条件下的经济发展》一文中认为许多发展中国家都存在着两个截然不同的经济部门：即一个是与外部世界相联系的现代工业部门，该部门集中了大量资本，具有较高的劳动生产率；另一个是与自给自足相联系的传统农业部门，该部门缺乏资本，劳动生产率极其低下，农民仅能维持最低的生活水平，但拥有大量剩余劳动力。认为农村剩余劳动力的劳动边际生产率等于零，这时只要工业部门需要，就可从农业部门中得到无限的劳动力。

传统的乡村农业部门的剩余劳动力转移到现代工业部门的关键在于资本家的利润投资，当资本家的利润用于投资时，现代工业部门的生产就扩大，从农业部门吸收的剩余劳动力就增加。随着资本家利润的不断投入，工业部门生产规模会进一步扩大，从而吸收更多的农村剩余劳动力，这一发展态势一直把农村剩余劳动力全部转移到工业部门为止。刘易斯认为经济发展依赖现代工业部门的不断扩张，而现代工业部门的扩张需要农业部门提供丰富的廉价劳动力，把经济增长与农村劳动力转移有机地结合在一起。他提出现代部门的发展是解决农村剩余劳动力转移的关键，为了促进工业的发展，加速二元经济结构的转变，从而加快农村剩余劳动力的转移，必须尽量增加积累，甚至为此而不惜牺牲农业。工业的快速发展，就能为农村剩余劳动力提供大量的就业机会，使传统农业部门逐渐摆脱剩余劳动力的负担并得以挣脱贫困，开始走向真正的增长发展。此时发展中国家的二元经济变成了一元经济，不发达经济变为现代资本主义经济（图 2-1）。

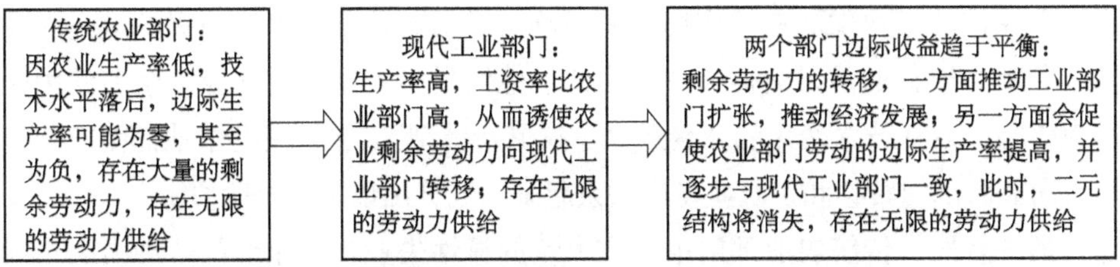

| 传统农业部门：因农业生产率低，技术水平落后，边际生产率可能为零，甚至为负，存在大量的剩余劳动力，存在无限的劳动力供给 | 现代工业部门：生产率高，工资率比农业部门高，从而诱使农业剩余劳动力向现代工业部门转移，存在无限的劳动力供给 | 两个部门边际收益趋于平衡：剩余劳动力的转移，一方面推动工业部门扩张，推动经济发展，另一方面会促使农业部门劳动的边际生产率提高，并逐步与现代工业部门一致，此时，二元结构将消失，存在无限的劳动力供给 |

图2-1　刘易斯二元经济结构理论

刘易斯认为任何提高自给农业部门的劳动生产率的做法都会造成工业部门实际工资的提高，从而导致资本家剩余的减少和资本积累率的降低。可见在这个模型中农业对于经济发展是不能做出贡献的，充其量只能为工业的发展提供廉价的劳动力，因而传统农业的改造受到忽视。该模型较多地与经济发达国家早期工业化的历史经验相吻合，与当前发展中国家的实际并不相符，如用其来直接分析与指引发展中国家的经济实践是难以奏效的。

刘易斯理论在阐述农村剩余劳动力转移时，还存在一些缺陷，主要表现在以下几个方面：①该理论所说的农业人口的劳动边际生产率等于零，可为工业部门提供无限的劳动力是不存在的；②该理论只强调现代工业部门的扩张对农业人口的影响，忽视了农业部门发展和科技进步的作用；③该理论只认识到发展中国家工业部门自身的积累对农业人口的吸收，却忽视了外资对发展中国家农业人口的吸收作用；④该理论暗含的假设，即现代工业部门的劳动与资本比例是刚性的，这个假设与经济发展的实际不符；⑤该理论假定农村存在剩余劳动力，城市不存在失业，这一假定也不符合发展中国家的实际情况。

尽管刘易斯理论存在着这样和那样的缺陷，但仍不失为一种好理论，其主要原因如下：①该理论阐述的农村剩余劳动力转移的过程较为接近发展中国家的实际情况；②为研究发展中国家农村剩余劳动力的转移提供了一种新思路和新方法，在经济增长过程必须和劳动力转移过程有机结合起来这一点上具有战略上的参考意义。

二、费景汉和拉尼斯的发展阶段理论

在刘易斯两部门结构发展模型的基础上，费景汉和拉尼斯（1989）进一步修正和发展了劳动力转移模型。他们认为刘易斯模型存在两个不足：一是对农业生产在推动工业发展中的作用重视不够，二是农业劳动生产率提高应是农业剩余劳动力转移的重要前提条件。为此，他们提出了以分析农业剩余劳动力转移为核心，重视技术变化的"费景汉－拉尼斯模型"。在该模型中他们把农业劳动力向非农部门转移和工农业发展联系起来，划分出以下三个阶段。

第一阶段：传统农业部门中存在大量的显性失业，农业部门劳动力的边际劳动生产率为零，他们认为这一阶段从农业部门转移出一部分剩余的劳动力，并不会减少农业生产总量，在仅能维持农业人口生存下去的，由习惯和道德因素决定的不变的制度工资下，工业部门不断吸收农业部门的剩余劳动力。而且，当农业劳动者流入到工业部门时，农业产品剩余便产生了，农业产品和农民消费之差所得到的农业剩余正好可以提供给流入到工业部门的劳动者。

第二阶段：由于农业劳动力，持续不断地减少，农业部门的劳动边际生产率升高，变为大于零，但仍低于不变的制度工资。这时显性的劳动力失业不复存在，但隐性的劳动力失业仍存在。劳动力继续流向城镇工业部门。由于这一阶段农业劳动力的边际生产率为正数，因此，农业劳动力的流失会引起农业总产量的减少，粮食短缺引起价格上涨，从而带动工业部门工资水平的上涨，工业部门吸收农业剩余劳动力的速度由于工资水平不断上升而减慢，这样就决定了工业部门扩张，也就是吸收农业劳动力的规模和速度。

第三阶段：农业部门的剩余劳动力，即隐性失业者已吸收殆尽，农业的工资已不再由习惯和道德力量决定，而是由市场力量来形成。此时，农业已完全商业化，工业部门要吸收农业劳动力，必须付出高于不变制度工资的由劳动边际生产率决定的工资。

费景汉和拉尼斯对刘易斯模型的修正强调了提高农业生产率的重要意义。该模型在刘易斯模型的基础上又前进了一步，他们指出了工农业平衡增长在二元经济阶段的重要性，提出农业劳动力转移取决于农业技术进步、人口增长和工业资本存量的增长等。众多学者将经过费景汉和拉尼斯修正后的刘易斯模型也称为刘易斯－费景汉－拉尼斯模型。拉尼斯－费景汉理论的意义在于它发展了刘易斯理论，主要体现在以下方面：①该理论不仅把农业看作是工业提供所需的廉价劳动力，而且同时看作是工业提供农业剩余，因此，工农业两个部门必须平衡发展；②该理论不仅把资本积累看作是扩大工业生产和经济发展的基础，而且同时强调资本积累和技术进步的重大作用；③该理论不仅提出了人口增长对农村剩余劳动力转移的阻碍，而且确立了临界努力准则。

尽管拉尼斯－费景汉理论对刘易斯理论进行了完善和发展，但由于它们以农村存在剩余劳动力、城市不存在失业、假定人口不变为前提，故它除了有和刘易斯理论同样的缺陷外，其自身还有一个重要缺陷，即它假定农业劳动者的工资不会随着农业生产率的提高而提高，这显然是不符合事实的。

三、乔根森对农业劳动力转移的论述

与刘易斯、费景汉和拉尼斯不同，乔根森从自己独特的角度论述了农业劳动力向工业部门转移的理论。乔根森认为农村剩余劳动力转移的前提条件是农业剩余，当农业剩余等于零时，不存在农村剩余劳动力转移，只有当农业剩余大于零时，才有可能形成农村剩余劳动力转移；在农业剩余存在的前提条件下，乔根森又提出了一个重要假设，即农业总产出与人口增长相一致，在这种条件下，随着农业技术的不断发展，农业剩余的规模将不断扩大，更多的农村剩余劳动力将转移到工业部门。因此，农业剩余的规模决定着工业部门的发展和农村剩余劳动力转移的规模。乔根森的理论可以概括如下。

（1）农业人口，包括农业劳动力，向非农业部门转移的根本原因在于消费结构的变化，是消费需求拉动的结果。因为人们对农产品（主要是粮食）的需求是有生理限度的，而对工业品的需求可以说是无止境的；当农产品生产已能满足人们需求时，农业的发展就会失去需求拉动，农村劳动力的人口就转向需求旺盛的工业部门。

（2）农业人口向工业部门转移的基础是农业剩余，而非边际生产率为零或虽然大于零但小于实际收入水平的劳动生产率的存在；相反，乔根森否认农业部门存在边际生产率等于零和低于实际工资的剩余劳动。他认为，即使在一个经济陷于低水平的均衡状态中，人口（劳动力）的增加，也会带来农业产出的增加。只有农业剩余的出现，才为农业人口流向工业部门提供了充要条件。

（3）农业剩余是指农业部门产品的增长快于人口的增长，即人均粮食供给增长率大于人口增长率。人口的增长是由经济增长所决定的，而且有一个生理最大量界限；而经济的增长，则有不断进步的技术作为保障。因此，经济增长超过人口增长是必然的，农业剩余的出现也是必然的。

（4）在农业人口向城镇工业部门转移的过程中，工资水平并非固定，而是

不断上升的。不但工业部门为了吸收农业劳动力要提供高于农业部门的工资水平，而且农业部门由于劳动生产率的提高，农业工人的工资也是不断上升的。

乔根森从另一个角度提出了二元经济结构的转变模型，与刘易斯和拉尼斯－费景汉模型相比，该模型更强调农业发展和技术进步的作用，更看重市场机制对劳动力转移过程的影响。他们的共同点都是肯定农业劳动力向工业部门转移的作用，肯定这种转移是发展中国家实现工业化的必经之路。

仔细分析乔根森农村剩余劳动力转移理论的内涵，有以下特点：①乔根森理论是用新古典主义分析方法和依据农业剩余为基础创立的理论，刘易斯和拉尼斯－费景汉理论是用古典主义分析方法和依据剩余劳动力为基础创立的理论；②乔根森理论认为工资率是随着资本积累上升和技术进步而不断提高的，而刘易斯等的理论认为在全部剩余劳动力转移到工业部门之前工资率由农业人均收入水平决定，是固定不变的；③乔根森理论认为农村剩余劳动力转移到工业部门，是人们消费结构变化的必然结果，而刘易斯－费景汉－拉尼斯理论认为农村剩余劳动力由农业部门转移到工业部门，会提高整个经济的生产率，从而促进经济发展；④乔根森理论从马尔萨斯人口论的观点出发，认为人口增长是由经济增长决定。正因如此，乔根森理论否定了刘易斯－费景汉－拉尼斯理论的剩余劳动假说和固定工资观点。

乔根森理论的一大缺陷是关于粮食需求收入弹性的假定，即在存在农业剩余时，粮食需求收入弹性为零，这个假定显然与事实不符。此外，该理论应用了马尔萨斯人口论的观点，也不符合发展中国家的实际情况。

四、托达罗关于农村劳动力向城镇迁移的理论

在考虑农村人口向城市的迁移过程中会不顾城市失业或隐藏失业的存在而继续进行的基础上，美国经济学家托达罗建立的农村劳动力转移模型很好地回答了这个问题。托达罗模式的出发点是，农村劳动力向城市迁移的决策是根据"预期"收入最大化目标做出的。这种决策的依据包括两个方面：第一是城乡实际工资差距，这种差距是十分普遍的，而且在发展中国家差距很大，这是农村向城市非农产业移民的重要动力；第二是农村劳动力在城市能够找到就业岗位的概率，引进这一概率变量，是托达罗模型的一个重要贡献，从而可以解释农民为什么在城市存在高失业率的情况下还会做出迁移的选择。迁移决策是根据

预期的城乡收入差距而不是仅仅根据实际城乡收入差距做出的。只要在城市就业的预期收入现值比在农村就业的预期收入值高，做出迁移的决策就是合理的。

托达罗的城乡劳动力迁移"预期"模型表述为

$$M=f(d),\ f'>0\ (其中,\ d=w\pi-r)\qquad(2\text{-}1)$$

式中，M 为劳动力转移规模；d 为城乡工资差距；w 为城市工资水平；π 为农村劳动力在城市找到就业机会的概率；r 为农村实际收入水平；$f'>0$ 表明 M 为 d 的增函数。

托达罗模型比刘易斯模型更接近发展中国家的现实，对于解决发展中国家失业问题，托达罗提出了一些政策措施。主要包括：一方面降低城市工资率（至少应减缓其提高速度）以增加劳动需求，同时还可以通过缩小城乡收入的差距来降低农村劳动力向城市转移的速度从而减轻城市就业负担；另一方面鼓励新的发展战略在农村进行综合开发，建立乡村工业，以吸收剩余劳动力，提高农村居民收入，在农业中则强调通过现有资本资源的更加有效利用来提高农业生产率，而不是通过资本对劳动的替代达到这一目的。

托达罗模型对于解决发展中国家农村劳动力转移有十分重要的意义，对于农村人口迁入城市的基本原因和其他影响因素及城市传统、现代部门对农村迁入劳动力和吸收机制分析更为详尽，更符合大部分发展中国家的实际情况。该模型强调农村和农业部门发展的重要性，不把农业作为工业化的一个工具，而把它作为一个目标，有利于发展中国家城乡共同发展。托达罗理论具有重要的改革意义：①依靠工业扩张不能解决当今发展中国家城市严重失业问题；②一切人为地扩大城乡实际收入差异的行为必须消除；③大力发展农村经济是解决城市失业和实现农村剩余劳动力转移的根本出路。与刘易斯理论和费景汉-拉尼斯理论，以及乔根森理论相比，该理论具有以下特点：①假定发展中国家农业部门不存在剩余劳动力，而工业部门有大量的失业；②假定工业部门的工资水平是由政治因素决定的，它是不断上升的；③由于把城市失业作为研究的前提条件，因而把就业概率看成了农村剩余劳动力转移的一个决定因素；④特别强调大力发展农村各项事业的重要性。

然而该理论根据西欧和美国的经验，认为劳动力从农村流向城市就是经济发展的一个重要标志。劳动力从传统农业中释放出来，重新配置到城市生产部门，促进了工业化，也促进了城市化。但实际情况表明，在许多发展中国家，尽管城市中的失业和就业不足现象在不断加剧，仍有大量的农村人口源源不断地流入城市，既加重了城市的压力，又荒芜了农田，这不利于发展中国家的发展。因此一些专家学者认为托达罗理论也有其先天不足：①该理论假定农村不存在剩余劳动力，这与人多地少的发展中国家的实际不符。②该理论暗含的假定农村剩余劳动力迁移到城市就永远居住在城市，就不了业也愿在城市里而不返回乡村，这与事实不符。

西方国家有关农村劳动力转移的"二元经济"理论，对发展中国家解决农村剩余劳动力问题提供了不少有益的启示：①提出了发展中国家解决农业剩余劳动力的方式。例如，刘易斯模型提出应通过依靠工业的发展和扩展来吸引农业人口。由于工业发展和农业人口转移的相互联系，工业增长需要农业人口的投入，反过来又促进了农业人口的进一步转移。又如，托达罗模型则提出发展中国家应通过小规模劳动密集型产业的发展来解决农村人口问题，同时政府应当重视农业和农村的发展，应鼓励农村的综合开发，从而缓解农村人口向城市的流动。②探讨了农业人口向工业转移的条件。认为农业劳动力生产率提高是农业人口向工业转移的前提，强调了技术进步在推动经济发展中的作用。③分析了在二元经济结构突出的发展中国家，农业人口转变具有阶段性。在农业人口向城市转移中，必须重视农业和工业、传统部门和现代部门综合发展、循序转移。

但是这些经济发展理论是分别根据不同国家经济发展过程的分析研究总结出来的，各自所处的时代背景不同，研究的着眼点不同，而我国的经济和社会结构与这些理论特定的前提并不一致，因而这些理论及模型在我国的应用是有限的。例如，刘易斯的理论基础是农业部门保持不变的工资，而现实中我国农民的实际工资呈上升趋势。又如，托达罗模型主要讨论了支配迁移决策的经济因素，这虽然在我国当前的城乡人口迁移中存在，但是由于我国特殊的历史制度，选择的相应的体制障碍，如传统战略下的重工业倾斜政策、建立在短缺经济上的户籍制度，以及农村的土地制度等，都在很大程度上影响了农村人口向城镇的迁移，因此托达罗模型并不能完全解释我国农村劳动力转移的活动。

而且这些理论都认为在发展中国家的经济成长过程中，农业劳动力转移不仅与工业化进程密切相关，而且与城市化进程相生相伴。在刘易斯等看来，工业化与城市化不过是同一事物的两个方面，具有同步性。而我国的现实是城市化进程滞后于非农化和工业化，这些理论都较少涉及这种条件下的农村劳动力转移问题。因此，也造成了这些理论在我国当前经济发展条件下应用的局限性。尽管如此，这些理论对于研究我国农村劳动力转移与经济发展，仍具有十分重要的参考价值。

五、"推拉"理论

唐纳德·博格（D. J. Bogue）于 1959 年发表人口推拉理论（push-pull theory），将人口迁移视为原住地推力及目的的拉力相互作用后的结果。"推拉"理论认为迁移之所以发生，是因为迁移者受到原住地的推力或排斥力（push force），以及迁入地的拉力或吸引力（pull force）交互作用而成的。即认为从农村向城镇的劳动力迁移可能是因城镇有利的经济发展而形成的"拉力"造成的，也可能是因为农村不利的经济发展而形成的"推力"造成的。"推拉"理论隐含着两项假设：第一个假设认为人的迁移行为是理性选择；第二个假设认为迁移者对原住地及目的地的资讯有某种程度的了解。由于对客观环境的认识，加上主观感受与判断，最后才决定是否迁移。

Lee（1966）对推拉理论做了系统详细的分类。他认为，迁移者由"想要迁移"到"决定迁移"之间，存在许多障碍，将这些障碍加以归类，可分为四项因素：原住地相关因素、目的地相关因素、中间障碍因素和个人因素。这些因素的吸引或排斥与否，不见得是固定不变的。在市场经济和人口自由流动的情况下，人口迁移和移民搬迁的原因是人们可以通过搬迁改善生活条件。于是，在流入地中那些使移民生活条件改善的因素就成为拉力，而流出地中那些不利的社会经济条件就成为推力。人口迁移就是在这两种力量的共同作用下完成的。

六、"成本－效益"理论

英国古典经济的创始人威廉·配第（1623～1687 年）不仅在其代表作《政治算术》中较早提出收入差距（即拉力）必然拉动农业人口向非农产业转移的思想，而且进一步分析了荷兰的农业、工业和商业存在的不同比较利益，指出正是不同产业之间比较利益的差异性，导致了人口从农业部门转移到非农业部门。"成本－效益"理论（cost-benefit theory）是从个人对成本－效益的判断出发来考察迁移行为。"迁移决策理论"是把迁移者看作是一个决策过程，认为人口迁移是对各种压力做出的反应。

迁移者要完成一次迁移，必须对迁出（入）地预期效益进行比较，评估相应的成本。迁移量与效益成正比，而与成本成反比（表2-1）。

$$M=B/C \times R \tag{2-2}$$

式中，M 为迁移量；C 为迁移成本；B 为迁移预期效益；R 为个人资源。

表2-1　迁移成本、迁移预期效益和个人资源

迁移成本C	迁移预期效益B	个人资源R
迁移运输成本	收入增加	信息来源
职业获取成本、稳定性	职业提升	迁移信心
住房成本	社会地位提升	迁移能力
社会接纳成本	居住改善	技术特长
情感与人脉成本	子女教育条件改善	社会关系
……	个人发展机会增加	……
	……	

第二节　城乡协调发展理论

一、城乡系统的内涵

"系统"这一概念是人们在长期社会实践中形成的，20世纪20年代以后，才真正作为一个科学概念进入科学领域。系统是由两个以上可以相互区别的要素构成的集合体；各个要素之间存在着一定的联系和相互作用，形成特定的整体结构和适应环境的特定功能；它从属于更大的系统（邹珊刚，1987）。

系统不仅具有整体性、层次性、结构性、功能性、变异性和稳定性等特点；而且存在于系统之外的所有其他事物构成了系统的环境，它是系统存在和演化的必要条件和土壤，对系统的性质和演化方向起着一定的支配作用；相互关联、相互影响、相互作用的组成部分之间的联系及作用的方式、秩序称为系统结构，是系统内部各要素联系和相互作用的秩序；系统功能是一个过程，揭示了系统外部作用的能力，因而是由系统整体性的运动表现出来的，是系统内部固有能力的外部体现，最终由系统内部结构决定，系统功能的发挥，既受环境变化的制约，又受系统内部结构的制约和决定，体现了功能对于结构的相对独立性和绝对依赖性两重关系。

因此，借助系统的思想和方法分析城乡关系及其发展问题，不仅能避免片面的处理问题，而且能将城乡系统的内部结构及外部环境进行透彻分析，更好地找出问题的症结，解决问题并提出建议。

城乡系统（URS）是人类社会两大单元的城市和乡村两个系统耦合在一起形成的，包括城市和乡村两个子系统及其诸多系统要素组成的复杂系统，其本身又是区域大系统的一个子系统（伍新木和张秀生，1999）。区域的各种自然及人文条件就构成了城乡系统的环境，在该系统内各组成部分和要素之间存在着一定的联系、相互作用和比例关系并共同发展，系统整体发展状况体现了两子系统不具备的整体性；系统在与环境的输入、输出中，两个子系统耦合关系表现为城乡系统的不同分工关系和城乡系统内资源和各种要素的流动、利益分配。简言之，城乡系统是一个具有输入和输出，且内部含有多重反馈环和控制变量的开放复杂系统，用函数形式可表达为：

$$S=f(SU,SR) \qquad\qquad (2-3)$$

式中，S 为城乡系统；SU、SR 分别为城市和乡村子系统；f 为两子系统的相互作用关系；其中，SU 和 SR 又由若干要素相互作用而构成，见式（2-4）、式（2-5）。

$$SU=\{u_1, u_2, \cdots, u_m\} \qquad\qquad (2-4)$$

$$SR=\{r_1, r_2, \cdots, r_n\} \qquad\qquad (2-5)$$

式中，$u_1, u_2, \cdots, u_m$ 和 $r_1, r_2, \cdots, r_n$ 分别为城、乡子系统的各个组成要素。

依据性质，可将城乡系统环境划分为自然环境和人文环境两大类：自然环境包括了该系统所处的地理位置、自然条件、自然资源等，是城乡系统发展的物质基础；人文环境指区域发展的历史基础、社会氛围、政治环境、人口和劳动力、发展观念和认识等一切人文要素构成的整体，该环境影响着整个系统的结构、性质和功能。城乡系统正是在这样一个背景下与区域不断进行物质、能量和信息的输入和输出交换，相互作用、相互影响和相互制约，城乡系统的结构也就建立在这种交换之上。可见，系统环境决定、影响和制约着城乡系统是否有序发展；同时城乡系统也不是完全被动的变化，可以通过积极的人类活动改造上述环境，防止和拒绝这些约束和限制，协调城乡关系以促使系统向更加有序的方向发展。可见，城乡系统及其系统环境之间是相互制约的。

二、城乡系统的结构和功能

前已述及，一方面，城乡系统包括城市和乡村两个子系统，各子系统又包括经济、社会、生态环境等子系统及其诸多组成要素，各组成要素之间不断进行流动和相互之间的配置，此为城乡系统的组分结构；另一方面，城乡系统还包括时空结构，即城乡在时间和空间上的相互联系、相互作用的方式和发展速度（即城乡关系和发展的比例关系）：城乡之间的发展可能是同步的发展（系统呈协调发展趋势），也可能出现速度差异过大（系统向无序方向发展，甚至崩溃）；城乡地域范围在发展过程中也在不断变化，随着城市规模的不断扩大及乡村城市化的推进，城乡系统及其子系统范围在行政区划和地域范围上都呈现出相应的动态变化。城市作为区域的经济、社会、文化、信息中心，具有较强的集聚作用，对广大的农村地域起着辐射带动作用，可以说城市子系统是城乡系统的核心。以非农产业为主的城市经济是城市系统运动发展的核心，对城市乃至区域发展具有举足轻重的决定作用，相对应的产业结构、就业结构和居民生活就与乡村子系统存在很大差别。由此可见，城市是各种经济活动要素在地理上的集聚场所，城市子系统是一个要素生产、消费高度集聚的系统，该子系统的功能体现在集聚和辐射。农村子系统则在城市子系统的辐射带动下，并通过自身的发展与城市子系统保持密切的联系、互动发展。

作为系统与外部环境相互联系和作用过程的秩序和能力，城乡系统的功能体现了系统对输入的响应能力，主要表现为人口流、物质流和能量流的强弱。系统对输入的转化能力强的，输出也表现出速度快和能力强，人口、物质和能量在城乡之间呈现双向的、强度相对均衡的流动，城乡系统则向协调方向发展；反之城乡系统向无序方向发展。城乡系统的功能也反映出了城乡系统与其环境之间的相互作用和相互关系，其发挥受城乡系统的自然和人文环境的影响，以及系统结构制约。城乡系统若要实现有序发展，则需要深刻认识该系统的结构和功能，找出城乡发展差距及造成的不协调方面。

由此可见，城乡系统的各子系统之间通过各种要素的相互流动产生联系，由联系形成相应的结构，进而又决定了特定的功能；而城乡的协调发展就是要协调城乡系统的结构和功能，实现系统的有序发展。

三、城乡系统概念模型

为确定城乡协调发展的合理道路从而实现城乡协调发展，在系统观念指导下，应用系统方法，对城乡系统静态和动态的表述提供较完整的思路和形式上的一定规范，从而作为系统发展预测、决策分析的基础和依据，可采用概念模型（概念模型是用符号和图形表示事物的构成元素特性和相互关系的思维逻辑的一类模型，其中语言模型和框图模型较为常见）帮助人们对城乡系统进行全面的科学辨识。

20 世纪 70 年代以来，许多城市生态学家提出了一些不同的概念模型：Boyden（1993）从人类生态学角度提出了人口 - 环境概念模型，在该概念模型中突出了居住地人的处境（生活质量）与其居住环境的相互关系。我国生态学家马世骏 1981 年提出社会 - 经济 - 自然复合生态系统的概念，并把城市与郊区称为社会经济自然复合系统。周纪纶（1989）在上海经济区大中城市郊县的研究中提出了城乡系统图解模型。刘小梅和刘裕（2004）把城乡视为一个系统，将城市和乡村在地理位置、经济水平、社会发展、环境质量和政策制度等方面显示出来的地域差异或相对综合优势，称为该系统的城乡势能，并提出了城乡势能的结构框架。鉴于此，结合前人经验，本书通过构建城乡系统概念框图模型（图 2-2）对城乡系统结构、功能进行认识。

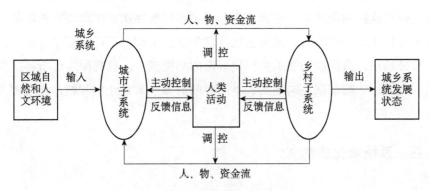

图2-2　城乡系统概念框图模型

1970 年马卜贡杰（Mabogunje）提出了城乡人口迁移的系统分析模式。该模式认为，城乡人口迁移的原因不仅在于移民本身，而且，更为重要的是在于农村和城市的控制性次系统及整个社会经济文化的调节机能，它们是控制移民数量的机制。农村控制性次系统主要通过农村各种组织机构、家庭和家族等来实现。农村地方政府及有关组织如果能发挥其组织功能，促进农村经济发展，提供大量就业机会，逐步提高生活水平，就有可能打消不少潜在移民的移居念头。不过，教育水平的提高往往使农村青年憧憬城市生活而移民。家庭和家族不会允许未成年的潜在移民单身移居。成年人的婚姻状况、奉养父母的需要也是潜在移民的牵制性因素。此外，财产继承权的制度，是多子平分还是由长子继承也往往对移民数量有所影响。城市控制性次系统主要通过寻找住房和职业的难易来实现。寻找住房和职业的难易可以起到制止或鼓励农民移入城市的作用。而政府的有关政策规定可直接影响这两个方面的功能。例如，房屋、土地价格的制定，对木屋区或贫民窟居民的态度，对摊贩的管理，以及是否设置职业介绍所等都会影响移民的数量。社会经济文化的调节机能主要表现为三个方面：①离乡背井的农民进城生活需要有一个适应过程，重新学习求职之道、社会规范，建立新的社交网络；②城市自身需要调节，多建房屋和创造就业机会，以便扩大人口容量，应付新来的居民；③农村也需要调节，设法提高劳动生产率或改变产业结构，以适应失去劳动力的新情况。假如，上述三方面的调节机能失灵，往往会使移民返回原地，或发生其他社会经济问题。政府为了解决这些问题必须加强调节机能。上述情况说明，由人口迁移所带来的城市问题是一个十分复杂的社会现象，必须深入研究，慎重处理。马卜贡杰特别指出，系统分析模式要比推拉因模式好，它除了能分析城乡控制性次系统和调节机能外，还考虑了各种系统间的联系，包括正负反馈和信息流动。正反馈意味着乡村到城市的移民增加，负反馈则表示乡村到城市的移民减少。只有深入分析各次系统联系的内涵，才能掌握不同地区、不同时间的城乡人口迁移和城市化过程（图2-3）。

四、系统演化机制

1. 系统发展的内在动因

与系统演化关系最密切的概念是表示系统秩序（混乱程度）的熵。比利时物理学家普利高津在 20 世纪 60 年代提出了关于开放系统在远离平衡态时的演化理论，即非平衡自组织理论，也是通常所说的耗散结构理论；对于开放的复

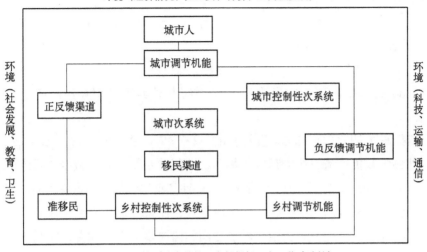

图2-3 马卜贡杰模型

杂系统，在远离其平衡状态时，系统有可能通过与外界的能量与物质的交换形成一定的有序结构；系统要保持有序，就必须保持"耗散结构"。城乡系统的运动演化有其自身的规律，可以借用热力学和统计力学中关于熵的概念来描述城乡系统的混乱度和无序度。因此，将热力学及统计力学中熵的概念推广，得到广义熵的概念，可理解为一切事物运动状态或存在状态的不确定性程度的度量。

城乡系统内复杂的相互作用可能产生协同作用，反映了城乡系统内各子系统及组成要素之间配置、流动的耦合是否合理。若协同作用发挥得好，系统有序化程度高，这种协同作用能促使各子系统及要素围绕系统的总目标——城乡协调发展产生协同放大作用，使各子系统产生相干效应，即系统整体功能大于局部功能之和，最终达到城乡系统的协调发展；反之，协同作用发挥得不好，产生的负向作用会造成各子系统及要素的不协调，产生反向放大作用，致使系统整体功能小于局部功能之和，使系统向无序方向发展，甚至崩溃。因此，对于内陆河流域的张掖市来说，城市的现代化和乡村的城市化成为城乡系统协调发展的两种重要的内部动力。

2. 系统实现协调的外在条件

以熵的形式表述不定度的概念是由费歇尔、维纳和申农几乎在同一时间提出来的。所消除或减少的熵可以叫做负熵，即信息量，表示的是系统的有序度、组织结构程度、复杂性、特异性或进化发展程度。

城乡系统作为开放系统，与外界有着多种流的传输和相互作用，其熵的变化 dS 可表示为式（2-6）的形式：

$$dS=dS_i+dS_e \tag{2-6}$$

式中，dS_i 为系统内部熵的变化；dS_e 为系统与外界环境相互作用产生的熵的变化。

依据最大熵原理可知 dS_i 总大于 0，只有 $dS_e<0$，且 $|dS_e|>dS_i$，即系统从外界吸收负熵流克服内部的增熵时，才能使系统的总熵减少（系统处于低熵状态），即 $dS<0$，从而增加系统的有序性和自组织性，促进系统的协同作用机制；反之，系统的总熵增加，无序度增加，使系统退化或恶性循环。人类活动对区域环境的改造方式决定了城乡之间的诸要素流动和配置，在张掖市这样的内陆河流域城乡系统中，利于城乡发展的各项政策，尤其是促使水资源可持续利用的政策和增加农村建设资金投入等负熵流的引进，构成了城乡系统协调发展的外部力量。

综上所述，由于城乡系统内部结构及子系统之间的相互作用机制的复杂性，城乡系统形成的耗散结构在时空上的有序程度，是以城市和乡村之间、各种要素之间保持协调、优化、有序的形式体现的。由于人类活动，城乡系统的协调发展是一个复杂系统自组织或组织合作的过程；人类对城乡系统发展干预的关键是决策－选择发展模式，决策的结果形成信息，协调控制城乡系统的能量流、物质流和其他信息流的流向、流量和流速，具有促进和延缓或破坏的双向调控作用。由于城乡系统是开放的复杂系统，内部结构、相互作用关系、信息反馈网络的复杂性，作用机制的非线性及特定的历史时期人类认识能力和认识手段的局限性，城乡系统的演化过程是确定性和随机性的统一。从广义熵的角度看，城乡协调发展的关键是在广义信息的积累和充分利用的基础上，积极开拓新的负熵源，引入负熵流，减少系统内部的熵增，使系统保持稳定有序的良性循环结构，进一步向更加有序的时空结构演化，使系统的发展和环境有机的协调起来，实现城乡的协调发展。而作为内陆河流域的城乡系统，因系统环境，即内陆河流域是相对封闭的系统，该系统不易从外部取得物质能量，城乡系统在发展过程中容易出现单向的趋于熵增大的无序状态；这就在一定程度上约束了城乡系统的演化。

五、城乡协调理论

城乡关系历来是西方发展理论研究的核心之一，而关注的焦点又主要集中于发展从哪里产生（城市或者乡村），发展如何在城乡间传播以达到均衡，发展中城乡的相互作用等方面，各科学者从不同角度对这些问题进行了研究，产生了一系列的城乡发展理论。从人类发展史来看，城乡之间存在三种关系：城乡隔绝、城乡对立和城乡融合（城乡一体）。国外对城乡关系、城乡发展及其模式的研究开展较早，国际学术研究进程大致可以将 20 世纪 70 年代作为分水岭而分为两个阶段。

其中，圣西门的城乡社会平等观、傅里叶的"法郎吉"与"和谐社会"、欧文的"理性的社会制度"与共产主义"新村"都从不同侧面体现了城乡一体的原始构想。马克思和恩格斯曾用历史唯物主义的观点来解释城乡之间的内在联系，认为分工是导致城乡分离的原因，而这种分离使得在一个较长历史时期内社会资本向城市集中，而这种集中正是社会进步的表现。1856 年，马克思归纳了在社会发展历程中生产方式转变而与之对应的城乡关系的变化，进一步提出共产主义社会理论中其中一条重要内容就是消灭城乡差别，实现城乡一体化；马克思也指出，"城乡关系的面貌一改变，整个社会的面貌也跟着改变"；恩格斯早在 100 多年前也曾多次预测，未来的社会必将是一个城乡融合的新型社会，他形象地称为"自由人联合体"。不仅仅是马克思主义者的城乡观，同期西方其他城市理论学家也提出了城乡趋于一体化的见解。美国城市理论家刘易斯·芒福德（L. Mumford）指出：城与乡不能截然分开，两者同等重要，应该说自然环境比人工环境更重要（芒福德，2009）。城市研究专家赖特主张通过分散权力来建造许多"新的城市中心"，以形成更大的区域统一体，使区域整体得到发展。埃比尼泽·霍华德的"田园城市"（garden city）理论（Howard，1984），虽没有包括城乡差别那样深刻的内容，但其中无不包含着城乡协调发展的思想，这种思想影响了英国（英国于 1899 年建立了田园城市协会）、奥地利、澳大利亚、比利时、法国、德国、美国等发达国家，田园城市运动一度成为世界性的运动。列宁和斯大林也曾总结和阐述了社会主义条件下的新型城乡关系，即城市与乡村有同等的生活条件，而非城乡差别的消灭。到 20 世纪 70 年代前，早期的马克思主义者和城市理论学家都已认识到了城乡联系的重要性，出现了早期的马克思主义经典作家的城乡融合论和以圣西门、傅里叶和欧文为代表的空想社会主义者提出的城乡一体发展论。尽管有上述城乡融合和城乡一体发展思想的出现，然而在当时的社会背景下，还没有形成城市理论研究的重点，一些片面的观点也同时存在：国际上一些有关城乡发展的研究要么倾向于将城市和农村分开来进行研究，要么倾向于主张西方城市发展观和"增长正统论"（即优先建立和发展制造业，实现都市化的西方发展观）；区域发展中的都市增长极理论备受青睐，其强调城乡区域经济的非均衡发展，把有限的稀缺资源集中投入到发展潜力大、规模和投资经济效益明显的城市区位中发展，强化城市增长极的牵引力和经济实力，使城市与其周围的乡村存在一个势差，并通过市场机制使农村各生产要素向大城市流动。同时，西方也有少数政治和经济思想偏激的学者认为城乡发展的地理特征是阶级利益的反映，区域发展思想中特别强调城乡对立的发展观，反对小城镇和农村与大都市的空间联系，并主张地方自中心发展、乡村内源式发展和有选择性的空间封闭式发展。简言之，上述都代表了两种极端的城乡发展观。

20 世纪 70 年代后，上述极端的城乡发展观日趋受到质疑，激进的新马克思主义的发展理论也没有更大的发展；80 年代以后出现了城乡联系的新理论：利普顿（Lipton）认为不发达国家之所以不发达，不是因国内劳动者和资本家的冲突，也不是因为外来利益和本国利益的冲突，而是因没处理好城乡关系，并把这种政府的过分保护政策而引起的不公平城乡关系称为"城市偏向"的城乡关系；科布纳基（Corbridge）认为城乡联系不是一种孤立的现象，城乡关系只是依附于其他社会进程（如城市化）的一种关系，并提出"城市偏向"的症结在于低廉的食物价格及其他一系列不利于农村的价格政策，偏向于城市工业的投资战略及由此引起的乡村地区技术缺乏，农村地区普遍存在的医疗、教育等基础设施的落后；朗迪勒里（Rondinelli）强调城乡联系的极端重要性，认为发展中国家政府要获得社会和区域两方面的全面发展，其投资在地理上应是分散的，并提出包括物质、经济、人口流动、技术、社会性、服务和政治、行政、组织八种联系的城乡空间发展评价框架；麦吉（Mcgee）于 1989 年提出了 Desakota（灰色区域）概念，从城乡联系和城乡要素流动的角度，研究了社会和经济变迁对区域发展的影响。同时，城乡融合和城乡空间网络系统的理论和实践研究如雨后春笋般发展起来，催生了新的城乡发展观——区域网络战略和城乡相互作用理论，形成了新的城乡发展格局。

（一）城乡联系理论

地表上的任何一个城市都不可能孤立地存在，为了保障生产生活的正常运转，城市之间、城市与区域之间总是不断地进行着物质、能量、信息、人员和交换，这种交换称为空间相互作用（spatial interaction）。正是这种相互作用，才把空间上彼此分离的城市结合为具有一定功能和结构的有机整体，即城市空间分布体系。

海格特（P. Haggett）1972年提出一种分类，他借用物理学中热传递的三种方式，把空间相互作用的形式分为以下三种。

（1）对流：以物质和人的移动为特征，如产品、原材料在生产地和消费地之间的运输，邮件和包裹的输送及人口的移动等。

（2）传导：是指各种各样的交易过程，其特点不是通过具体的物质流动来实现，而只是通过簿记程序来完成，表现为货币流。

（3）辐射：指信息的流动和创新（新思维、新技术）的扩散等。

相互作用的进行，需要借助于各种媒介，其中交通通信设施是主要的手段。铁路网、公路网、航空网，以及水路、管道等，是城市对外交通联系的工具；电话、电报、传真、卫星通信等，是城市对外通信联系的手段。

如果把相互作用赖以进行的各种网络和城市一起考虑，那么城市就是位于网络之中的节点（node）。交织在城市中的网络越多，说明城市的易达性越好，在城市体系中的地位也越重要。

城乡一体化表现为城乡地域之间诸要素优化组合，协调发展的过程，即在一定范围内城乡两个系统在空间、人口、经济、社会、生态等基本要素交融与协调发展。这一过程既是特定地域内城乡诸要素相互渗透、合理配置的过程，也是城乡诸要素协调度、融合度日益提高的过程，强调城乡互动与协同发展。

空间相互作用的产生的前提条件是互补性、中介机会和可运输性。城市与其附近乡村的相互作用的基础是，它们之间在资源上有互补性，在生态上有共生性，在经济上有相依性，空间上有可达性。

（1）城乡资源上的互补性。一般来说，城市地域空间狭小，其经济资源和社会等人文资源较丰富，而自然资源相对缺乏。乡村则相反，空间开敞，自然资源较丰富，而经济资源和社会资源等人文资源相对缺乏。它们在资源上有很大的互补性。

（2）城乡生态上的共生性。城市和乡村作为两个开放的自然生态系统，其环境要素之间必然会通过营养关系、生态应力及自然外力等产生联系。例如，通过食物链，大气循环、水循环等通道发生物质、能量、信息上的对流，从而构成一定地域的共生的自然生态大系统。一方面，城市附近乡村不仅可以为城市提供廉价的自然资源，廉价的劳动力和食物，而且其开敞空间还为城市提供舒适的环境，它在生态上起着"城市之肺""城市之初级生产者"的作用。若离开了乡村的生态庇护，城市生态系统将走向消亡。另一方面，乡村生态系统若离开城市的富余资本、先进技术和科学管理的注入，则只能维持低级的、低效率的自然再生产过程。

（3）城乡经济上的相依性。城乡之间资源、劳动力、资本、技术等分布的差异性及互补性，使城乡之间经济技术合作不仅有必要性，也有可能性，并且以生产链（网）为纽带在特定的地域——城乡生态经济交错区通过利用与被利用，加工与被加工等关系与方式得以实现。在经济发展上表现出鲜明的依存性。首先，从乡村对城市经济建设和发展的影响来看，乡村为城市提供扩张的土地；为城市提供廉价的劳动力；为城市工业产品和其他各类商品提供广阔的市场；为城市居民提供无污染的、新鲜的、廉价的农副产品；为城市工业和其他企业的发展提供燃料和原料；为城市副产品——废弃物提供"自净"场所。其次，从城市对乡村经济建设和乡村现代化、城市化的影响来看，城市为乡村经济发展提供各种工业品，为乡村提供先进的科技和现代化管理；为乡村的农副产品提供巨大的消费市场；为乡村提供充分的、对称的、多样的生活、经济等。

（4）城乡空间上的可达性。在信息化时代，邮电、通信网络成为沟通城乡经济、文化、技术信息的重要通道。而以铁路、水运、高速公路为主体的交通网络成为城乡物资、能量、技术等的重要载体。交通网络在城乡生态经济交错区的形成与演化过程中起着催化作用和优化作用。游离于城市的富余资本通过城乡之间的金融、信贷网络转移到区位次优，其他资源组合较佳的城乡生态经济交错区，从而强化交错区经济的发展。

城乡要素，可以分为物质性要素与非物质性要素。物质性要素有土地、基础设施、人口等，非物质性要素有经济、信息、文化要素等。龙迪内利（Rondinelli，1985）认为城乡相互作用具体包括七类，即自然及交通联系、经济联系、人口活动联系、技术联系、社会联系、服务性联系、行政管理联系（表2-2）。

表2-2 Rondinelli 的城乡联系要素

类型	形式
自然及交通联系	道路网络、河流及水运网、铁路网、生态相互关系等
经济联系	市场网络、原材料及半成品流、资金流、生产联系、收入流、部门及区际日用品流等
人口活动联系	移民流、工作通勤流、旅行与旅游流
技术联系	技术扩散形式、灌溉系统、电信系统等
社会联系	居民原籍关系、亲属关系、风俗、礼节、宗教活动、社会团体关系等
服务性联系	能源供应与网络、信贷-财政网络、教育训练网络、卫生医疗网络、交通服务系统、商品供应系统等
行政管理联系	机构关系、政府预算过程及形成、权力关系、党派关系、日常政策制定及监督等

将要素整合为人口要素、产业要素、土地要素、网络设施要素、政策制度要素五部分内容（表2-3）。这五部分内容，既是县域城乡互动的关键要素，也是城镇体系发展的关键调控对象。其中，人口要素主要指人口在城乡间的流动与城镇规模的形成；产业要素指不同的产业结构形成不同的产业链，产业链的关系与空间分布构建了不同的城乡联系；土地要素的互动指不同类型的用地在城乡间的变化发展；网络设施要素指的是不同的基础设施与服务设施对城乡发展的支撑。城乡互动是各种要素在城乡间相互作用的复杂过程，促进城乡之间各要素合理流动，并使各要素流在质态、量态、时态和空间上协同，是城乡一体化发展的实质。

表2-3 城乡一体化要素框架

要素类型	城镇间–城乡间–乡村间联系方式	空间表现
人口要素	人口流动的关联	人口规模分布
产业要素	产业关联	区域产业布局
土地要素	土地使用性质变迁与区位关联	城乡空间结构
网络设施要素	支撑系统与服务系统的联系	网络设施布局
政策制度要素	各种政策、制度	行政区划、行政联系

（1）人口要素：人口要素的城乡互动，表现为人口在城乡之间的流动。这种流动包括两部分，一部分是跨区域的人口流动，即市域外界与市域内部所存在的城乡人口流动，如外来人口的进入和市域当地人口的外迁；另一部分是市域内的人口流动，即县域内部随着城镇化的进行，农村人口进行着非农化的进程。农村人口进入城镇、县城工作或者居住（图2-4）。

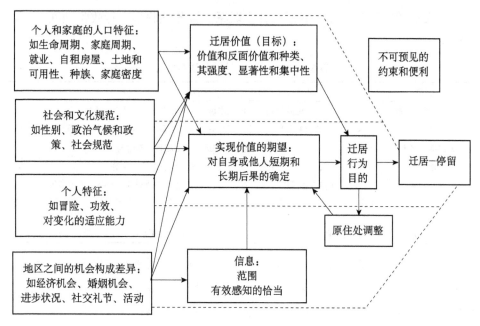

图2-4　居民迁居决策的价值期望模式（Golledge and Stimson，1997）

（2）产业要素：其具体形式虽多种多样，但目的都是通过产业链向农业的延伸，促进区域统筹发展。这种向农业延伸的产业链关系，体现在城乡一体化中，即各城镇产业与腹地农村的互动联系。这种发展形式，初期表现为"产业链集聚模式"，即以一两家企业为龙头，市域内形成一条完整的产业链条。初期以降低交易成本、增加企业间信息的对称性、提高区域工业区的核心竞争力为目标。而随着区域进一步的发展，将出现"产业链网状集聚"，即逐渐具备两条以上的产业链，其中二者具有相容性和替代性，形成联系紧密的网络化联系的城镇体系结构。这时随着产业升级，部分城镇将在占据产业链高端的同时，逐渐提升自身在产业价值链中的地位，使得产业结构得到升级。

各产业中，企业具有自身的选址要求，这种区位的选择是受其他互动要素影响的，包括人口分布、服务设施、基础设施等。产业要素的空间布局，表现为三次产业的区域布局及城乡市场的布局。城乡互动对于产业要素的要求，即在城镇体系层面，延伸产业链并对相应的城镇职能结构进行协调，与城乡人口区域分布特征相协调，合理布局城镇体系内的要素市场，即对职能结构进行扩充，以第一、第二产业的经济区划及市场体系的区域布局，引导促进城镇体系的城乡互动。

（3）土地要素：土地要素在城乡的互动，是土地的规模、属性及空间分布的变化。城乡间的土地要素互动，在城镇化过程中主要表现为城镇的扩张、对基质的侵蚀，以及农村斑块的萎缩与再生。

城镇间通过各自吸引力的制衡，不断进行着不均衡的扩张。城镇建设用地不断扩张，侵蚀基本农田及生态环境。城镇内的产业用地，由于具有集聚效应与规模经济效应，加以集中建设的政策引导，多以大面积、集中的园区形式出现。而工业园区的建设将对自然环境进行侵蚀，并对周边农村斑块进行合并或产生影响。在城镇功能定位确定后，产业园区具体用地的选择，将直接关系到城镇相邻农村地区的城镇化进程，无论是将农村居民点纳入建设，还是与之相邻，都将带动农村地区向地区的集中，形成不同的城镇空间形态，进而影响整个城镇体系的农村居民分布。

城镇在发展过程中通过自身的极化作用，不断吸收人口、产业的集聚。农村人口不断外流，使得农村地区空心村现象严重。农村地区的发展逐渐萎缩。按照二元经济的概念，农村人口将不断向城镇集中，直到农业剩余劳动力转移完毕。然而，由于前述的实际影响因素，目前还有大部分农民仍在城镇与乡村之间徘徊。农民需要更好的生活环境，而新农村建设政策的提出，使得农村地区面临由上而下的建设需求。农村居民点在这个过程中，面临着上下皆有的发展需要，是变动较为强烈的层面。政策性的迁村并点，使得农村居民点更为集约，并和产业发展与城镇发展结合起来。在实践中表现为农村居民点的消亡与新居民点的生成。

土地资源的城乡互动中，城镇对周边环境不断侵蚀，尤其是对农田的侵蚀尤为严重。农业用地及生态用地，其总量在城镇发展中如不加以保护，将不断减少。因此，城乡间土地要素的互动，在土地规模中体现在各类用地资源总量变动，在空间上体现在各类用地的空间分布及相互关系。相应地，在对其调控中可通过确定各类生态地区范围，严格保护环境，对农业用地尤其是农田，执行占补平衡控制，保证农田总量。同时，加强对城镇与农村融合过程研究，将其作为面状斑块，重点研究其空间影响范围及空间分布特征。土地斑块之间的互动，与人口及产业要素的互动是紧密相关的。土地属性是人口及产业要素在空间上的落实。因此，一方面，通过人口要素与产业要素的发展，可以在一定程度上引导土地要素间的互动；另一方面，在不同政策的引导下，人口、产业要素与用地的空间落实并不是完全吻合的，需要政策的调控。

（4）网络设施要素：网络设施，即各类联系的媒介与框架，包括网状要素及点状要素。它们同时形成了城镇与城乡间的网络联系框架（表2-4）。

表2-4　城乡网络设施

设施类型	设施内容		设施功能	城乡互动重点
网状设施	基础设施	道路网、电力网、电信网等	人口流、物质流、信息流、资金流、能量流的城乡联系媒介	网络与延伸与接连结构优化 成本的降低
	生态廊道	河流、水系等		网络的保护
节点设施	文化教育	小学、中学、职业教育等、文化站等	文化传播	服务质量的提升 等级结构的优化 城乡资源均衡化
	医疗服务	医院、卫生所（站）、兽防站（所）等	医疗服务	
	商业服务	各级商业中心、各级专业性市场	市场吸引点	

网络设施的作用，在于为城乡间各种流的交换，提供了连接平台。对于网状设施，其连续性、空间布局、流动成本，决定了城乡间要素流动的便捷程度，影响着城镇体系发展进程。网状设施对城乡互动发展体现包括：电力、电信网络的建设是农村生活提高的重要推动因素；便利的信息传递将更紧密地联系城乡，提高农民素质，提升农业技术水平。

点状要素的分布，将形成分级的服务点。这些服务点的布局，为城镇、农村居民提供必要的生活、生产、休闲服务。城乡间不同等级的服务点布局，影响着城乡居民点的集聚能力。城乡间服务设施的布点，取决于对服务的需求程度，以及供给的经济性。各类服务设施，针对不同的服务范围与服务类型，呈等级分布。服务设施的布局和规模，与人口、产业布局相关，适当集中的高等级服务设施，以及覆盖面广的低等级服务设施相结合，将同时满足经济性与便利性的需求。

因此，对于基础设施，应在成本控制的基础上，提高网络的覆盖面与网络的连通能力，减少连通阻力。对于各类节点性的服务设施，应按照不同服务对象的实际需求进行区域性布局，优化等级结构，平衡城乡间的需求，合理设置服务范围和服务设施标准。

（5）政策制度要素：城乡一体化的根本是区域经济活动的空间动态关联，包括企业的地域网络化发展、产业链条的地域延伸、生产要素的地域流动，以及知识、技术和创新成果的地域共享等。这种城乡互动发展的实现途径，有赖于区域城乡空间的科学组织，所以产业结构转换为城市化提供了动力。生产要素的流动，实质上是要素在各产业之间的流动，即产业结构转换是要素流动的结果，生产要素的流动依赖于城乡空间各种网络通道，因此城乡空间基础设施是城乡一体化现实动力。空间决定论的代表人物弗里德曼曾经强调"空间－距离－可接触性"在区域发展中的先决作用。通过便捷的交通和通信，可以大大地缩短城乡之间乃至区域之间的时间和空间距离，实现区域与外部发达地区、区域内部城乡之间经济发展上的整合。特别是交通通达性的提高，可以增加城乡经济运行的机动性，扩大对外交流的开放程度，还可以保证城乡生产生活的联系的密切性和快速性，提供城乡居民远距离就业的便利条件，改善乡村居民生活消费行为。同时，城乡要素的流动在市场机制下遵循趋利原则，因此可以推动城乡发展，也可能导致城乡的失衡，城乡的协同发展必然要求政策制度的协调作用。因此，产业结构转换是农村劳动力转移和城乡协调发展的动力机制，基础设施联动是农村劳动力转移和城乡协调发展的实现机制，制度安排与变迁是农村劳动力转移和城乡协调发展的协调机制。

缪尔达尔 1957 年在《经济理论和不发达地区》一书中，提出了"地理上的二元结构"理论，成为城市化理论中城乡协调发展的经典理论。他利用"扩散效应""回流效应"等概念解释一国经济发展中地理二元结构形成的原因和作用机制。他认为，经济的发展所带来的商品、资本、人员、技术等要素的自由流动会使先进的地区更先进、落后的地区更落后，因此必须由政府制定相应的政策刺激和帮助落后地区加快发展。

20 世纪 70 年代后，上述极端的城乡发展观日趋受到质疑，激进的新马克思主义的发展理论也没有更大的发展，80 年代以后出现了城乡联系的新理论：利普顿（Lipton）认为不发达国家之所以不发达，不是因国内劳动者和资本家的冲突，也不是因为外来利益和本国利益的冲突，而是因没处理好城乡关系，并把这种政府的过分保护政策而引起的不公平城乡关系称为"城市偏向"的城乡关系。

科布纳基（Corbridge）认为城乡联系不是一种孤立的现象，城乡关系只是依附于其他社会进程（如城市化）的一种关系，并提出"城市偏向"的症结在于低廉的食物价格及其他一系列不利于农村的价格政策，偏向于城市工业的投资战略及由此引起的乡村地区技术缺乏，农村地区普遍存在的医疗、教育等基础设施的落后。

龙迪内利（Rondinelli，1985）强调城乡联系的极端重要性，认为发展中国家政府要获得社会和区域两方面的全面发展，其投资在地理上应是分散的，并提出包括物质、经济、人口流动、技术、社会性、服务和政治、行政、组织八种联系的城乡空间发展评价框架。

（二）城乡作用理论

20 世纪末期，在亚洲的许多核心城市边缘及其间的交通走廊地带出现了与众不同的农业与非农业活动交错的地区——"复杂而且复合的区域系统包含了核心城市、边缘区、远郊地区、卫星城和扩展的高密度人口与集约的传统水稻种植的农业用地其间的地区"。麦基（T. G. Mcgee）通过与西方传统城市化过程比较研究后认为，这种"城市与乡村界限日渐模糊，农业活动与非农活动紧密联系，城市用地与乡村用地相互混杂"的空间形态代表了一种特殊的城市化类型，称为"Desakota"模式，并以"desakotasi"描述其形成过程。

麦基是从城乡联系与城乡要素流动的角度，研究社会与经济变迁对区域发展的影响。其着重点不在于城乡区别，而在于空间经济的相互作用及其对聚居形式和经济行为的影响。这种新形式的城市转型代表了在城市偏向政策和被增长极理论引导的分散理论两模式之间可行操作的妥协。

20 世纪 90 年代，日本著名学者岸根卓郎提出了城市与乡村融合的概念，并从系统论的角度，比较了城市社会系统与农村社会系统各自的优劣，设计了理想的城乡融合系统，即"一方面，农村具有的'悠闲''宽松''安逸'等田园牧歌环境，作为全体国民的共有财产，与城市居民共同分享。另一方面，城市具有的'活力''繁华'等综合的文化环境，同样作为全体国民的共有财产，也与农村居民共同分享"。从系统论的角度分析了城乡关系的还有亭德利克·福姆和简·奥斯特海温，他们主要分析了区域网络化系统的空间非均衡成长途径。这种研究是在 20 世纪 80 年代，西方国家的产业结构及全球的经济组织形式发生了巨大的变化背景下产生的，对城市与乡村之间的整体关联具有了更多的指导意义。地理学家罗宾桑（G. M. Robinson）和格林（B. Green）强调乡村景观的生态、历史和文化价值，从乡村景观的角度指出，影响乡村景观的主要因素表现在城市与工业的扩张上。此外，格林还通过 1947 年英国的城乡规划条例，指出规划好城乡区域中建设区与保护区的必要性，这是对城乡一体关系进行了有益的规划应用。

道格拉斯（P. H. Douglas）分析了过去的各种发展理论与规划中普遍存在的将城市和乡村分割的问题，从城乡相互依赖角度提出了区域网络发展模型。道格拉斯认为，乡村的结构变化通过一系列"流"与城市的功能和作用相联系，他划分了人、生产、商品、资金和信息五种"流"，每一种都有多种成分和效果，它们还体现出不同的空间联系模式和多样的利益趋向特点。为确保均衡发展目标的实现，"流"必须导向一种"城乡联系的良性循环"。据此，道格拉斯提出了区域网络模型："网络（network）概念是基于许多聚落的簇群（clustering），每一个都有它自己的特征和地方化的内部关联，而不是努力为一个巨大的地区选定单个的大城市作为综合中心"。模型强调提高居民的日常生活质量和改善城乡基础设施网络的连接度。可以看出，道格拉斯的模型与仍广泛使用的空间极化发展模式相左，在某种程度上，区域网络模式是乡村城市战略的深化。

与此同时，城乡融合和城乡空间网络系统的理论和实践研究如雨后春笋般发展起来，催生了新的城乡发展观——区域网络战略和城乡相互作用理论，形成了新的城乡发展格局，如小城镇发展模式、Desakota 模式和农村综合发展模式等都强调了城市和乡村的联系；美国、加拿大、澳大利亚及欧洲一些国家纷纷选择了城市、城镇和乡村互动发展的模式，构建了"城中有乡，乡中有城"的和谐发展格局，即大中城市、小城镇与现代化的乡村连体并存，实现城乡一体化协调发展；亚洲的韩国、日本的区域经济发展态势也趋于网络化发展，出现了一些城乡发展新模式。

随着城市化过程的不断推进，环境污染、资源耗竭、生物多样性丧失、温室效应等一系列资源、环境问题愈演愈烈，20世纪90年代以后，各国学者开始探讨以生态思维为核心的城市化道路，以可持续发展为目标，形成了城乡一体化、城乡网络化、城乡融合等以城乡协调发展为目的的城乡协调发展研究的新热点，成为城乡发展观的新取向。随着经济社会的不断发展变化，研究重点也相应有所转移，当前国外城乡关系的研究主要集中在城乡移民问题、城乡社会问题、城乡健康问题及发展中国家的城市倾向问题上。

1986年由巴山德等提出了内生发展模式，它是指落后地区的社会经济的有序发展可以由充分认识和利用地区自身的资源来实现。劳什科（Rasko）认为，农村发展的关键是"地区自身创造力量"的解放。巴山德认为，"新的发展定义，也应当从质量上和结构上进行衡量，而不是以数量和货币为标准……此外，文化、社会、政治和生态价值、社会成本及长期效应结合起来"，即所谓的内生式发展。

根据洛维（Lowe）等的观点，农村内生式发展模式应当具有以下几个基本特征。关键原则：一个地区具体的资源状况（自然资源、人力资源、文化资源）决定了该地区是否可以实现可持续发展。发展动力：地区的主动权和进取心。地区功能：多样化的服务业。农村发展的主要问题：有限的能力的社会群体来参与经济和发展活动。农村发展的焦点：培养能力（包括技术、公共机构、基础设施），以及克服社会排斥。

根据雷易（Ray）的观点，内生式（或参与式）发展的主要特征有三点：第一，它把生产活动建立在地方的基础上而不是作为国家部门的基础上；第二，经济和其他发展活动的新定位在于通过稳定特价和开发地区资源，包括物力和人力资源，来实现地区利益最大化；第三，发展应当着力于地区人民的需求、能力和前途，即地区应该具备承担实现自身社会，即经济发展责任的能力。"协用工作"，包括公共团体之间的协作，以及公共、私人和志愿团体之间的相互协作，已逐步成为引入和组织内生式发展的一个机制。

日本于20世纪80年代中期进行了"第四次全综国土规划"，该规划突出点（城镇）、线（网状基础设施）和面（农村域）网络化发展的内容，建立"自然空间－人类系统"，旨在建立一个城乡融合社会。岸根卓郎将这一规划思想进行了总结，他从系统论角度出发，构建了这种"自然空间－人类系统"，强调城乡融合发展，他认为"要充分利用城市和农村这一强大的引力，形成融合，破除两者之间的界限，建设一个能够不断向前发展、总体环境优美的美好定居之地"。

道格拉斯从城乡相互依赖角度提出了区域网络发展模型，认为"网络"（network）概念是基于许多聚落的簇群（clustering），每一个都有它自己的特征和地方化的内部关联，而不是努力为一个巨大的地区选定单个的大城市作为综合性中心。他还认为乡村的结构变化和发展通过一系列"流"与城市的功能和作用相联系，他划分了五种"流"：人、生产、商品、资金和信息，每一种都有多重要素和效果，它们还体现出不同的空间联系模式和多样的利益趋向特点。为确保均衡发展目标的实现，"流"必须导向一种城乡联系的良性循环。

综上所述，本书归纳出城乡统筹的内涵，即城乡统筹是希望通过统一策划城乡发展，实现城乡二元结构逐步向现代化社会经济结构的转变，建立平等的城乡合作伙伴关系，促进城乡在经济社会文化观念、资源环境、空间布局上整体协调、融合，达到城乡共同繁荣的目的和过程。具体来说，城乡统筹一是要统筹城市和乡村发展政策与制度上的均等，统筹农民与市民在政治权利上的公正，统筹市民与农民在社会身份与地位上的公平；二是要寻求城市地域与农村地域经济发展效率的协同，寻求城市与农村资源利用的平等，寻求市民与农民比较利益的一致；三是要实现城乡空间整合，城市空间与乡村空间发挥各自优势，互补、互动，既分工，又协作；四是要建立城乡生态环境大系统，保证乡村自然生态环境对城市人工生态环境的融合与缓冲。

第三章
张掖市农村剩余劳动力与城乡系统现状

第一节 农村劳动力现状

一、劳动力规模

农村劳动力是指农村人口中劳动年龄（16 周岁）以上能够参加生产经营活动的人，不论是否参加劳动，均计算在劳动力总数之内，这意味着农村劳动力包含农村人口中符合年龄段的就业人口和失业人口，以及超过劳动年龄而实际经常参加劳动的人口三个部分，而不包含因长期患病，劳动教养而失去劳动能力的和机会的农村人口。

关于农村剩余劳动力，理论界存在多种不同的定义。刘易斯、费景汉和拉尼斯把农村剩余劳动力定义为边际生产率为零的农村劳动力。他们认为，增加这部分劳动力的投入，不会增加产出。而乔根森则拒绝承认农业中存在边际生产率为零的剩余劳动力，他对农村剩余劳动力的转移解释基于农产品的过剩，而不是劳动力的过剩（Jorgenson，1961）。舒尔茨（1990）也拒绝承认传统农业中存在边际生产率为零的劳动力，但他认为存在某些生产率较低的剩余劳动力。宋林飞（2001）也认为，在农业技术进步的条件下，技术进步会提高土地生产率，尽管农村劳动力增加会出现农村剩余劳动力，但未必降低边际生产率。

何景熙和李晓梅（2010）借助劳动力时间的概念，对农村剩余劳动力进行了界定。他认为农村剩余劳动力是指正常就业年龄（15～64 岁）内，不能充分就业的农村劳动力。所谓不充分就业，是指农村劳动力每年从事经济活动的有效时数低于公认的农业充分就业年度有效时数标准。

另外，农村剩余劳动力，是农村第一、第二、第三产业剩余劳动力的总和，属于地域的范畴；而农业剩余劳动力仅指农村中第一产业剩余劳动力，属于产业的范畴，两者在属性上有所区别。但就整体而言，农村劳动力中从事第二、第三产业的人数相对较少，而且这部分剩余劳动力多数回到原居住地参加农业劳动，最终也会表现为农业剩余劳动力。

农村剩余劳动力，按其产生的原因，主要可分为以下几类。

（1）积累型剩余。主要有两方面的起因：一是农村劳动力自身增长速度超过农业需求增长速度，导致农村生产部门劳动力快速增加；二是耕地面积不断减少，使农村劳动力因失去与之结合的生产要素而成为剩余。

（2）季节性剩余。农村劳动力需求季节变动明显，农忙季节需求巨大，农闲季节需求锐减，但农村劳动力供给相对稳定，因此剩余劳动力具有明显的季节差异。考虑到上述季节差异，可将超出农忙季节需求的农村劳动力称为绝对剩余劳动力；将只在农闲季节闲置的农村劳动力称为相对剩余劳动力，即不充分就业或隐性剩余。

（3）替代型剩余。即由于科学技术进步，对农业资金投入增加，农村劳动生产率大幅度提高，出现资本和技术对劳动力投入的替代，由此置换出来的农业劳动力形成替代型剩余。

（4）摩擦型剩余。该概念是由"摩擦失业"一词衍生而来。摩擦型剩余是指农村劳动力在异地寻找就业岗位过程中出现的剩余现象。具体包括两种：一是短暂型剩余，指农村劳动力从离开农村到找到新工作这一时期形成的剩余；二是盲目型剩余，指由于就业信息失真或自身原因，农村劳动力不能找到新工作而返回农村过程中形成的剩余。

2014年张掖市共有农村劳动力60.09万人，占总人口的比例为49.53%，占社会劳动者的比例为80.37%，占农村人口的比例达到83%。这显示张掖市农村劳动力资源丰富，也容易产生丰富的剩余劳动力。

表 3-1　张掖市人口与农村劳动力资源

年份	人口状况			农村劳动力资源			
				社会劳动者/万人	农村劳动力		
	总人口/万人	乡村人口/万人	乡村人口比例/%		规模/万人	占总人口比例/%	占社会劳动者的比例/%
2000	124.99	103.68	82.95	70.54	54.56	43.65	77.35
2001	125.78	102.75	81.69	71.24	54.82	43.58	76.95
2002	126.95	99.13	78.09	71.99	56.01	44.12	77.80
2003	126.80	96.78	76.32	72.55	56.64	44.67	78.07
2004	126.46	96.19	76.06	73.22	57.04	45.11	77.90
2005	127.05	95.82	75.42	74.66	60.34	47.49	80.82
2006	127.42	95.36	74.84	75.40	60.63	47.58	80.41
2007	127.55	94.57	74.14	77.48	62.38	48.91	80.51
2008	128.16	93.75	73.15	79.95	64.26	50.14	80.37
2009	128.81	83.08	64.50	80.63	64.38	49.98	77.49
2010	130.83	94.67	72.36	81.06	60.40	46.17	74.51
2011	120.46	99.76	94.67	74.02	60.04	49.84	81.11
2012	120.76	75.96	82.82	74.19	60.04	49.72	80.92
2013	121.05	74.19	61.29	74.76	60.08	49.63	80.36
2014	121.33	72.40	59.67	74.76	60.09	49.53	80.37

数据来源：《张掖统计年鉴》（2001～2015 年）

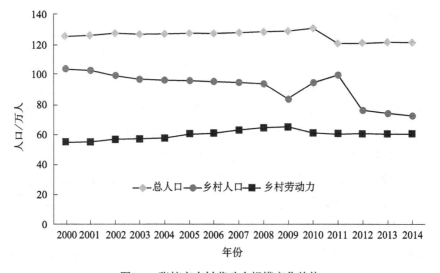

图3-1　张掖市农村劳动力规模变化趋势

二、劳动力结构

从性别结构上看，2014 年张掖市农村劳动力中男性占 52.59%，女性劳动力占 47.41%，男性从业人员高出女性 5.18 个百分点。剩余劳动力中，男性 16 万人，占剩余劳动力的 62.5%；女性 9.6 万人，占剩余劳动力的 37.5%。二者结构上具有一致性，说明男性比女性更有就业的能力，但同时面临的就业压力更大。

从文化构成上看，农村从业劳动力中，高中以上 7.56 万人，占劳动力的 13.47%；初中 25.46 万人，占 45.35%，小学 21.78 万人，占 38.80%，文盲半文盲 1.34 万人，占 2.38%（表 3-2）。

表 3-2　张掖市农村从业劳动力文化素质构成

项目	总计	高中	初中	小学	文盲半文盲
数量/万人	56.14	7.56	25.46	21.78	1.34
所占比例/%	100	13.47	45.35	38.80	2.38

数据来源：张掖市统计局

张掖市教育局"西部人力资源开发战略研究"课题组 2013 年的调查显示，全市农村从业劳动力中，受过一次以上专门农业科技培训的劳动力仅占农村劳动力的 18%；获得各种技术证书（合格证、等级证、绿色证书）的只有 2.52 万人，占农村从业劳动力的 4.5%。多数农民技能单一，有一技之长的农民不足 20%。这说明农村从业劳动力的科技素质相当低，就业能力不强，既不利于加快推进城镇化进程和剩余劳动力的转移，又远远不能适应农业现代化的要求。由此可见，尽管张掖市农村劳动力资源丰富，但其文化素养和技能水平不高，大多数不具备专业技能，缺乏现代化的生产系统所必需的文化和技术素质，这种现状决定了其所能创造的劳动生产率也较低，无法适应劳动力市场及发达地区的用工需求，极大地阻碍了农村劳动力转移的规模和速度，也制约了农村劳动力转移层次的提高。这说明，张掖市农村尽管拥有数量可观的劳动力，但在现代化的生产系统中可利用的劳动力并不充分。

从产业结构上看，主体仍偏好种植业，其他部门均有缓慢上升，但结构刚性依然明显（表 3-3、表 3-4）。全市农村劳动力中，主要从事农业生产活动，从事农、林、牧、渔业活动的劳动力占全市农村劳动力的比例高达 63.63%，其中最高的民乐县为 79.78%。农、林、牧、渔业的劳动力中，又以种植业为主体，占农、林、牧、渔业从业人员总量的 90% 以上。可以看出，农业劳动力在种植业、林业、牧业和渔业等产业结构的分布上呈现明显不均衡状况，从事农业种植业的劳动力所占比例依然较大。非农业经济活动中，又以建筑业和其他行业为主。农村劳动力主要富集在传统的农业中，非农业对农村劳动力的吸纳能力非常有限。

表 3-3　张掖市农村劳动力分布情况　　　　　　（单位：万人）

年份	农、林、牧、渔业	工业	建筑业	交通运输、邮电业	批发、零售贸易业	住宿、餐饮业	其他
2005	38.48	1.45	3.39	1.76	1.36	0.40	7.72
2008	37.27	1.54	4.78	2.01	1.67	0.84	11.43
2010	36.83	1.92	6.01	2.13	1.90	0.90	10.71
2014	33.60	2.19	8.03	2.09	2.02	1.36	11.51

数据来源：《张掖统计年鉴》（2005～2014 年）

如果进行纵向比较，就会发现，全市农村劳动力配置中，种植业劳动力主要集中在甘州区、民乐县和高台县；林业劳动力主要集中在甘州区、山丹县和临泽县；牧业劳动力主要集中在甘州区、肃南裕固族自治县（以下简称肃南县）和山丹县；而渔业劳动力则全部集中在甘州区。可以看出，张掖市各县（区）就业结构存在明显的地区差异，各地的农村劳动力就业结构各不相同。这种结构与农业资源结构表现出很大的一致性。

表 3-4　张掖市各县农村从业人员

项目	张掖市	甘州区	肃南县	民乐县	临泽县	高台县	山丹县
农村从业人员/万人	60.08	22.35	1.33	12.99	7.19	8.10	8.84
其中农、林、牧渔从业人员/万人	33.63	11.78	0.93	9.52	3.73	4.13	3.51
比例/%	55.98	52.71	69.92	73.29	51.88	50.99	39.71

数据来源：《张掖统计年鉴 2014》

从地区分布上看，绿洲区（甘州区、高台县、临泽县、民乐县）劳动力数量大于走廊山区（肃南县和山丹县），映射出农村劳动力数量与农业发育基础和人口分布高度耦合（表 3-5）。

表 3-5　张掖市农业劳动力资源地区分布状况

地区分布	农业劳动力		种植业劳动力		林业劳动力		牧业劳动力		渔业劳动力	
	规模/万人	比例/%	规模/万人	比例/%	规模/万人	比例/%	规模/万人	比例/%	规模/万人	比例/%
张掖市	38.94	100	35.95	100	0.37	100	2.61	100	0.01	100
山丹县	4.4	11.3	3.96	11.02	0.09	24.32	0.35	13.41		
民乐县	10.27	26.37	10.12	28.15	0.01	2.70	0.14	5.36		
甘州区	13.65	35.05	12.19	33.91	0.19	51.35	1.26	48.28	0.01	100
临泽县	4.38	11.25	4.17	11.6	0.05	13.51	0.16	6.13		
高台县	5.3	13.61	5.15	14.33	0.03	8.11	0.12	4.60		
肃南县	0.94	2.4	0.36	1.00			0.58	22.22		

数据来源：《张掖统计年鉴 2014》

甘州区、民乐县、高台县、临泽县等传统的绿洲农业区，农村人口基数大，农村劳动力数量多，且主要从事种植业生产，种植业劳动力占农业劳动力的比例最高的民乐县高达98.54%，比例最低的甘州区也占到89.30%；山丹县、肃南县等劳动力相对较少，且主要从事林业和牧业，如肃南县牧业劳动力比例高达61.7%。

第二节　农村劳动力转移状况

一、农村剩余劳动力类型

从剩余劳动力的成因来看，张掖市农村剩余劳动力主要有以下四种类型。

1.人口增长型剩余

人口增长型剩余指由于劳动力人口自然增长速度超过农村各行业对劳动力的需求，形成绝对过剩而产生的剩余劳动力，也称作基本型剩余。1949年，张掖市总人口52.9万人，社会劳动者人数23.95万人；到2002年，人口增至126万人，社会劳动者人数达到72万人，分别是1949年的2.38倍和3倍。2014年，全市共有农村劳动力资源60.09万人，占农村总人口72.40万人的83%，占社会劳动力的80.37%。同时在现有就业人员中，存在大量的隐性剩余劳动力：一是在第一产业中，随着农业机械化程度和劳动生产率水平的不断提高，农民在耕地上的有效劳动时间缩短，在部分时间处于闲置状态，成为潜在的剩余劳动力群体。二是16岁以上在校人数有47 541人，占农村劳动力资源的7.1%，是劳动力的后备力量。

2.资源短缺型剩余

资源短缺型剩余是指由于农业自然资源（土地、水等）短缺，对劳动力吸纳量有限而引起的农业剩余劳动力。张掖市虽然耕地资源较多，但人均水资源量仅为1250m³，亩①均水量为511m³，分别相当于全国平均水平的57%和29%。由于水资源严重短缺，大量宜农荒地难以开垦，制约了就业空间。

---

① 1亩≈666.7m²。

3. 季节型剩余

季节型剩余指由于农业生产自身具有的季节性特点而引起的剩余劳动力。例如,冬季农闲时劳动力大量闲置。这种剩余在张掖农村尤为突出,是人力资源的巨大浪费。

4. 结构型剩余

结构型剩余指由于农村经济结构、生产结构、技术结构、劳动力素质结构等方面不合理,以及相互间的不适应而引起的劳动力富余。例如,第二、第三产业发展滞后,吸纳劳动力容量不足;再如,有些农民因文化程度低、技能单一、市场经营能力欠缺而不能适应农业结构调整和第二、第三产业的要求,形成剩余劳动力。

二、转移特征

为了彻底摸清张掖市农村劳动力资源和剩余劳动力现状,准确掌握劳务输转动态,建立农村劳动力资源信息库,2013 年 6 月,张掖市劳动与社会保障局(现为人力资源和社会保障局)三次对农村剩余劳动力转移情况作了调查,结果表明,张掖市农村劳动力转移存在以下特征。

1. 起步相对较迟,但发展速度快

张掖市农村剩余劳动力转移起于 20 世纪 80 年代中期。在此之前,因人均耕地较多,且农产品供给短缺,所以,劳动力转移问题并不突出,其转移渠道主要是靠乡镇企业吸纳。1985 年,张掖地区 6 县市仅有社办工业 149 家,职工 6933 人;村办工业 76 家,从业人员 1917 人。90 年代中期以来,农村剩余劳动力大量出现,转移规模不断扩大,流转渠道不断增多。2000 年,乡镇企业从业人员达到 14.9 万人;通过劳务输出转移剩余劳动力 14.12 万人(次),2013 年已增至 19.21 万人(次),增长 36.05%。由于剩余劳动力存量大,城镇就业日趋饱和,农民增收空间有限,劳务输出已成为当地流动就业的另一渠道。

劳务输出已成为农民增收的主要渠道之一。根据配第﹣克拉克定律,人口将向收益较高的部门转移。农业的比较效益低下,如 2013 年甘州区在家从事第一产业的劳动力纯收入仅 2600 元左右,而转移到省外劳动力的劳务收入达

到 6000 元左右，二者相差 3400 元左右。据推算，甘州区农村劳动力外出务工的收入每年在 2.5 亿～2.7 亿元，剔除在外消费，每年回流区内的资金在 2 亿元左右。上秦镇劳务站与浙江佳丽公司联系输出劳动力 127 人，每人月工资达 1800～2500 元，除留足务工人员基本生活费外，该公司 2013 年直接汇入上秦镇的劳动力工资达 128 万元[①]。

2013 年，甘州区农村现实劳动力达 21.8 万人，转移 8.18 万人，占 37.5%，其中区内转移 2.08 万人，占转移人数的 25.4%，区外转移 6.1 万人，占转移人数的 74.6%。

2. 外出务工地选择具有显著的地域差异性

甘州区农村劳动力向省内转移高于省外转移，省内转移为 64.6%，主要表现为就近就地转移。主要从事城市建筑、道路建设及农场、林场高峰用工等一些"短平快"项目；省外以浙江、福建、江苏、深圳、广州、珠海、北京、天津、上海等沿海省份和城市，以及青海、新疆为劳动力转移的热点，表现组织化、规模化、大批量和集中性、成建制输出特点。西北五省转移占 76%，其中省内转移占 50%（本市转移占 24%）；其他地区转移占 24%，其中东南沿海地区（浙江、广东、福建、江苏）占 10%。"同构竞争效应"明显。

3. 低端的建筑业、服务业成为首选

具体可分为五个层次：一是集中在广东地区的工业普通工，主要从事电子工业；二是广州、深圳、珠海、北京、上海等大中城市的保安、制药、珠宝、保姆等行业；三是浙江、江苏一带的缝纫、棉纺业；四是广东、北京、新疆、青海等地的建筑、建材、石油物探及高速公路施工等；五是在新疆、青海及省内敦煌、瓜州、酒泉等地季节性摘棉花、西红柿等劳务输出。建筑、矿山行业分别占 80%、48.1%，餐饮、服务业分别占 12%、25.9%，电子业占 6%，IT 及其他行业分别占 2%、4.5%。

4. 外出务工的"自组织"强，"他组织"弱

自发转移是农村劳动力跨区转移的主要方式，大部分是依靠"血缘、人缘、地缘"关系，通过亲属带领、亲友介绍、劳务能人带动、自行外出闯荡等方式

---

① 甘州劳务工作办公室，区域经济超常发展的必由之路——甘州区劳务经济发展情况的调查，2013 年。

进行转移。外出务工具有明显的"传帮带"特征,"自己找或熟人介绍"成为外出务工的主要方式,以"自组织"为主,"他组织"很差。"结伴而行"成为外出务工的主要特征,而独自外出非常少,路径依赖和路径单一特征非常显著。据对 3 个劳务输出重点乡镇的调查,通过乡镇或中介机构有组织进行转移的仅为 25%,组织化程度较低。

2013 年,张掖市已在全国建立农村剩余劳动力转移基地 82 个,有组织转移 4.83 万人,占 25.1%。以山丹县为例,他们在长期实践中探索出"工程带基地,基地带劳务"的转移模式,2005 年、2010 年、2013 年的转移的劳动力中通过政府组织转移分别占 10%、16%、10.3%,职业技校转移分别占 4%、5%、6.8%,中介机构转移分别占 2%、2%、3%,亲友介绍等自发转移分别占 84%、77%、79.1%。

5. 长时间务工已成为"新常态"

劳动力外出务工后,保留着对土地承包经营权,但农业收益差,加上往返费用高,所以即使在农忙季节,外出务工者很难返乡进行农业生产,转移的兼业不明显。一旦外出,在外务工的时间就较长。据抽样调查,年均外出务工时间为 8.6 个月。

6. 转移比例与生产生活环境的优劣相关

甘州区沿山地区转移劳动力比南部地区多。其中,安阳、靖安、三闸、花寨、大满、党寨、沙井、上秦等乡镇是劳力输出的重点地区,安阳、花寨外出劳动力占该乡总人口的 1/3 左右,其他乡镇外出务工者占比也均达到各乡镇农村劳动力总量的 18%。相对而言,城市周边条件较好的乡镇,外出务工者相对较少。例如,梁家墩、三闸、新墩等城郊乡镇,主要依托乡镇企业、贩运等转移劳动力。

7. 务工人员的文化程度较低

小学以下水平占 33.3%,小学以上初中以下水平占 56%,高中文化水平占 14.8%。在职业技能上,转移前没有经过培训的占 92%,经过一个月内简单培训的占 2%,经过职业技能培训的占 4%。

8. 在转移渠道上,组织化输转不断提高,但自发转移仍然占主体

传统的转移方式,多是通过亲戚带、朋友帮、师带徒等方式自主性流动。

近几年，各地政府加大劳动力转移工作力度，有组织、成建制转移数量增多，呈现有序性特征。

9. 在转移时间上，以季节性、临时性转移为主，转移稳定性不够

2013 年的转移的劳动力中，转移时间 3 个月以下的占 18%，3～6 个月的占 50%，6 个月以上的占 32%。

10. 在工资待遇上，以低收入为主，劳动待遇差

平均月收入约为 750 元，其中 400 元以下的占 20%，400～800 元的占 52%，800～1200 元的占 26%，1200 元以上的占 2%；除去生活费平均月节余工资为 356 元。有医疗保险的占 2% 左右，有养老保险的更少。工资拖欠问题依然严重，在被调查者中 30% 的人有工资被拖欠情况。在劳动安全及权益保障上，安全防护差，维权意识不够。在特殊岗位上就业的农民工中 35% 没有劳动安全防护措施，47% 表示所在单位提供了一定的安全保护用品，15% 有较严格的安全防护措施，3% 的农民工有非常严密的劳动安全防护措施。85% 的女性在孕期不能得到法律规定的特殊保护。15% 有较为严密的劳动安全防护措施，51.47% 的农民工有一些劳动安全防护措施，13.86% 的农民工没有劳动安全防护措施。从每天工作时间看，平均每天工作时间不足 8h 的占 7%，每天正常工作 8h 的占 53%，每天工作 9～10h 的占 19%，每天工作 11～12h 的占 13%，有 8% 的农民工平均每天工作时间在 12h 以上。就其工作环境，48.3% 的人回答意识到了工作环境对身体健康的危害，尚未超过半数。

11. 农业转移人口难以融入城市，市民化进程滞后

农民工已成为我国产业工人的主体，受城乡分割的户籍制度影响，被统计为城镇人口的 2.34 亿农民工及其随迁家属，未能在教育、就业、医疗、养老、保障性住房等方面享受城镇居民的基本公共服务，产城融合不紧密，产业集聚与人口集聚不同步，城镇化滞后于工业化。城镇内部出现新的二元矛盾，农村留守儿童、妇女和老人问题日益凸显，给经济社会发展带来诸多风险隐患。2005～2025 年，城市新增人口中 70% 将由人口流动带来。到 2025 年，现有流动人口（1.03 亿）和未来新流动人口（2.43 亿）将占据总城市人口的 40%。

由表 3-6、表 3-7 可知，张掖市城镇新增人口主要来自农村，但农村转移人

口难以融入城镇，在城市居住时间一般不长。张掖全市农业转移人口共 24.71 万人，按转移地域划分，本市农业转移人口 15.94 万人，非本市农业转移人口 8.77 万人。从目前农业转移人口总量结构来看，务农市民类 8.37 万人，非农市民类 16.1 万人，完全失地市民类 0.24 万人。务农市民农业转移人口仅占 33.87%，而非农市民和失地市民转移人口已占农业转移人口的 66.13%，主要分布在批发零售业（占 18.6%）、建筑业（占 12.43%）、制造业（占 11.84%）、交通运输业（占 9.4%）和住宿餐饮业等旅游服务行业（占 10.98%）。随着张掖市新型城镇化建设不断推进，现代农业、养殖业和其他产业的快速发展，农业转移人口市民化总体呈现出存量较大，增量发展后劲充足的特点。

表 3-6　张掖市城镇流动人口（2013 年）　　　　　　　　（单位：人）

本市居住时间	来自城镇			来自农村		
	省内		省外	省内		省外
	非本市	本市		非本市	本市	
0.5年以下	1 542	6 646	5 726	58 641	83 772	3 531
0.5~1年	1 772	1 173	2 108	3 385	12 150	3 503
1~2年	780	384	406	936	4 445	1 678
3~5年	560	290	246	662	4 390	930
5年以上	142	122	46	223	1 752	295

数据来源：张掖市统计局

表 3-7　张掖市新增城镇人口和农业转移人口落户城镇数量

市	城镇人口/万人		新增城镇人口（常住人口）/万人		农业转移人口落户城镇数量（户籍人口）/户	
	2013年	2014年	2013年实际新增数	2014年实际新增数	2013年实际落户数	2014年实际落户数
张掖市	46.86	48.93	2.05	2.07	4019	6072

数据来源：张掖市统计局

第三节　城乡系统现状

张掖市位于甘肃省西北部，河西走廊中段，是黑河流域中游的重要城市，东邻武威和金昌市，西接酒泉和嘉峪关两市，南与青海省接壤，北和内蒙古毗邻。全市辖甘州区和临泽、高台、山丹、民乐和肃南裕固族自治县共一区五县（图 3-2），总面积为 41 924km²，占流域总面积的 32.8%，2009 年，全市总人口

128.81万人，其中农业人口94.60万人，占总人口的73.44%。有汉族、回族、藏族、裕固族等26个民族。张掖市作为内陆河流域典型的农业型城市，发展历史悠久，其城乡系统的结构和功能具有内陆河流域城乡系统的特点；而且作为黑河流域中上游的重要城市，黑河流域的自然和人文社会条件就构成了张掖市城乡系统的系统环境。因此，对内陆河流域城乡系统特点和黑河流域的认识是掌握张掖市城乡系统的关键和基础。

在行政区划上张掖市城乡系统包括由甘州区市域、所辖的11个建制镇，以及五县的县城镇和建制镇，共30个镇构成的城市子系统和由甘州区和五县所辖的60个乡构成的乡村子系统组成（表3-8、图3-3）；城市和乡村子系统又分别由经济、社会、生态环境等子系统及其包含的诸多要素相互作用、相互联系而构成。

表 3-8　张掖市各城镇概况（2015 年）

县（区）	镇/个	总人口/万人	占全市总人口比例/%	城镇人口/万人	城镇人口比例/%	占全市城镇人口比例/%	城镇名称
山丹县	3	19.92	15.28	6.95	34.88	15.20	清泉、位奇、霍城
民乐县	6	24.23	18.59	3.52	14.53	21.53	洪水、六坝、新天、永固、丰乐、三堡
甘州区	11	51.86	39.78	19.11	36.84	33.82	梁家墩、大满、小满、上秦、乌江、沙井、新墩、甘浚、碱滩、党寨、三闸
临泽县	5	14.80	11.35	2.38	16.08	12.94	沙河、新华、平川、蓼泉、板桥
高台县	3	15.86	12.17	2.66	16.77	13.85	城关、南华、宣华
肃南县	2	3.66	2.81	1.14	31.20	2.63	红湾寺、皇城
合计	30	130.36	100.00	35.76	27.43	100	—

数据来源：《张掖统计年鉴 2014》

张掖市作为黑河流域的经济和社会主体，黑河在其境内全长280km，流经肃南、甘州、临泽、高台四县（区），流域面积为2.56万km²，灌溉面积为378.6万亩，是主要的耗水区和径流利用区。该市对水资源的利用量大，但开发利用程度低、效益低下，属于开发利用地表水向地下水联合开发的过渡阶段。该市集中了黑河全流域91%的人口、83%的用水量、95%的耕地和89%的地区生产总值。上述黑河流域内的自然环境和人类社会，通过城市系统与乡村系统之间的能流、物流、信息流的交换与循环作用而互相依存、相互制约，构成一个有机整体，并在人为因素的诱导下通过能流、物流和信息流的超循环，形成新的耦合系统——张掖市城乡系统。

在城乡发展过程中，城市和乡村两个子系统的地域及行政区划范围都在不断变化。张掖历史悠久，新中国成立后置张掖分区，张掖县为治所，1985年撤销张掖县，成立县级张掖市；2002年3月1日经国务院批准撤销张掖地区设立地级张掖市，2002年6月，撤销县级张掖市，设立甘州区。因此，城市地域和农村地域范围是不断变化的，并且随着城市化建设步伐的加快，城市规模的扩大，农村的城镇化建设，城乡两个子系统的组分结构也随之变化。张掖市的城镇平均密度为0.24座/10^4km^2，低于全国的平均水平（0.67座/10^4km^2），城镇多分布于山前走廊平原及主要交通干线沿线（图3-2）；人口大于1万的城镇相对于全市人口的集中指数较高，达到0.83，且集中在水资源富集的绿洲腹地；但城镇等级体系不完善，中心城市（甘州区）规模小、功能不完善，小城镇发展不尽如人意，农村地域较广但发展相对滞后，农业增加值和就业比例过大，农村经济在国民经济结构中占比较大。

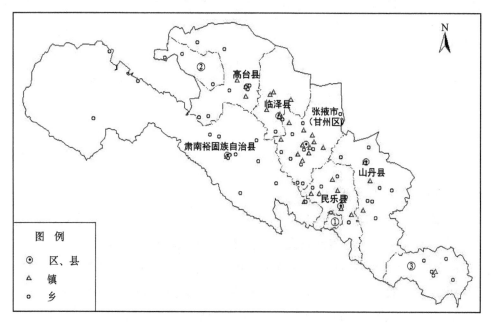

图3-2　张掖市乡镇分布图
注：①、②、③属肃南县

一、城市子系统

该子系统中的城镇多沿主要交通干线和矿产资源丰富的地区分布，同时作为城乡系统发展动力的城市子系统，非农产业为主的城市经济是城市系统运动发展的核心，对城乡乃至区域发展具有举足轻重的决定作用，相对应的产业结构、就业结构和居民生活就与乡村子系统存在很大差别。

张掖市城市子系统（此处的城市子系统相应数据为甘州区数据）的三次产业结构为 25.95 ∶ 35.12 ∶ 38.93，以第二、第三产业为主，人均生产总值为 27 788 元（2014 年），高于同期全市的平均水平（7784 元），经济集聚效应强，发展势头相对较好。其中，第二产业中以农产品为原料的轻工业和食品加工工业发展基础较好（2005 年饮料制造、食品加工和食品制造业产值占工业总产值的 45.05%），说明张掖城市工业的发展离不开农业和农村的支撑和扶持；相应的第二、第三产业的从业人数占单位从业总数的 95.8%，可见就业结构偏重第二、第三产业。具体来看，各区县的一般镇中，产业结构仍然以农业为主，城镇的职能还处于较单一的低级发展阶段，各城镇间缺乏紧密的经济社会联系，产业结构和相关产品类同，优势不能完全发挥出来，也造成资源利用率低和浪费，不利于经济的发展。

人口城市化率为 74.72%（2014 年数据，下同），但非农业人口比例很低（27.43%），城镇化水平仍有待进一步的提高。城镇居民家庭人均可支配收入为 9315 元，低于同年甘肃省的平均水平（10 969 元），城镇居民的各种社会保障制度的实施较农村落实情况好，各项基础设施相对完善。由于张掖市是黑河流域水资源的主要消耗区，而水资源又相对短缺，制约着城镇经济结构的进一步调整，而城镇经济结构的不合理又使得水效益低下；同时水资源的浪费和污染也在一定程度上加剧了水资源的短缺问题。因此，城市子系统的整体经济发展水平并不高，对与其联系本已松散的农村子系统的辐射和带动很有限。

下面再以城市相对集中的甘州区为例，应用分形理论方法，进一步讨论城市的特征。甘州区地处甘肃省河西走廊中部，经度为 100°6'E ~ 100°52'E，纬度为 38°32'N ~ 39°24'N，南依祁连山，北与内蒙古阿拉善右旗接壤，东连镍都金昌，西接古郡酒泉，是黑河流域张掖绿洲的重要组成部分。东西长 65km，南北宽 98km，总面积为 4240km²，下辖 11 个乡、11 个建制镇、1 个社区、4 个街道办事处。

分形理论（fractal theory）是由美国科学家曼德尔布罗特于 20 世纪 70 年代中期创立的，用以解决非线性环境中一些随机分布的现象和问题，分形基本特征是分形体具有自相似性，这种自相似性是统计意义上的自相似性，而并非数学上的自相似性。由于分形体不具备特征尺度，因而它难以用通常的数学尺度（如长宽高、面积、体积等）来进行度量，描述分形的数量特征的主要特征参数是分维（fractal dimension），又可称为分维数，分维反映了局部对整体的填充能力，通过对分维的分析，揭示整个系统的演化机理。

1. 城镇体系的等级结构分析

等级规模结构是指城镇体系中各城镇之间规模相互组合关系、特征与差异等。城镇等级规模分布是指一定区域内城镇规模的层次，该分布反映城镇从大到小的序列与规模，揭示一个区域内城镇规模的分布规律（集中或分散）。城镇体系的分形特征是指城镇与等级规模分布序列中的自相似性，即分布序列中局部与整体间的自相似性。

首位度分布明显，城镇体系发展仍处于初级阶段。由表3-9可知，在甘州区城镇体系中，人口规模（指非农业人口）超过10万的只有城关镇，其非农业人口占甘州区非农业人口总数的79%，其他22个城镇仅占21%，介于1万到10万的只有新墩镇，介于1000到1万的只有3个镇，其他城镇非农业人口均在1000以下，其中有9个城镇非农业人口不足100人。由此表明，该区城镇体系的发育不健全，尚处于初级阶段。为了更进一步证明城市的首位度分布，计算了2、4、11城市指数：

$$S_2 = p_1/p_2 = 10.74 > 2 \tag{3-1}$$

$$S_4 = p_1/(p_2 + p_3 + p_4) = 4.52 > 1 \tag{3-2}$$

$$S_{11} = 2p_1/(p_2 + p_3 + \cdots + p_{11}) = 7.67 > 1 \tag{3-3}$$

按照位序规模原理，正常的4和11城市指数值应该是1，而2城市指数值应该是2。很显然甘州区城镇体系的首位度明显偏大，呈典型的首位分布，说明该区城镇体系发展处在极不平衡的状态中。该区城关镇已达到小城市的规模，但次级城镇非常薄弱，城镇结构出现明显的断层现象，城镇发展尚处于极核式的发展阶段。这一方面是由于城关镇是张掖市和甘州区政府的驻地，行政指向性作用明显，城镇职能高度集中；另一方面是由于开发历史悠久、交通条件优越等，从而城关镇地区一直处于优先发展的位置。但就整个城镇体系而言，由于缺乏次级城镇，小城镇与首位城镇的联系不够紧密，这将会影响区域的整体发展和经济联系，必将限制首位城镇的辐射带动作用。

表 3-9　甘州区小城镇人口数（非农业人口）　　　　　（单位：人）

城镇	城关	大满	沙井	梁家墩	上秦	乌江	甘浚	新墩
人口	136 316	134	237	39	9 646	7 826	166	12 690
城镇	党寨	碱滩	三闸	小满	和平	龙渠	安阳	华寨
人口	97	3 363	67	704	155	143	165	103
城镇	长安	二十里堡	靖安	西洞	小河	明永	平山湖	
人口	50	70	63	95	144	97	48	

数据来源：《甘州区年鉴》（2012~2013）

注：城关镇包括 4 个街道办和 1 个社区

大量研究表明，城镇体系等级规模结构具有分形特征。对于一个特定的区域，若共由 n 个城镇组成，先将城镇非农业人口规模从大到小排序，用人口尺度 r 作为划分城镇的标准，则区域城镇数目 $N(r)$ 与 r 的关系满足：

$$N(r) \propto r^{-D} \tag{3-4}$$

这是一个分形的模型，反映的是城镇体系规模分布的特征，对两边取对数，得出：

$$\ln N(r) = A - D \ln r \tag{3-5}$$

式中，$N(r)$ 为城镇累计数目；A 为参数，D 为分维数，在现实中，一般来说 D 值的大小直接反映了城镇体系等级规模结构。当 D 小于 1 时，表明该区域的城镇体系规模等级结构较为松散，人口呈不均匀分布，城镇体系发育还不成熟；当 D 等于 1 时，表明该区域的首位城镇人口数与最小城镇人口数的比值恰好等于区域内城镇数目；当 D 大于 1 时，表明城镇规模分布较为集中，中间位序城镇数目较多，人口分布比较均衡，整个城镇体系发育成熟。

按照以上原理，将表 3-9 中城镇非农业人口划分为 9 个等级，得到一组 r 和 $N(r)$ 数据，然后绘制双对数散点图，再用线性回归进行模拟，结果如图 3-3 所示：

$$\ln N(r) = 0.8134 - 0.3815 \ln(r) \tag{3-6}$$

$$R^2 = 0.8828$$

式中，R^2 为相关系数，表明相关性水平很好，分维值为 0.3815，小于 1。由此表明，甘州区城镇体系规模结构较为分散，区内城镇人口分布不均，城镇体系发育尚处于最初级阶段，首位城市垄断性强，这很不利于整个区域的辐射发展，但也表明该区城镇体系优化的空间较大。

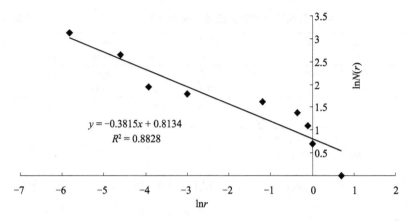

图3-3　甘州区城镇体系规模分布关联维数

2. 城镇体系的空间结构分析

城镇体系空间结构是城镇体系的主要特征之一，是一个区域内所有城镇在地域空间上的组合形式和相互联系的空间网络结构，它是区域内等级各异、职能多样、规模不同的各城镇在空间上相互联系、相互作用的结果，也是区域经济发展过程在城镇体系中的综合体现。区域城镇体系空间结构也是规模等级结构和职能结构在一定地域内的表现形式。区域内的各城镇之间通过物质流、能量流和信息流的传输和交换，相互作用、协同发育，使得区域内的城镇在空间分布上表现出一定的规律，这便是城镇体系空间分布的自相似性分形结构。

甘州区位于黑河中游，是张掖绿洲的重要组成部分，自古以来就是河西重镇之一，境内地势平坦、土壤肥沃，灌溉水源充足，开发历史悠久，交通相对比较便利。一般来讲，干旱半干旱区域的天然河谷阶地、河流出山口冲积扇、川台地、山间盆地等水源保证率高、地表径流补给较多、植被土壤条件良好、易于取得建设用地，同时又是交通要道，具备这类特征的小地理单元往往是城镇发展的首选之地。甘州区城镇体系布局重要集中在以交通主干道（铁路、高速公路和国道）为底边的河流扇形水系内，充分体现了内陆河流域水资源的约束性作用。甘州区城镇体系的空间布局主要呈现以下两个特征。

（1）水源指向性分布。全区的城镇除平山湖乡外，其他的22个城镇均分布在黑河绿洲之内。黑河在将军庙以下形成了一个扇形冲积平原，土壤肥沃，灌溉水源充足，形成了典型的绿洲景观，为农业经济背景下城镇的选址提供了极为有利的条件。在人类活动的强烈干预之下，该区现代水系也呈现典型的扇形状，使得城镇也沿着各个扇形水系的支流分布，而在甘州区北部非绿洲地区（实际没有地表径流注入），虽然面积约占该区的一半，但只分布有一个乡，展现出"哪里有水源，哪里就有绿洲，哪里有绿洲，哪里就有城镇"的特点，表现出水系和城镇的串珠状分布特征，这一局面在今后很长一段时间内将难以改变，这也体现了水资源是影响该区城镇布局的最主要因素，也充分体现了在西北地区干旱内陆河流域水资源是制约经济社会发展的关键因素，全球气候变暖背景下，干旱内陆河流域水资源的限制性特征将会日益凸显，这为该区城镇体系的构建提出了新的挑战，因此如何实现水资源利用与人类社会经济发展、城镇体系构建相和谐，将是该区未来很长一段时间城镇发展的主题。

（2）交通指向性分布。无论是古代还是现代，交通对城镇的布局和发展都有着极为重要的意义，该区城镇体系的布局也体现了这一特征。甘州区古称甘州，自汉武帝通西域以来，一直是河西重镇和通往西域诸国的交通要塞，在历史上民族大融合方面曾扮演过重要的角色。全区 13 个建制镇有 12 个分布在铁路、高速公路、国道、省道等关键交通干线上。沿铁路线分布的乡镇有 7 个，沿高速公路和国道分布的乡镇有 8 个，沿省道分布的乡镇有 3 个，而且还呈现出沿交通线的带状分布模式。城关镇位于高速公路、国道和省道的交汇点上。交通要道不仅使各城镇之间联系紧密，而且也使得首位城镇的辐射作用能够发挥效用，城关镇作为该区的增长极核，借助于便利的交通使其他 11 个建制镇也以串珠状形态分布在交通要道一线。交通是城镇之间物质流、能量流和信息流输入和输出的关键环节，因此更好地发挥交通线和沿线城镇的辐射作用，将是推动该区城镇体系优化发展的有效途径之一。

3. 城镇体系空间相互作用的分形特征

对于城镇体系空间结构的分形研究，主要是计算点–点关联维数，其基本模型如下：

$$C(r) = \frac{1}{N^2} \sum_{i,j=1}^{N} H(r - d_{ij}) \qquad (3\text{-}7)$$

式中，N 为区域内城镇数目；r 为码尺；d_{ij} 为 i、j 两城镇的欧氏距离（也叫乌鸦距离）；H 为 Heaviside 函数，当 $d_{ij} \leqslant r$ 时，H 为 1，反之 H 为 0。显然，式（3-7）表示在以城镇 i 为中心的半径 r 范围内出现城镇 j 的概率分布。由于城镇体系空间结构具有标度不变形性，即：

$$C(Mr) \propto M^a C(r) \tag{3-8}$$

$$C(r) \propto r^a \tag{3-9}$$

式中，M 为尺度比；a 为标度因子，a 可被定义为城镇体系的空间关联维数，表示为 $D_a=a$，表示的是以任意一个城镇为中心，其周围城镇分布密度变化的一种平均情况。D 一般在 0～2 变动，当 D 趋向于 0 时，表明区域城镇分布集中；当 D 趋向于 1 时，城镇体系各要素集中到一条地理线上（交通要道、河流、海岸等）；当 D 趋向于 2 时，表明城镇分布非常均匀，以致以任意一个城镇为中心，城镇的分布密度都是均匀变化的，这是最理想的状况。

首先，将甘州区地图进行矢量化处理，然后通过 Arcview 测量出两城镇之间的直线距离，得出一个 23×23 的矩阵。在实际计算过程中，为了方便计算，点 - 点关联维数改为式（3-10）定义，即

$$C(r) = \sum_{i=1}^{n} \sum_{j=1}^{n} a(r - d_{ij}) \tag{3-10}$$

式中；$a(r-d_{ij})$ 与 $H(r-d_{ij})$ 的函数定义相同，取步长 $R=5\text{km}$，可以得到一系列点对 $[r, C(r)]$，见表 3-10。

表 3-10　标度 r 及其所对应的关联函数 $C(r)$

序号	1	2	3	4	5	6	7	8	9	10	11	12	13	14	15	16
r	80	75	70	65	60	55	50	45	40	35	30	25	20	15	10	5
$C(r)$	529	527	527	523	521	507	491	477	467	437	353	293	237	131	87	31

将点列绘制到双对数坐标图中，发现点列呈现对数型分布（图 3-4）。对 $(\ln r, \ln C(r))$ 进行回归计算表明，得出分维值 D 为 0.912，$R^2=0.9243$，由此可见该区城镇体系分布相对集中，这与甘州区城镇体系主要集中在黑河水系和交通要道附近的事实相符合，这也反映了在干旱区内陆河流域，水源是城镇分布的重要制约因素。同样将两两城镇之间的直线距离改为乳牛距离，即实际距离（公路里程），计算得出公路网络的分维数 D_1 为 1.415。测定系数 R^2 为 0.9345，进一步可计算出牛鸭维数比 $N=D_1/D=1.552$。牛鸭比是衡量区域各城镇间交流状况的，N 大于 1 表明各城镇间交流较差，N 等于 1 则表明区域内道路畅通，各城镇间交流不受地形限制，是最理想状态。以上分形计算结果表明：①甘州区 23 个小城镇的空间分布是分形的，高度集中在黑河水系和交通干线上，表明甘州区内城镇体系的自组织演化在空间结构方面具有优化趋势；②牛鸭比相对较高，

一方面表明区域内各城镇之间交通网络发育仍不够健全，整体通达性相对较低，另一方面也表明交通网络进一步完善的难度相对较小，因为绿洲区域地势相对比较平坦，受地形的限制性因素相对较小，而且交通网络的基础比较好，这为进一步提高该区交通通达度提供了极为有利的条件。

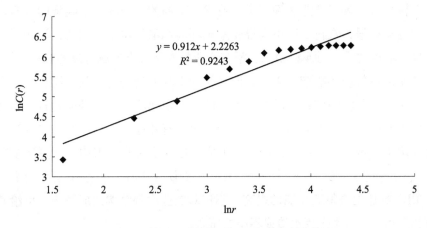

$$y = 0.912x + 2.2263$$
$$R^2 = 0.9243$$

图3-4　甘州区城镇体系空间分布关联维数

二、乡村子系统

以第一产业为主的乡村作为城市的广大腹地，为城市提供生产所需原材料、土地、资金、劳动力等要素，消费品市场及食物等生活资料。张掖市的农村子系统的农村产业结构中农业占的比例较大，其中又以种植业为主，且种植业的经济效益并不明显（表3-11），大量的劳动力还滞留在农村、农业和种植业，农业生产结构的单一，内部结构不合理，粮经草的三元结构还不合理，畜草的比例较低；同时，种植业的比较劳动生产率低，劳动力比例较高而产值比例较低。同时第一产业产值比例呈逐年下降趋势，且超过了劳动力比例的下降，因此经济发展的水平还很有限。由于资金不足、技术落后及区位条件差等原因，张掖市农村在由传统农业向现代化农业转化过程中导致了农村劳动力相对过剩，而现代生产条件下的第二产业又不能完全担负起吸纳大量初级劳动力的重任，劳动力的输转渠道不畅，农业新技术的推广受到限制，使农业还停留在水土资源利用量增大的外延型增长上。

表 3-11　张掖市农业各部门比较劳动生产率（2014 年）

项目	种植业	林业	牧业	渔业
产值结构/%	76.91	2.633	20.173	0.2838
就业结构/%	92.32	0.9502	6.703	0.0257
比较劳动生产率	0.6098	2	2.2051	0.0803

农村第二、第三产业受到资金、技术、市场的制约和城市经济的冲击，发展速度逐年减缓；农村小城镇建设受地理环境和消费水平的制约，没能真正发挥集聚 - 辐射功能，对乡村第二、第三产业的发展没有形成有效的拉动，第二、第三产业仍以传统的矿产开采、农产品初加工和贩运为主，其规模和发展水平受限，不能充分吸纳农村劳动力，农民的收入增速不大；而基地原料的不匹配和供应的不稳定性，严重影响了农业产业化的有效运作。相对有限水资源利用中农业用水出现"一头沉"的问题，加之单位耗水过高，亩均用水量比全国高出 27 个百分点（2014 年），单方水 GDP 产出仅为 2.81 元，是全国平均水平的1/8，用水效益无法得到长期的提高，不仅对农业内部结构造成影响，也给其他经济部门和生活、生态用水造成不小的压力。

简言之，从张掖市城乡系统的环境、内部结构及功能来看，由于系统环境的特殊性，作为系统发展核心的城市子系统规模较小，核心作用不强，对乡村子系统的辐射带动作用弱，乡村子系统对其的响应十分有限，城乡系统的结构存在一定的缺陷，表现为城乡差距过大，水资源的短缺制约着城乡系统功能的发挥。

第四章
水资源约束下的劳动力承载量

第一节　水资源约束性

一、资源性缺水

黑河流域处于大陆中腹的干旱区，降水量少而蒸发量大，且流域封闭性强，只有自产水，缺少大区域范围内过境水，跨流域调水的条件几乎不存在，因此造成其资源性缺水（图4-1）。

（一）天然降水量

黑河流域位于欧亚大陆腹地，远离海洋，为典型的大陆性气候。夏季，东南太平洋暖湿气流途经我国大陆，翻越秦岭和黄土高原，较少影响本区域；西南气流因受青藏高原影响，可把印度洋和孟加拉湾等南亚洋面的水汽输入本区；西部大西洋的北部气流，远途跋涉欧亚大陆，经中亚、里海，翻越准噶尔界山、天山，至本区已成强弩之末，水汽匮乏，空气干燥。冬季，本区在蒙古-西伯利亚高压控制之下，显得格外寒冷干燥。

黑河流域气候特征具有明显的空间分异性。上游位于青藏高原北缘的祁连山地，属青藏高原的祁连山-青海湖高寒半干旱气候区，多年平均降水量超过300mm，降水相对充沛，气温低、蒸发弱，是全流域的产流区。中游位于河西走廊中段，属温带蒙-甘地区的河西走廊温带干旱区，降水少，多年平均不足

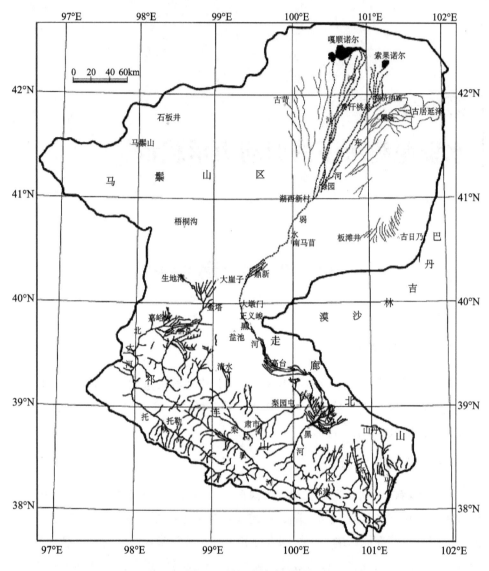

图4-1　黑河流域水系图

200mm，蒸发弱，气候相对干燥。下游属内蒙古高原西部的阿拉善高原，属温带蒙－甘地区的阿拉善和额济纳荒漠极端干旱区，区内降水少，多年平均降水量仅为47.3mm，而潜在蒸发量高达2248.8mm，干燥度指数为82。

（二）降水量变化

黑河流域山区降水呈上升趋势，20世纪60年代最枯，80年代最丰（图

4-2）。90 年代平均降水量与 50 年代相比，除冰沟站减少 13.6mm，达 –7.5% 外，其余各站均有上升；与 1960～1990 年均值相比，肃南站减少 1.0mm，达 –0.4%，冰沟站减少 13.7mm，达 –7.6%。黑河流域平原区降水多年较为均衡（图 4-3）。

黑河流域各河流出山径流量变化过程比较复杂，除黑河干流为上升趋势外，其他各河流变化过程有升有降，但升降趋势并不显著。黑河干流在 80 年代为丰水期，50 年代和 90 年代为平水期，60 年代和 70 年代这两个时期偏枯。90 年代平均降水量与 50 年代相比，莺落峡站径流量减少 $0.251 \times 10^8 \mathrm{m}^3$，达 –1.6%；与 1960～1990 年均值相比，径流量增加 $0.154 \times 10^8 \mathrm{m}^3$，达 1.0%。冰沟在 50 年代为丰水期，60～80 年代为平水期，90 年代为枯水期。90 年代平均径流量与 50 年代相比，冰沟站径流量减少 $1.077 \times 10^8 \mathrm{m}^3$，达 –17.0%；与 1960～1990 年均值相比，径流量减少 $0.358 \times 10^8 \mathrm{m}^3$，达 –5.7%（表 4-1）。

表 4-1 黑河流域各河流径流量年代际变化

站名	经纬度		海拔 /m	年代际平均径流量（$10^8\mathrm{m}^3$/10a）					90年代径流量增加值（$10^8\mathrm{m}^3$/10a）	
	N	E		50年代	60年代	70年代	80年代	90年代	与50年代比	与1960～1990年比
酥油口河	38°31'	100°21'	2760	0.448	0.406	0.447	0.486	0.448	0	0.002
大渚马河	38°26'	100°29'	2440	0.946	0.839	0.878	0.810	0.791	–0.155	–0.051
莺落峡	34°48'	100°11'	1674	15.967	14.434	14.825	17.427	15.716	–0.251	0.154
梨园河	38°58'	100°00'	1626	2.287	2.007	2.042	2.343	2.180	–0.107	0.049
冰沟	39°36'	98°00'	2015	7.050	6.127	6.720	6.146	5.973	–1.077	–0.358

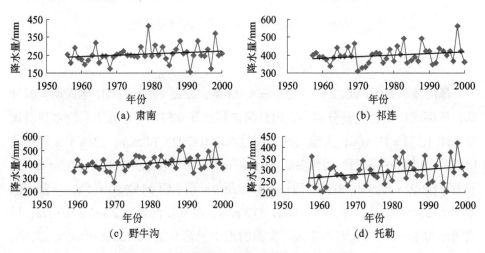

图4-2 （黑河流域）祁连山区降水量多年变化

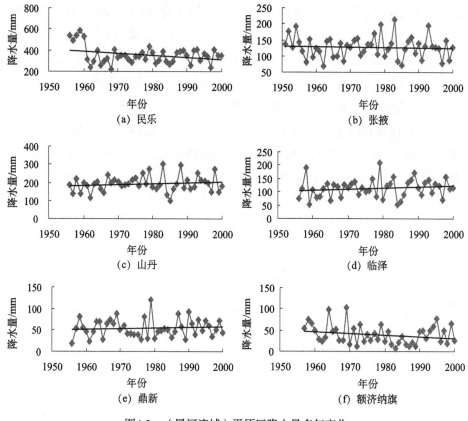

图4-3　（黑河流域）平原区降水量多年变化

（三）出山水资源量及其变化

黑河流域有系列水文资料的河流有 13 条，根据 1950～2001 年同期资料计算，各河流出山径流量分别为：山丹河李桥水库 $0.5726 \times 10^8 m^3/a$；洪水河双树寺水库 $1.171 \times 10^8 m^3/a$；大渚马河瓦房城水库 $0.8392 \times 10^8 m^3/a$；黑河干流莺落峡 $15.598 \times 10^8 m^3/a$；梨园河梨园堡 $2.168 \times 10^8 m^3/a$；海潮坝水库 $0.4828 \times 10^8 m^3/a$；童子坝河 $0.7222 \times 10^8 m^3/a$；酥油口河 $0.4468 \times 10^8 m^3/a$；摆浪河 $0.4460 \times 10^8 m^3/a$；马营河红沙河 $1.153 \times 10^8 m^3/a$；丰乐河 $0.9421 \times 10^8 m^3/a$；洪水坝河新地 $2.395 \times 10^8 m^3/a$；讨赖河冰沟 $6.407 \times 10^8 m^3/a$。那么，实测的出山径流量为 $33.425 \times 10^8 m^3/a$。其中，黑河干流片多年平均出山水资源量为 $23.549 \times 10^8 m^3/a$，讨赖河片多年平均出山水量为 $9.743 \times 10^8 m^3/a$。没有水文站控制，也没有水库用水资料的小沟、小河有 15 条，出山径流总量为 $1.1166 \times 10^8 m^3/a$，祁连山前地带及北山区天然产水量为

$0.962 \times 10^8 \mathrm{m}^3/\mathrm{a}$。山区水文站控制区内的工农业用水量为$0.610 \times 10^8 \mathrm{m}^3/\mathrm{a}$。黑河流域总的出山径流量为$36.114 \times 10^8 \mathrm{m}^3/\mathrm{a}$（表4-2）。

表4-2　2000年黑河流域各出山把口水文站实测出山水资源量　（单位：$10^8 \mathrm{m}^3/\mathrm{a}$）

水文站	冰沟	新地	丰乐河	鹦哥嘴	莺落峡	瓦房城	双树寺	李桥水库	其他河流	水资源量
出山径流量	6.407	2.395	0.942	2.168	15.598	0.839	1.171	0.573	3.492	36.114

从莺落峡1944～2001年水文变化过程看，出山径流量基本稳定略有上升趋势，1944～1957年这一时期黑河水量较为稳定且偏枯，1968～1979年和1991～2001年这两个阶段出山水量较枯，1952～1959年、1980～1991年这两个阶段出山水资源较丰。从图4-4可以看出，莺落峡出山径流存在几个明显的上升时期和下降时期，1950～1954年、1985～1989年为持续上升时期，1958～1989年、1975～1979年、1998～2001年这三个时期为持续下降阶段。从上升和下降的幅度看，上升过程较为缓慢，下降过程较为迅速。冰沟出山径流量则缓慢下降。

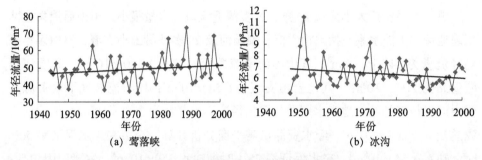

图4-4　黑河流域控制站年平均径流量变化

我国河流丰水年的最大径流量与枯水年的最小径流量相比，北方河流一般为3～6倍。黑河干流区天然来水比较稳定，1944～2001年，最大径流量为$23.115 \times 10^8 \mathrm{m}^3/\mathrm{a}$（1989年），最小为$11.037 \times 10^8 \mathrm{m}^3/\mathrm{a}$（1973年），径流量最大值和最小值之比为2，这在北方河流中是非常罕见的。从来水保证程度看，25%保证率的水平年平均流量为$16.430 \times 10^8 \mathrm{m}^3/\mathrm{a}$，50%保证率的水平年平均流量为$15.405 \times 10^8 \mathrm{m}^3/\mathrm{a}$，75%保证率的水平年平均流量为$14.065 \times 10^8 \mathrm{m}^3/\mathrm{a}$，95%保证率的水平年平均流量为$11.763 \times 10^8 \mathrm{m}^3/\mathrm{a}$。

（四）水资源总量及其变化

就一个区域而言，通常将该区域的地表水资源量与地下水资源量直接相加，扣除其间相互重复计算量作为该区水资源总量，用公式表示如下：

$$W = R + Q - D \qquad (4\text{-}1)$$

式中，W 为水资源总量；R 为地表水资源量；Q 为地下水资源量；D 为地表水与地下水相互转化的重复计算量。

黑河干流水资源产生于祁连山区，河流从莺落峡出山后依次穿越山前洪积扇、张临高盆地、鼎新盆地，最后进入额济纳三角洲，汇入居沿海尾闾湖泊。由于特殊的串珠状水文地质盆地构造，水资源具有同源性和多次转化反复利用的特点，水资源的利用率大大提高。

黑河流域地表水资源来源于祁连山区，河西走廊和阿拉善高原径流深均小于5mm（按不产流计算），由此可见黑河流域的水资源总量实质上就是地表水资源量、平原（高原）区降水与凝结水入渗补给量和山前侧向排泄量（含河床潜流）之和。

黑河水系包括大小河流35条，大多源近流短，水量很小，出山后消失在冲积扇地带。干流水系包括黑河干流、梨园河及20多条沿山小支流，出山多年平均径流量为 $24.75 \times 10^8 \text{m}^3$，其中黑河干流莺落峡站为 $15.80 \times 10^8 \text{m}^3$，梨园河梨园堡站为 $2.37 \times 10^8 \text{m}^3$，其他沿山支流为 $6.58 \times 10^8 \text{m}^3$；黑河流域地下水资源主要由河川径流补给，地表水资源与河川径流不重复量为 $3.33 \times 10^8 \text{m}^3$。天然水资源总量为 $28.08 \times 10^8 \text{m}^3$。经水资源供需平衡分析计算，全市在来水保证率50%时，缺水 $1.54 \times 10^8 \text{m}^3$，来水保证率75%时，缺水 $3.2 \times 10^8 \text{m}^3$。主要原因包括：降水量少，蒸发量大；地区经济较发达，需水量大；黑河干流无骨干调蓄工程。按《黑河水量分配方案》计算，人均占有水量为1250m³，为全国的人均水平的57%；亩均水量为511m³，为全国亩均水平的29%。

黑河流域多年平均水资源量为 $32.6842 \times 10^8 \text{m}^3/\text{a}$，人均水资源量为1689m³/a，略低于国际上公认的人均水资源1700 m³/a 的安全警戒线。因此，从人均拥有水资源量的角度看，黑河流域水资源状况目前处于安全临界线附近。2014年流域农业耕地面积为 $381.5 \times 10^3 \text{hm}^2$，每公顷耕地拥有水资源量为8567m³，这个数量仅相当于每亩571m³/a 的水量。考虑到流域水资源反复利用的特点，综合分析认为目前水资源是安全的。但是，在走廊绿洲地带的农业复种和套种指数已经达到70%以上，而且复种指数越高的地方用水也越紧张，张临高灌区单茬作物的用水量每亩约为 400m³/a，复种以后的亩均用水量为 600m³/a 以上。因此，流域水资源承载能力也已经接近极限，水土资源的开发利用规模不能再人为扩大。

1. 天然水资源量与用水量的匹配程度

黑河流域水资源过度开发利用主要发生在中游张掖、酒泉地区，上游山区水资源开发利用非常少，而下游水资源开发利用同样非常少，水资源主要被天然生态植被利用。中游水资源利用量自新中国成立以来一直在增长，但 1984 年以前增长较慢，1984 年以后增长很快，1995 年以后由于受水资源短缺的影响，增长速度放慢，但仍在逐年增长，这说明一个流域的水资源开发利用到一定程度以后，对天然来水量的保证程度的要求也相应提高。由图 4-5 和表 4-3 可以看出，在天然水资源比较枯的 1991 年、1992 年、1994 年、1997 年，其水资源开发利用数量仍然达到 34×10⁸m³/a 以上，因此，中游地区在这 4 个年份的水资源利用率分别达到 123.7%、125.4%、123.5%、123.6%。在水资源的开发利用中虽然包括很大一部分地下水，但地下水的开发主要限于 10m 以内的浅层地下水，这部分地下水几乎全部为河水的重复再现。高台有部分地下水开发在 10～20m，但同样是河水的重复。深层地下水的开发仅限于工业和城市生活用水，其用水量多年稳定在 1.5×10⁸～1.7×10⁸m³/a，由于这部分水量开采主要发生在张掖、酒泉市区，是盆地的中心区域，100m 以内的浅层和深层地下水含水结构属于同一层松散的沉积物，其深层地下水开采完全可以由地表水补给达到采补平衡，因此，工业和城市生活用水仍然是地表水的重复利用。这充分说明，流域水资源如此高的开发利用率，完全是通过地表水和地下水的反复转化及重复利用达到的。

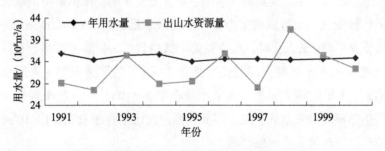

图4-5　黑河流域出山水资源量与用水量变化过程

表 4-5　黑河中游 1991～2000 年用水量与出山水资源量变化　　（单位：$10^8 m^3/a$）

年份	1991	1992	1993	1994	1995	1996	1997	1998	1999	2000
用水量	35.9	34.33	35.459	35.567	34.044	34.64	34.629	34.333	34.695	34.843
出山水量	29.025	27.383	35.395	28.807	29.549	35.761	28.011	41.346	35.45	32.334

黑河流域天然水资源量与水资源开发利用数量并不匹配，虽然中游通过水资源的重复多次利用，使区域用水量稳定在 $34×10^8 m^3/a$，同时也提高了水资源的利用率，但直接导致了下游额济纳旗的水资源和生态环境危机。

2. 水资源开发利用安全临界线与警戒线

根据黑河流域年天然径流量变化、中游水资源开发利用现状，如果不考虑黑河分水任务，对于中游来说，水资源是安全的，但也接近安全临界线。1991～2000 年通过河道进入额济纳旗的水量为 $4.216×10^8 m^3/a$，加上以地下水的形式进入额济纳旗的水量，总量可达 $5×10^8 m^3/a$，而出山水资源量 10 年平均为 $31.3×10^8 m^3/a$（未考虑 1998 年特丰年），那么，中游水资源的净消耗量为 $26×10^8 m^3/a$，这个数量是目前中游地区水资源开发利用的安全临界线。黑河流域出山水资源量多年平均为 $32.306×10^8 m^3/a$，根据国务院的要求，2005 年当黑河莺落峡来水达到 $15.8×10^8 m^3/a$ 时，正义峡下泄量达到 $9.5×10^8 m^3/a$，实际到达额济纳旗的水量为 $7.5×10^8 m^3/a$。根据 2001 年资料计算，黑河流域多年平均出山水资源量为 $32.3×10^8 m^3/a$，则中游可以消耗的水量为 $24.8×10^8 m^3/a$，与中游水资源开发利用安全临界线相差 $1.2×10^8 m^3/a$，这个差额在 2005 年以后，通过大面积节水措施和地下水开采的合理布局，完全可以得到弥补。因此 2005 年以后，在不扩大中游水土资源开发利用规模的前提下，如果莺落峡来水小于 $13×10^8 m^3/a$ 的连续年份不超过 3 年，则黑河中游的水资源是安全的。根据额济纳旗天然植被规模随来水量变化，也可以确定当多年平均来水量达到 $7.5×10^8 m^3/a$（正义峡下泄水量大于 $9.5×10^8 m^3/a$）时，水资源处于富裕状态，生态植被生长良好，退化的天然植被可以逐步恢复，同时还可抵御 2～3 年的严重干旱（入境水量小于 $4×10^8 m^3/a$）、1 年的特大干旱（入境水量小于 $3×10^8 m^3/a$），这个水量为额济纳水资源和生态环境的安全临界线。因此，黑河出山水资源量 $32.31×10^8 m^3/a$ 为流域水资源和生态环境安全的临界线。

当额济纳旗天然来水小于 $5.5×10^8 m^3/a$（正义峡下泄水量小于 $7.5×10^8 m^3/a$）

时，水资源偏枯，生态环境退化，这个水量为额济纳水资源和生态环境的安全警戒线。根据近10年黑河流域水资源和生态环境的实际状况，1997年为黑河水资源和下游生态环境接近危机的年份，流域出山水量为$28.011 \times 10^8 m^3/a$，额济纳旗入境水量为$3.034 \times 10^8 m^3/a$，中游水资源开发利用量达到$24.977 \times 10^8 m^3/a$，所以中游并没有出现水资源危机。如果通过全流域适当调整，下游额济纳旗也不会发生生态安全问题。因此，可以确定$28 \times 10^8 m^3/a$的出山水资源量为流域水资源安全警戒线。

二、结构性缺水分析

黑河流域总体上形成"走廊南山产水区－走廊平原区利用区－下游水资源散失区"的格局，产流区水资源丰富，但利用量少；"利用区"产流很少，却高强度、大规模地利用水资源；散失区几乎无产流，但对水资源的需求（尤其是生态需水）旺盛，水资源空间分布格局和利用格局不一致。另外，大气降水主要集中在7～8月，而利用时间分散于各个作物的生长期，水资源的自然赋存结构与利用结构在时间上不耦合，因此造成其结构性缺水。

1. 水资源时间分布与利用格局不耦合

黑河流域河川径流以降水补给为主，约占90.5%；冰川融水补给为辅，占9.5%。黑河流域降水年内分配很不均匀，具有明显的雨季和旱季之别，多年平均雨季为5～9月，降水量占年降水量的84.0%；最大降水月份出现在7月，占年降水量的24.1%；10月至次年4月为旱季，降水量占年降水量的16.0%；12月至次年2月几乎无雨，降水量占年降水量的3.0%；12月降水最少，只有1.3mm，占年降水量的0.8%。因而河川径流也形成有规律的变化，河川径流年际变化不大，年径流量最大最小倍比为2.1，年径流差系数在0.2左右。河川径流年内分配极不均匀，从多年平均径流分配结构分析（图4-6），径流的年内变化过程大致可分为：冬末春初，河流部分封冻，仅靠地下水补给，最小径流量发生在1～2月；进入3月后，随着气温的升高，由于融雪和解冻至5月形成春汛，径流量显著增大；夏秋两季是径流量最多的时期，而12月以后到次年3月为枯水期（蓝永超和康尔泗，2000）。以莺落峡站为例，6～9月丰水期径流量占年径流总量的68.0%，10～12月占17.2%，3～5月占14.8%。

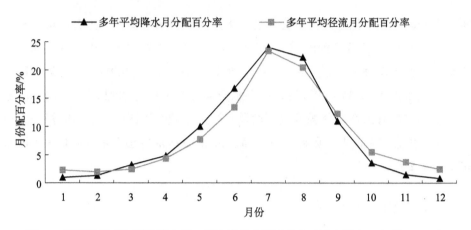

图4-6 黑河流域多年平均降水量、径流量月分配百分率（潘启民和田水利，2001）

受黑河干流径流年内分配不均、来水过程与需水过程不协调影响，生产性结构缺水明显。以张掖市为例，由于历史传统和自然的原因，农业一直是张掖市的主导产业，截止到2009年，张掖市第一、第二、第三产业的比例为27.9：37.8：34.3。张掖市农业历来是以种植业为主的单一型农业，林、牧、渔业比例极小，在2013年农业总产值中，种植业占到69.01%，而林、牧、渔业分别占2.13%、27.42%、0.24%。农民基本上只种小麦、玉米、油菜等，经济作物比例很小，根据多方面综合分析，在干旱区，在现行的生产条件下，以小麦种植为主体的传统农业中，粮食作物的高产出是以高投入为前提的，尤其是以高耗水为前提的。因此，这种农业"一头沉"的产业结构模式使得农业成为张掖市用水的主体，农业用水量占到全社会用水量的95%，而农作物对水资源的利用时间是分散于各个作物的生长期。张掖市每年春季用水占全年用水量的50%，但同期来水量仅占全年总水量的25%，因水资源季节分配不均匀，存在"春旱、夏洪、秋少、冬枯"现象，不利于农作物生长。

2. 水资源空间分布与利用格局不耦合

河西内陆河流域径流空间分布差异很大，南部祁连山区径流丰富，是径流主要形成区；河流从莺落峡出山后依次穿越山前洪积扇、张临高盆地、鼎新盆地，最后进入额济纳三角洲，汇入居沿海尾闾湖泊。北部径流非常贫乏，或者基本不产生径流，地表径流和地下径流主要靠南部祁连山区输入，是径流的消耗和蒸散、蒸腾区。而这一格局主要受制于特殊的地质、地貌条件。在流域南部呈南东—北西走向的祁连山由古生界变质岩和中基性－中酸性火山岩及岩浆岩构成，地势高亢。受山区降水和冰雪融水的补给，变质岩系普遍赋存有水质良好的裂隙水，但富水地段仅限于岩溶化的碳酸盐岩及与山体走向一致的横向断裂带。上古生界和中古生界的灰岩、砂砾岩及砂岩含有裂隙－空隙层状水。已经荒漠化的走廊北山则为前震旦纪变质岩、古生代岩浆岩组成，地下水匮乏，仅在大断裂附近或局部变质岩、岩浆岩强烈风化的地段有微咸－咸的地下水。

夹峙于南、北山的走廊平原是中新生代的大幅度沉降带，由于中新生代以来一系列的北西和近东西向的断裂与沿断裂产生的断块分异，将走廊平原分割成许多规模不等的构造－地貌盆地，自东向西分别为大马营盆地、山丹盆地、张掖盆地。这些盆地也是水文地质盆地，因为这些盆地中有为盆地的构造－地貌所限制的含水层系，以及各自独立的补给、径流、排泄过程。这些盆地不仅是独立的水文地质单元，而且通过河水与地下水之间相互转化，南北方向上同属于一个水系的两个或三个盆地中的水流联结成统一的"河流－含水层"系统，如干流水系的张掖盆地、鼎新盆地和额济纳盆地。盆地内巨厚的以松散为主的第四纪沉积物具有丰富的孔隙水，尤以中、上更新统是盆地最为富水的主要含水层系。根据含水层的结构和水动力特性，盆地地下水分为潜水和承压水两个系统。中游盆地含水层主要为砂砾石及砂砾卵石，以淡水为主；下游盆地含水层主要为砂、砾砂及砂砾石，以微咸－咸水为主。在承压水区没有稳定的区域性隔水层，各含水层彼此分割又有一定的水力联系。20世纪70年代以来随着地下水开采量的逐渐增大，本来没有稳定隔水层的承压含水层局部地段彼此串通，水力联系更为紧密。

地表水资源的分布规律，主要取决于大气降水的时空分布、山区水文气象垂直分带性、下垫面条件等。一般而言，降水多则产流多，高寒、坡陡的山区产流量大。干旱区地表径流的地区分布首先取决于气候因素，其次是地形的高低、坡度和朝向等，另外与高山冰雪的分布也有密切的关系。黑河流域地表径流基本形成于山区，故径流的分布与年降水量的分布大体是一致的，总体而言二者均与流域的平均海拔有着极密切的正比关系，即径流深从南向北递减，高山区大，平原小，干流莺落峡以上的山区流域为丰水区，出山口的平原和沙漠地区以下为少水区和干涸区。

祁连山出口至莺落峡以上为上游区，有近代冰川发育，河床陡峻，水流湍急，是径流形成区，径流量随流程而增加；莺落峡至正义峡间是黑河流域的中游，降水少而蒸发强，下垫面是深厚的第四纪沉积层，成为良好的地下水贮水场所，不多的降雨在干燥的空气中和地面上消耗于蒸发，偶尔一次强度较大的降水也下渗补给了地下水，所以基本不产流，是流域中最主要的径流利用区，河川径流量沿程减少；黑河进入下游阿拉善，北流 300 余千米，直达中蒙边境，东西居延海是其尾闾，既不产流，也不利用，而且上面流来的河川径流和地下潜流，以土壤潜水层蒸发和流入居延海蒸发而消耗干净，是径流消失区。占流域面积 23% 的上游地区产生了流域 92% 的水量，而占流域面积 77% 的中下游地区则仅产生 8% 的水量。因此黑河水系河川径流可明显划分为径流形成区（上游区）、径流利用区（中游区）和径流消失区（下游区）。

根据 2000 年黑河流域实测水文资料计算，流域出山水资源量为 $32.764 \times 10^8 m^3/a$，其中莺落峡和冰沟出山水资源量分别为 $14.630 \times 10^8 m^3/a$、$6.843 \times 10^8 m^3/a$，属于枯水年份。黑河流域水资源利用情况比较清楚，上游祁连县多年平均用水量为 $0.1332 \times 10^8 m^3/a$；出山水量进入中游以后绝大部分被中游反复引用。根据 2009 年甘肃省水利综合年报公布的数字计算，黑河流域 2009 年实测天然径流量为 $21.61 \times 10^8 m^3/a$。中游张掖、酒泉水利工程及自流灌溉渠道的可供水量为 $34.685 \times 10^8 m^3/a$，总用水量也是 $34.685 \times 10^8 m^3/a$，其中，农业灌溉用水为 $29.518 \times 10^8 m^3/a$，林牧渔用水为 $2.910 \times 10^8 m^3/a$，城镇工业用水为 $1.241 \times 10^8 m^3/a$，农村工业用水为 $0.289 \times 10^8 m^3/a$，城镇生活用水为 $0.369 \times 10^8 m^3/a$，农村生活用水为 $0.358 \times 10^8 m^3/a$，区域水资源利用率达 105.9%，估计约有 $5 \times 10^8 m^3/a$ 的水资源在非农业灌溉季节没有被中游利用，那么，仅中游地区就开发利用了全流域水资源的 84.7%。这势必造成下游额济纳旗的水资源短缺和水质恶化。根据 2009 年额济纳旗水利年报计算，进入下游额济纳旗的水量，农业及草库伦灌溉用水量为 $0.6758 \times 10^8 m^3/a$，生活用水量为 $0.0614 \times 10^8 m^3/a$，工业用水量为 $0.1308 \times 10^8 m^3/a$，其余 $2.071 \times 10^8 m^3/a$ 水量以天然分配的形式被林草植被利用。由于额济纳旗缺少水利工程，水资源的利用程度不高。单纯从经济的观点看，张掖、酒泉的水土资源利用率最高，产出量也最大。但从全流域生态环境协调发展的观点看，这种近水楼台先得月的水资源利用方式存在很大的弊病，也造成了极大的社会危害。张掖市处于黑河流域的中游，黑河是维系其存在与发展的主要水源，由于人口和耕地面积的快速增长，以及社会经济的进一步发展，张掖市对水资源开发利用的规模进一步扩大，用水量不断增加。黑河中游集中了黑河全流域 91% 的人口、95% 的耕地和 89% 的国内生产总值，区域用水量占全流域用水量的 83%，耗水量占 76%，已成为黑河流域水资源的主要利用区。随着黑河中游工农业生产的持续发展引起的引用河水量的不断增加，黑河正义峡河川径流量呈减少趋势，使下游原本就十分脆弱的生态环境进一步恶化，从而制约了社会经济的发展。总体上，上游产流基本正常，中游用水量增加，经济结构不合理，发展模式粗放，下游绿洲萎缩，荒漠化面积扩大。

3. 产业结构需水与水资源供给矛盾

张掖市产业结构表现为一三二型，第一产业比例偏高，第三产业比例也略偏高，但这并不能说第三产业超前发展，这是由于第二产业发展滞后而导致的。这说明张掖市还处在以农业为主导的工业化初级阶段，今后的发展将进一步增加对水资源的需求，进一步加剧水资源的供需矛盾。长期以来，在以粮为纲的思想指导下，大规模垦荒种粮，发展商品粮基地，特别是 20 世纪 90 年代以后，灌溉面积发展很快，在第一产业内部，农业（种植业）的比例一直居高不下，这种以粮食种植为主的传统农业结构水资源利用效率低，耗水量大，这样就把大量稀缺的水资源消耗在低附加值的粮食生产上，阻碍了水资源经济效益的充分发挥，使得进入下游的水量大幅度下降，挤占下游用水量，导致下游地区生态恶化。

张掖市产业结构以农业为主，农业是水资源的用水大户。水资源利用结构不合理，水资源利用效益低下。2014 年张掖市总用水量为 $24.12 \times 10^8 m^3$，其中农业用水量（包括农田灌溉用水量和林牧渔畜用水量）为 $21.46 \times 10^8 m^3$，非农业用水量（包括工业用水量、生活用水量和生态用水量）仅占用水总量的 1.10%。按行业部门划分，农业用水 $21.46 \times 10^8 m^3$，占全部用水量的 88.97%；工业用水 $0.56 \times 10^8 m^3$，占全部用水量的 2.32%；生活用水 $0.61 \times 10^8 m^3$，占全部用水量的 2.52%；生态环境用水 $1.47 \times 10^8 m^3$，占全部用水量的 6.09%（表 4-4、表 4-5）。尽管农业用水占总用水量的 88.97%，但是农业在国民生产总值中比例仅为 27.95%。水资源占用结构与效益结构的错位，不仅强化了水资源短缺的约束力，而且影响了农民的收入水平，使农村劳动力转移的概率降低。

按照水利部《黑河水量分配方案》确定的正义峡下泄水量，张掖市人均占有水量只有 $1250 m^3$，亩均只有 $511 m^3$，分别为全国水平的 57% 和 29%，按国际划分标准，属于中度缺水地区。在区域水资源基本情势和流域生态环境综合治理的大背景下，根据国务院批复的黑河干流分水方案，张掖市在通过压缩国民经济用水，实现预定的下泄水量目标后，国民经济用水必须维持零增长。为保证落实国务院审批的分水方案，即在相当于莺落峡多年平均来水量 $15.80 \times 10^8 \mathrm{m}^3$ 情况下，正义峡下泄水量 $9.5 \times 10^8 \mathrm{m}^3$。因此，今后不应再盲目扩大农业灌溉面积，应以发展城镇为动力，带动第二、第三产业的发展，提高水资源的利用效益。必须建立节水型社会经济系统（尤其是农业节水）和优化调整产业结构，以实现流域水资源的可持续利用。

表 4-4　2014 张掖市用水量　（单位：$10^8 \mathrm{m}^3$）

用水量	小计	地表水	地下水
农业用水量	21.4685	16.8161	4.6524
工业用水量	0.5668	0.1460	0.4208
城乡居民用水量	0.6106	0.1273	0.4833
生态环境用水量	1.4728	1.3391	0.1337
总用水量	24.1187	18.4285	5.6902

数据来源：甘肃省水利厅，《甘肃水资源公告》（2014 年）

表 4-5　黑河流域水资源共需平衡表

年份	供水量/$10^8 \mathrm{m}^3$						需水量/$10^8 \mathrm{m}^3$				缺水量 /$10^8 \mathrm{m}^3$	缺水程度 /%
	蓄水	引水	提水	地下水	其他水源供水	合计	工业	农业	生活	合计		
1997	23.9	31.3	1.0	19.0	—	75.2	4.5	72.1	1.3	77.9	2.70	3.50
1998	26.09	30.38	1.10	19.42	—	76.99	4.5	72.1	1.3	77.9	0.91	1.2
1999	25.23	28.2	1.39	21.51	—	76.34	3.79	78.08	1.54	83.41	7.07	8.5
2000	25.78	28.26	1.13	21.58	—	76.75	4.00	81.48	1.56	87.04	10.29	11.8
2001	27.87	24.24	1.12	20.37	—	73.60	4.26	75.30	1.78	81.34	7.74	9.5
2002	24.27	24.02	6.43	20.70	0.02	75.44	3.60	73.82	1.76	79.18	3.74	4.7
2003	26.92	23.43	3.08	20.35	0.03	73.81	3.62	72.75	1.62	77.99	4.18	5.4

数据来源：甘肃省水利厅，《甘肃水资源公告》（1997～2003 年）
—表示无统计数据

　　黑河流域土地灌溉面积集中在中游张掖、酒泉两地区，水资源的开发利用也主要在这两个地区，灌溉面积从中游到下游逐渐减少（表 4-6），而耗水量的空间分布格局是：靠近祁连山区的冷凉灌区较走廊地带的平原灌区灌溉水量要小；而同在走廊区的灌区，东部要比西部小；同样处在西部的酒泉-嘉峪关灌区、鸳鸯池灌区、鼎新灌区，则呈现出自西向东急剧增大的趋势，这说明离巴丹吉林沙漠越近，灌溉水量也越大。

表 4-6　张掖市近年来土地灌溉状况

年份	耕地面积/10⁴hm²	有效灌溉面积/10⁴hm²	灌溉率/%	保证灌溉面积/10⁴hm²	灌溉保证率/%
2000	18.72	14.54	77.69	—	—
2001	18.79	15.06	80.15	—	—
2002	18.71	15.09	80.66	13.42	71.73
2003	18.80	14.86	79.07	13.35	71.03
2004	18.58	14.84	79.88	13.36	71.91
2005	19.10	15.15	79.32	13.67	71.57
2006	19.11	14.86	77.74	13.51	70.70
2007	19.13	15.23	79.62	13.89	72.59
2008	19.22	15.22	79.18	13.89	72.27
2009	19.69	15.30	77.70	12.66	64.30
2010	20.18	15.97	79.14	14.52	71.95
2011	21.18	15.97	75.40	13.21	62.37
2012	25.41	17.43	68.60	16.05	63.16
2013	25.90	17.44	67.34	16.06	62.01

数据来源:《张掖统计年鉴》(2001～2014 年)

—表示无统计数据

综上所述,山丹灌区用水量已经接近现有农业生产技术条件下的最好水平;而同属冷凉灌区的民乐灌区,单位面积用水量达 5942m³/(hm²·a),用水水平偏高,这与该县水资源较多和水利工程控制较好有关。酒泉地区各灌区用水量都在 10 000m³/(hm²·a)以上,说明在灌溉过程中存在巨大的浪费现象,必须强制执行节水。

第二节　水资源承载力

随着水资源问题的日益突出,20 世纪 80 年代联合国教育、科学及文化组织提出水资源承载力的概念,主要是探讨人口与水资源的关系。水资源承载力是一个国家或地区持续发展过程中各种自然资源承载力的重要组成部分,在水资源紧缺和贫水地区往往是制约其社会发展的“瓶颈”因素,它对一个国家或地区综合发展和发展规模有至关重要的影响。作为可持续发展研究和水资源安全战略研究中的一个基础课题,水资源承载力研究已引起学术界高度关注并成为当前水资源科学中的一个重点和热点研究问题。当前关于水资源承载力的研究方法主要包括:水资源供需平衡法与多目标分析模型、多指标综合评价法与综合评判模型、系统分析方法－动态模拟递推算法、系统动力学方法与系统动力学仿真模型。

水资源承载力研究属于评价、规划与预测一体化性质的综合性研究，现对水资源承载力概念还没有统一的界定。例如，施雅凤（1995）提出水资源承载力是指某一地区的水资源在一定社会历史和科学技术发展阶段，在不破坏社会和生态系统的前提下，最大可承载的农业、工业、城市规模和人口的能力，是一个随着社会、经济、科学技术发展而变化的综合目标。冯尚友和刘国全（1997）则认为水资源承载力指在一定区域、一定物质生活水平下，水资源能够持续供给当代人和后代人需要的规模和能力。惠泱河等（2001）认为水资源承载力可被理解为某一区域的水资源条件在自然－人工二元模式影响下，以可以预见的技术、经济、社会发展水平及水资源的动态变化为依据，以可持续发展为原则，以维护生态环境良性循环发展为条件，经过合理优化配置，对该地区社会经济发展能提供的最大支撑能力。由此可见水资源承载力的核心问题是在一定的水资源开发利用阶段和生态环境保护目标下，一个流域的可利用水资源量能够支撑多大的社会经济系统发展规模？如何合理管理有限的水资源，维持和改善陆地系统水资源承载能力？显然，水资源承载力受供、需双方影响，它需要从受自然变化和人类活动影响的水循环系统出发，通过"自然生态－社会经济"系统对水的需求和流域能够提高多少可利用水资源量的"支撑能力"方面加以度量（图4-8）。

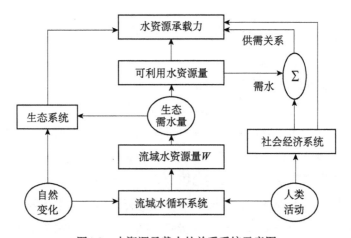

图4-8　水资源承载力的关系系统示意图

一、水资源承载力评价指标及计算方法

西北内陆河流域水资源作为生态经济系统可持续发展的主要限制因子和联系生态系统和经济系统的主要纽带，考虑到张掖市日益突出的经济发展和生态环境建设之间的矛盾，因此对水资源承载力的分析必须以提高水资源的利用效益为前提。

1. 指标体系的选择

水资源承载力指标体系是由能够反映水资源系统和社会经济系统状况及其关系的指标因子构成的有机整体，它们既相互联系、又相互独立，是分析研究水资源承载力的根本条件和理论基础（图4-9）。

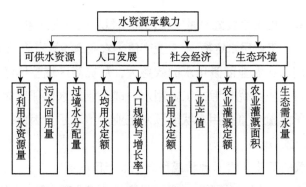

图4-9　水资源承载力指标体系

2. 估算因素

必须考虑国务院关于"黑河干流分水方案"的具体要求，充分考虑历史及现状水资源的状况（以实际利用状况和平均来水状况进行估算，暂未考虑水资源的情景变化），保证水效益较高部门的合理用水需求（主要考虑水资源利用的效益），保证流域及区域生态环境向良性方向发展（主要考虑生态用水）。

3. 计算方法

本书主要基于上述指标体系中指标的含义，利用有关资料的统计数据，通过多指标综合评价方法，对张掖市水资源承载力进行粗略的估算。

从水资源供需平衡出发：

$$可供水资源总量 = \sum 各部门需水量$$

需水部门可分为国民经济用水和生态用水两大部分，其中国民经济用水又可分解为生活用水、工业用水、农业用水和第三产业用水四方面（由于第三产业方面的用水需求所占比例微小，且基础数据缺乏，故在此忽略），上式展开为

$$可供水资源总量 = 国民经济用水 + 生态用水$$
$$= 工业需水量 + 农业需水量 + 生活需水量 + 生态需水量$$

其中，

$$工业需水量 = 工业用水定额 \times 工业产值$$
$$农业需水量 = 农业灌溉净定额 \times 农业灌溉面积$$

以经济供水量表示除去生活需水量和生态需水量后能够用于工、农业发展的水资源量：

$$经济供水量 = 可供水资源总量 - 生活需水量 - 生态需水量$$
$$= 工业用水定额 \times 工业产值 + 农业净灌溉定额 \times 农业灌溉面积$$

由于工业用水比农业灌溉用水的效益大，从提高区域整体经济水平和逐步推进城镇化来讲，应当优先考虑工业用水，即工业用水保证率为100%，所以，水资源的工业承载量可直接用现状或预测工业产值表示。因此，水资源经济承载量可用以下公式表示：

$$水资源承载的工业产值 = 现状或预测工业产值$$
$$水资源承载的农业灌溉面积 = （经济供水量 - 工业需水量）/ 农业净灌溉定额$$
$$= （经济供水量 - 工业用水定额 \times 工业产值）/$$
$$农业净灌溉定额$$

二、水资源承载力的估算

由于张掖市现状用水量（$23.77 \times 10^8 \text{m}^3$）超过黑河分水方案实施后其应得水量（$12.45 \times 10^8 \text{m}^3$），所以以2005年分水标准为准计算，张掖市2005～2020年可供水资源量均为$12.45 \times 10^8 \text{m}^3$。在维持良好绿洲生态环境体系下，生态环境需水量为$2.42 \times 10^8 \text{m}^3$（李世明等，2003）。根据上述的指标体系和计算方法，利用相关的历史统计数据计算张掖市水资源经济承载力，结果见表4-7。

表 4-7 张掖市水资源经济承载力计算结果

年份	可供水资源总量/10^{8}m^3	人口/万人	生活需水量/10^{8}m^3	生态需水量/10^{8}m^3	经济用水量/10^{8}m^3	工业产值/亿元	灌溉面积/万亩	农业承载量/万亩	超载/万亩
2000	18.52	124.99	0.268	2.42	15.832	39.86	226.54	200.46	26.08
2005	12.45	127.15	0.362	2.42	9.668	73.3	223.69	172.76	50.93
2010	12.45	130.64	0.471	2.42	9.559	101.73	226.68	189.27	37.41
2015	12.45	134.22	0.542	2.42	9.488	132.57	228.95	181.61	47.34
2020	12.45	137.91	0.613	2.42	9.417	149.48	230.76	179.24	51.52

由表 4-7 可知，2000 年在维持绿洲生态环境不继续恶化的前提下，现有水资源能够承载的工业产值规模为 39.86 亿元，能够承载的农业灌溉面积为 200.46 万亩，而张掖市现有灌溉面积已达 226.54 万亩，超载了 26.07 万亩，并且有进一步增加的趋势。实际上，由于张掖市地表水和地下水之间存在复杂的相互转化，且地下水绝大部分是由地表水渗漏补给，在计算时可能高估了可利用水资源量。随着黑河流域分水计划的实施，张掖市人口的增长、社会经济的发展和生活水平的提高，都将导致需水量的增加；同时绿洲生态环境逐步改善，则生态用水也将大幅度提高，从而用于农业灌溉的水资源将逐步减少，可见张掖市水资源面临很大的压力，急需采取有效措施（节水技术的推广应用、产业结构的调整优化等）提高水资源承载力。

提高水资源承载力的途径不外乎开源和节流，但开源方面的措施对增加供水的作用是有限的，还需要从减少用水需求、提高用水效益出发，配合节流措施。调整产业结构是重要的节流措施之一，从张掖市经济发展结构和用水结构来看，最主要的是调整农业结构，如种植业由粮经二元结构向粮经草三元结构转变、大力压缩高耗水作物等。此外，还应增大节水投资，通过经济、工程、管理等手段提高水资源利用率，如加快田间配套建设，搞好渠道衬砌，推广高效节水示范技术等。

在张掖市水资源经济承载力的计算结果基础上，可借助下式对承载人口进行粗略估算，结果见表 4-8。

$$水资源人口承载量 = 承载的 GDP / 人均 GDP$$
$$= （承载的农业产值 + 承载的工业产值）/$$
$$人均 GDP$$

表4-8 张掖市水资源承载人口计算结果

年份	承载灌溉面积/万亩	承载农业产值/亿元	承载工业产值/亿元	承载工农业产值/亿元	人均GDP /（万元/人）	承载人口/万人	预测人口/万人	超载/万人
2000	200.46	20.04	39.86	59.90	0.50	118.93	124.99	6.06
2005	172.76	25.91	73.30	99.21	0.83	119.46	127.15	7.69
2010	189.27	36.69	101.73	138.42	1.13	122.76	130.64	7.88
2015	181.61	47.32	132.57	179.89	1.42	126.63	134.22	7.59
2020	179.24	55.40	149.48	204.88	1.57	130.38	137.91	7.53

数据来源：李世明等，2003

注：维持良好生态环境需水量为 $2.42 \times 10^8 m^3$

　　人均GDP大小反映了承载人口的生活水平，由表4-8可知，2000年张掖市人均GDP为5037元/人，考虑到张掖市薄弱的经济基础和脆弱的资源生态支持体系，张掖市2005年、2010年、2015年和2020年水资源人口承载力分别为127.15万人、130.64万人、134.22万人、和137.91万人，与现状或预测人口相比，均处于超载状态。由于张掖市目前已完成地表水资源开发利用阶段，故未来水资源可利用量的增加以节水和开采利用地下水为主。

第五章

城乡发展差距与协调性

第一节 城乡发展差距

城乡发展是人类活动的结果，人类对城乡系统的主动控制离不开对各种生产和生活资料的调控，需要对系统环境中输入的物质、能量、信息进行配置，虽然城乡系统的自组织能力能够使城乡系统在资源、要素的流动、配置中不断得到发展，但各个要素之间并非简单的线性依赖关系，而是既有倍增效应，又存在限制增长的饱和效应。通过对张掖市城乡系统的分析可知，正是水资源的资源性和结构性缺水的特点造成张掖市城乡间的联系不密切，各种要素流，主要包括了人流（劳动力）、资金流（资金）、物料流（水资源、各种资料、产品等）等几方面在城、乡两个子系统之间的流向和流量不协调，利益分配不均衡，导致城乡两个子系统之间在发展水平上存在差距，并形成典型的二元结构，随着经济社会的发展，城乡二元结构有扩大的趋势，严重影响了城乡的协调发展。这些差距主要表现在反映城乡系统物质、人口、资金流等要素流的相关方面，即经济增长差距、居民收入和消费水平差距、受教育机会和就业机会差距、公共卫生和医疗条件的差距等主要方面，以及居民社会保障、城乡固定资产投资、城乡公共品等相关方面。

一、城乡经济增长的差距

城乡经济的增长包括城乡经济总量的增长和经济结构的优化。城乡在经济和产业结构存在差别：城镇主要以第二、第三产业为主，而农村主要以第一产业为主，因此城镇产业结构更加高级化；城镇经济比农村经济具有更加先进的技术、更高的生产效率、更快的发展速度，在技术、资金、管理等方面对农村的发展起着带动作用，也是国民经济发展的动力，因此必然会造成城乡经济增长的差异，形成发展水平和速度上的差距。

1. 经济总量发展比较

可以用张掖市1978~2014年三次产业的生产总值发展速度的变化趋势反映城乡经济的发展速度差距。第二、第三产业的生产总值增长速度整体上较第一产业快。从不同阶段的具体变化趋势看（表5-1），改革开放以来，城乡经济都有了不同程度的增长，城镇经济稳定快速增长，而农村经济的增长呈现波动性，从家庭联产承包责任制开始实施到1995年，再加上农村第二轮改革和种植结构的调整，农村经济发展势头较好，因此其间城乡经济发展水平相差并不悬殊；而随着经济体制改革的不断深化，减员增效，以第二、第三产业为主体的城镇经济表现出了更强劲的发展势头，城乡经济的发展速度差距越来越大，城乡间的发展水平差距也随之呈现扩大的趋势。

表5-1 张掖市不同阶段城乡经济增长比较

历史阶段	城镇经济增速/%	农村经济增速/%	城乡经济增长率差距/%
1978~1981年	8.16	1.75	6.31
1982~1988年	11.75	4.31	7.44
1989~1995年	19.52	8.33	11.19
1996~2000年	35.92	6.79	29.13
2001~2014年	37.87	4.08	33.79

数据来源：《张掖统计年鉴》(1978~2014年)

2. 产业结构变化

按照库兹涅茨产业结构模式，在人均GDP达1000美元时，三次产业的构成应是26.5∶36.9∶36.6。而张掖市2014年人均GDP为67 888元，三次产业的结构为25.95∶35.12∶38.93，产业结构仍呈现出不协调的现象，第一产业比例仍然偏高，第二、第三产业发展滞后，农业生产的效率还需要快速提高。以第二、第三产业为主体的城镇经济较农村地区发展快。

二、城乡居民收入水平差距

居民的收入和消费水平是衡量一个区域城乡是否协调发展的重要指标，也是城乡差距中最直观、最突出的表现，通过对居民收入和消费的比较研究，可以掌握张掖市经济发展水平和居民的生活状况，为今后经济发展，以及提高人们生活水平和质量提供依据。

1. 收入差距变化趋势

城乡居民收入整体差距：随着经济体制改革和经济发展水平的不断提高，城乡居民的收入都在逐步增加。但由于劳动力不能随着经济和产业结构的调整而相应产生合理流动，农村劳动力和城市劳动力在就业机会、工资收入、生活状态、社会保障上存在很大差距，农村居民的工资性收入比例始终不能大幅的提高，给农民增收带来困难，会进一步导致城乡居民收入差距的不断扩大。由2004～2014年城乡居民收入的差距（图5-1）可知，居民收入的绝对差额和收入比都在逐年扩大，呈发散状态；并且城乡居民收入差也呈剪刀状的逐步扩大趋势；而农村居民的收入中除与城镇居民相同的各项生活消费支出外，还要用于扩大再生产的投入，若扣除该项支出，农村居民的人均纯收入与城镇居民的人均可支配收入相比差距更大，再加上农民增收的长效机制还不健全，会致使城乡居民收入及与其密切相关的消费差距呈相应扩大趋势。

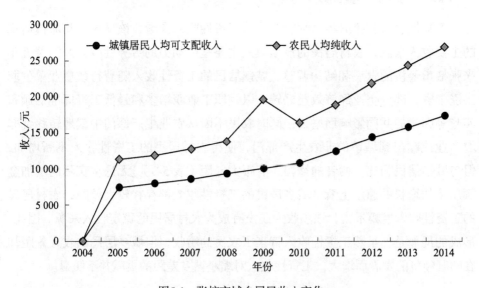

图5-1　张掖市城乡居民收入变化

城乡居民收入差异系数：从张掖市城乡居民收入差异系数的变化趋势看，该系数值始终大于 0.2 且呈发散趋势（最高值为 2005 年的 0.5061），即城乡之间的二元结构呈日趋明显的趋势（该值大于 0.5 说明城乡处于二元结构状态，小于 0.2 说明城乡处于一体化的状态），再次证明城乡居民的收入差距在不断变大，二元结构还较明显。

人均收入分组：据统计资料分析，1998 年，张掖市农民人均纯收入为 2740元，人均收入 3000 元以下的农户占 86.87%，4000 元以上的农户占 8.38%；2014年，张掖市农民人均收入在 3000 元以下的农户比例降至 22.9%，人均收入在4000 元以上的农户比例升至 60.2%。

2. 收入构成差异

城市劳动力的收入中，工资性收入是主要来源，农村居民的收入以家庭经营性收入为主（表 5-2）；随着经济发展和结构的调整，加上农民复杂的从业性质和兼业性等特点，农民的收入来源日趋多元化。

表 5-2 张掖市城乡居民收入构成（2014 年）　　　　　（单位：%）

构成	工资性收入	家庭经营收入	财产性收入	转移性收入
农村居民	14.48	82.73	0.2	2.59
城镇居民	74.5	4.6	0.3	20.6

数据来源：《张掖统计年鉴 2015》

工资性收入和家庭经营性收入：从工资性收入来看，该项收入是城镇居民的主要收入来源，农村居民的该项收入主要是劳动力的劳务性收入。随着近年来张掖市经济的发展和结构调整，城镇居民的工资性收入随着行政事业单位职工涨工资，部分企业经济效益好转，以及职工兼职增多和最低工资标准的颁布实施等因素的共同影响而增加；同时农民不断从农业生产部门中就地转移到非农产业或输出到城镇的非农生产部门，使得农村居民的工资性收入不断增加，但与城镇居民相比，两者的增幅还有很大差距（表 5-3）。无论从实际的增加金额还是从增长的速度上看，城乡居民的工资性收入都存在较大差距，农村居民的工资性收入增幅不大，该项收入还没有成为农村居民的稳定收入来源。因此，形成的局面是，虽然工资性收入带来了农民的增收，但城乡居民的收入差距却在随着经济的发展而增大，工资性收入对缩小城乡差距的贡献并不明显。

表 5-3　张掖市城乡居民工资性收入比较

类别	2000年		2014年		增加/元	增长/%	年均增长/%
	人均/元	构成/%	人均/元	构成/%			
城镇居民	3184.8	67.1	9315	67.2	6131	64.36	10.73
农村居民	653	22.84	4515	23.5	3862	35.1	5.85

数据来源：2001 年、2015 年《张掖统计年鉴》

　　家庭经营收入和工资性收入在城乡居民收入间的意义正好相反，后者是城镇居民收入的主要来源，而前者却是农村居民收入的主要来源，对于增加农民收入非常关键。城镇居民的该项收入并不像农村居民那样普遍，对增加城镇居民收入的贡献不大。尽管如此，农村居民收入来源中家庭经营收入正在逐渐被工资性收入取代，以及城镇居民收入来源中工资性收入被家庭经营收入追赶的趋势同时出现，使得家庭经营收入对城乡居民收入差距的缩小作用，以及工资性收入对城乡居民收入差距拉大作用都在减小。然而农业生产劳动率相对较低，作为主要收入来源的家庭经营性收入与城镇居民的主要收入来源——工资性收入，在绝对数额上存在很大差距；农民工受技能、输转渠道等条件的限制，在城镇的就业机会和环境等方面与城市劳动力存在不平等现象，农民工的工资性收入非常有限且不稳定；因此拉开城乡区域差异的主要原因仍是工资性收入的差异。

　　转移性收入：转移性收入在城乡居民的收入中占的比例差距较大，其中政府转移支付部分是主要来源。2000 年，城乡居民的人均转移性收入绝对数分别为 1395 元和 49.8 元（分别占当年城乡居民人均收入的 29.3% 和 1.74%）；2014 年城乡居民的该项收入分别是 2022.04 元和 70 元。由于长期以来的城乡分割，政策偏向于城镇居民的补贴，其在城乡居民的收入中所处的地位迥异，对城乡居民收入差距扩大的贡献越来越明显。农村居民往往享受不到城镇居民在就业、教育、住房、医疗等方面的待遇。农村居民收入中一部分来自于国家财政的转移性收入，仅仅极少数是在全民或集体单位就业的职工所享有的由国家支付的一部分抚恤金、困难补助和救济金等。这种将户籍身份和所有制特征作为能否获得政府转移性支付的制度，是加剧城乡居民收入不平等的重要制度障碍。

　　财产性收入：财产性收入是居民出让财产使用权而获得的利息、股息、红利、租金收入及财产增值收益等，是非生产性收入的一个主要组成部分。随着张掖市经济的发展，这项收入在居民收入中的比例也在随之变大，尤其是近年来金融市场的发展，无论是城镇居民还是农村居民的投资意识都有了很大的转变。但从目前来看，城镇居民的该项收入较农村居民有优势，但对城乡居民收入的差距形成影响并不明显。

由上述分析可知，工资性收入对缩小城乡居民的收入差距的贡献将不断增加；家庭经营性收入对缩小城乡居民收入差距的作用将趋于弱化；随着分配制度的改革和居民理财投资观念的进一步改进，转移性收入和财产性收入将有效地缩小城乡居民收入差距。

三、城乡居民消费水平差距

1. 消费差距变化趋势

居民收入是消费的来源和基础，是影响消费的重要因素；其中农村居民随收入增长而带动的消费增长，能够使国民经济增长的推动成分中消费的贡献大幅提高。就张掖市来说，从城乡居民生活消费水平及其变化趋势可以看出：城乡居民的消费水平差距还很大，2000年两者的差额是2226.28元，2014年时该差额达3745.65元，年均扩大253.2元；2000～2014年，两者增幅差异十分明显，城镇居民人均消费支出年均增长442.06元，年均增速为11.64%；而农村居民人均生活消费支出年均增长188.8元，年均增速为12.02%，虽然较城镇稍快，但城镇居民的消费水平明显高于农村居民。

2. 消费结构差异

居民消费支出中，不仅包括食品、衣物等生活消费支出，还包括生产性支出、医疗保健支出、文教卫支出、住房支出等。城乡居民的各项支出比例并不相同，存在着较大的差别。

城乡恩格尔系数：在城乡居民的生活消费中，用于表示生活质量的恩格尔系数是衡量居民消费的重要指标。张掖市城乡居民的恩格尔系数都呈不同程度的下降趋势，农村居民恩格尔系数由2000年的48.82%降至2005年的41.3%；城镇居民恩格尔系数由2000年的35.6%经过小幅的震荡变化基本稳定在2014年的36%。这说明城镇居民的生活水平变化不大，农村居民生活水平变化较城镇快。参照恩格尔系数标准（表5-4）可以看出，城市居民的生活水平达到了富裕程度，农村居民的生活水平处于小康；但城乡之间的差距仍然存在，城镇内部和乡村内部的差距依然存在。从城乡居民恩格尔系数差异度看，城乡居民生活质量差异还较大，差异度的值介于 0.14 和 0.05，虽有不断好转的趋势，但二元结构特征仍然明显（该系数大于 0.1 说明城乡居民生活质量差异大，二元结构特征明显；系数值小于 0.05 说明城乡居民生活质量基本接近，城乡一体化形成），城乡居民的生活水平和质量差距还比较大。

表 5-4　恩格尔系数标准

恩格尔系数/%	>59	59～50	49～40	20～39	<20
生活水平	贫困	温饱	小康	富裕	极富裕

耐用消费品：对于其他耐用消费品的消费方面，由于受收入水平的影响，城乡居民之间也存在很大差异，也可以看出城乡居民在生活质量上的差距及居民消费层次的差别，而且对耐用消费品的消费水平呈现"阶梯性"差距。此外，除了生活消费支出，农村居民还要将收入的一部分用于扩大再生产，因此本与城镇居民相差较大的收入水平会因此而更多地影响到消费。

除此之外，农村居民受收入水平的限制，收入用于生活和生产性支出和投入及储蓄外，剩余资金已非常有限，往往造成对教育、文化及医疗保健的支出非常少，影响了农民的受教育机会及对健康的关注和投入。因此，城乡居民在消费中还存在着很大的差距。

3. 消费倾向的差异

消费倾向反映了消费者的消费心理和意愿，是消费者收入预期、支出预期和自主偏好的一种集中体现；在收入一定的情况下，居民消费支出取决于消费倾向。绝对收入假说认为，不同的收入群体消费倾向不同。一般来说，高收入居民的消费倾向低于低收入居民的消费倾向。可见，居民收入分配越平等，整个社会的消费倾向就越高；反之，收入分配的差距越大，社会的消费倾向就越低。

从张掖市城市和农村居民的总体消费倾向（表 5-5）上看：城镇居民的消费倾向要明显强于农村居民，但变化不明显；而农村居民的消费倾向始终处于增长的趋势，变化较大，说明农村居民的消费逐渐升温，农村经济在逐步好转。随着经济的发展，人口的老龄化问题也日益凸显出来，在一定程度上也促使居民的消费倾向下降。在城镇，年轻人的储蓄意识更强，消费意向趋低；而在农村，人口老龄化造成的消费倾向下降的趋势要比城镇明显，也再次证明了农村社会保障的缺失和养老的负担重。

表 5-5　城乡居民历年消费倾向　　　　　　　　　（单位：%）

居民	2010	2012	2013	2014
城镇居民	83.62	90.83	85.69	84.92
农村居民	54.93	54.79	70.55	72.09

4. 居民收入差距对消费需求的影响

从上述分析中可知，城乡居民的收入和消费水平都呈发散趋势，居民消费水平在一定程度上受收入的影响。以下则通过对张掖市城乡居民收入差距和消费差距的相关和回归分析予以说明。

首先借助 SPSS 统计分析软件对 2000～2014 年张掖市城乡居民的收入差距和消费差距进行相关分析，得到的皮尔逊相关系数为 0.891，通过了检验，在 0.01 的显著性水平下是显著的，说明两者是显著相关的，即城乡居民收入差距与其消费差距之间是显著正相关的。再对两者进行线性回归分析，得到回归方程：

$$城乡居民消费差距（元）=1319.03+0.68×城乡居民收入差距（元）$$
$$R^2=0.794 \qquad （2.534）（3.923） \qquad DW=1.232<2$$

由此可见，城乡居民收入差距每增加 1 元，就会造成城乡居民消费差距增加 0.68 元，并且城乡居民消费差距的 79.4% 可以由城乡居民收入差距来解释。因此，可以说城乡居民的收入差距对城乡居民的消费差距影响较大，居民收入水平的悬殊决定了消费的巨大差距，所以城乡居民收入差距的缩小，有助于缩小居民消费的差距。

综上，从总体上看，张掖市城乡居民的消费水平、结构存在差距，且呈现出不断扩大的趋势；消费倾向受居民收入水平等多重因素影响并不高，也说明了张掖市的经济发展水平还有限，城乡经济的水平差距还较大，消费水平还比较低，城乡间的结构性矛盾还没有彻底解决。

四、受教育机会的差距

城乡居民受教育机会差距主要体现在城乡义务教育阶段和高等教育阶段中经费、资源等投入的不平等，以及居民受教育机会和收入水平的差距。

1. 义务教育阶段

义务教育制度的实施是立足于未来的，努力为进入未来社会的人们创造均等的机会，对社会稳定和持续发展有着十分重要的意义。从张掖市城（甘州区）乡（五县）义务教育的学生入学率及巩固率（表5-6）来看，农村的初中入学率还有待进一步提高，城乡九年义务教育的巩固率方面，城市情况较农村好。

表5-6　张掖市各级各类中小学、幼儿园基本情况

各行政区	学前教育			小学		
	学校数/个	学生数/人	教职工人数/人	学校数/个	学生数/人	教职工人数/人
甘州区	99	14 588	982	99	30 634	2 351
高台县	63	3 406	329	17	7 121	607
临泽县	82	4 080	403	23	7 392	727
山丹县	83	4 869	269	35	11 127	988
民乐县	110	6 173	202	172	17 546	1 555
肃南县	10	689	68	5	1 777	231
张掖市	447	33 805	2 253	351	75 597	6 459

各行政区	普通初中			普通高中		
	学校数/个	学生数/人	教职工人数/人	学校数/个	学生数/人	教职工人数/人
甘州区	32	18 624	1 874	5	13 187	1 071
高台县	8	5 682	471	1	3 679	306
临泽县	3	5 014	401	2	3 344	226
山丹县	9	6 099	449	2	3 761	383
民乐县	13	10 063	613	1	6 725	446
肃南县	5	880	163	1	519	68
张掖市	70	46 362	3 971	12	31 215	2 500

各行政区	中等职业学校			合计		
	学校数/个	学生数/人	教职工人数/人	学校数/个	学生数/人	教职工人数/人
甘州区	6	8 360	387	242	242	242
高台县	1	2 055	202	90	90	90
临泽县	1	1 630	113	111	111	111
山丹县	2	0	9	131	131	131
民乐县	1	1 345	100	297	297	297
肃南县	1	301	48	22	22	22
张掖市	12	13 691	859	893	893	893

数据来源：《张掖统计年鉴2015》

城乡教育经费的分配差异：城乡教育资源分配失衡主要源于两种不同的教育投资体系，城市的教育主要是以政府投资为主，农村基本是农民自己投资为主。据国务院发展研究中心调查，目前农村的义务教育经费中央只负担2%，省

地两级负担 11%，县级负担 9%，78% 的经费要由乡镇这一级来负担。这样看来，乡镇有限的财力不能满足教育发展的需求，与城市教育产生差距在所难免。从张掖市的城乡义务教育经费投入也能看出存在很大差距，农村义务教育阶段所获得的各项政府性资金投入都大大低于城市，加上农业税费的逐步减免，地方政府的财力受到制约，造成基础教育没有足够的资金来进行基础设施的建设、教师的工资保障及师资的培养，直接导致了农村居民的文化素质较低，劳动力的知识、技能的进一步提高受到限制，造成农村劳动力不能适应现代经济发展的需要，不能满足劳动力市场的要求。

随着农村剩余劳动力的外出务工不断增多，其子女的义务教育机会平等问题成为义务教育的新问题。在这些流动人口的子女中，有相当部分适龄儿童只能在流入地的公立中小学和简易民工子弟学校就读，一部分还不能就地入学，享受不到义务教育。

城乡师资水平的差距：除了经费投入、基础设施等硬件设施的差距，城乡教育的师资方面也存在差距。从 2000～2014 年农村小学和中学的学校数量及专职教师数（表 5-7）中可以看出，平均每所小学拥有专职教师人数低于平均每所中学拥有专职教师人数。而这些农村专职教师的学历层次偏低，接受培训的机会有限，很难达到中小学的教学质量要求，也在一定程度上导致了中小学生的辍学。而城镇学校的教师学历和素质相对较高，也能得到较多的培训机会，不断提高教学质量。

表 5-7　农村中小学数量及相应专职教师数

年份	2000	2005	2008	2010	2014
小学数/所	776	621	580	580	351
专职教师数/人	5612	5959	6504	6183	5870
中学数/所	73	102	100	101	82
专职教师数/人	2933	5324	6387	5727	5783

数据来源：《张掖统计年鉴》2001～2015 年

2. 高等教育

随着教育体制改革，高等教育收费制度使农村学生接受高等教育的机会减少。因此，农民支付能力的不足不仅会影响农民对高等教育投资的热情，也影响其对高等教育的选择：农村学生或者干脆放弃考大学的愿望辍学在家；或者选择收费相对偏低的一般性院校。而随着高等教育大众化的进程，普通高校毕业生就业的难度逐年增加，这在一定程度上使得"读书无用论"在农村有所抬头。由此看来，现行的某些教育制度安排使农村学生获得社会提升的机会明显减少，客观上造成了城乡受教育机会的不均等。而张掖市农村人口比例较高，农村人口由于上述种种原因受高等教育的机会必然和城镇居民存在很大差距，这样一来必然影响到劳动力今后从事的职业，进而影响其收入。

3. 居民受教育机会与收入水平

居民对教育的享受机会与居民收入存在着极大的相关性，受教育的程度又影响着居民的收入水平。受教育的程度与劳动者收入的高低呈正相关关系，这种收入的差异产生的主要原因是由于教育程度较高的劳动者具有较高的边际生产力，从而可以带来更多的边际收益产品。由于农村居民收入水平较低，对教育的投入不足，严重影响教育的发展和人力资源的开发，直接带来大批低素质人口的积淀，加剧了城乡居民受教育机会的不平等，由此又反作用于其收入水平，形成恶性循环。从上述对张掖市城乡居民的收入差距分析中也能看出，城乡居民的收入差额在 2008 年时达到 4800 元，甚至高于当年农民人均纯收入的 4515 元，因此农民用于文化教育的支出非常有限，城乡居民受收入影响而造成的受教育机会差距非常悬殊。

同时研究表明，居民受教育的机会与其收入间往往出现"马太效应"：收入水平较高的居民的后代获得的教育水平一般会高于收入水平较低的居民后代所获得的教育水平，从而由人力资本决定的收入分配会产生代际效应，使得居民间的收入差距继续扩大，循环往复下去。

五、城乡居民就业机会的差距

劳动力是经济发展的基础，一定的产业和经济结构与一定的就业结构相对应。从张掖市三次产业就业结构看：第一产业从业人员所占比例仍较高，虽整体呈下降的趋势，但与产业结构的调整节奏仍不适应；第二、第三产业对劳动力的吸纳能力动力不足。由于就业体制的障碍，城乡统一的劳动力市场并没有建立起来。因此，目前城乡劳动力的数量和质量特征的迥异，造成了城乡劳动力就业机会的巨大差距，影响了劳动力的自由流动。

1. 城乡劳动力概况

从城市和农村劳动力看，劳动力的数量和质量存在着差异，决定了城乡劳动力的流量、技能、文化结构等能否与经济发展和产业结构调整所提供的就业机会相适应。

城镇劳动力：总体规模上，2014 年城镇从业人员为 30.13 万人，其中在岗职工为 12.07 万人；城镇集体经济单位在岗职工为 0.66 万人。城镇职工和个体劳动者在 2000 年为 11.95 万人，逐步增至 2014 年的 43.22 万人。从以上可以看出，张掖市城镇的就业岗位增幅非常有限，吸纳劳动力的能力不足以满足经济社会的发展需要。

农村劳动力：从总体规模上看，张掖市的农村劳动力资源丰富，数量呈逐年递增趋势。2014 年张掖市的农村劳动力资源总规模为 667 277 人，占农村总人口的 68.6%；共有现实劳动力 606 425 人，占农村总人口的 62.3%，占农村劳动力资源的 90.9%。2000～2014 年，张掖市总人口、社会劳动者规模平均增长率分别为 2.94‰、9.37‰，而农村劳动力平均增长率高达 11.2‰，新增劳动力速度之快，给社会就业带来了更大的压力。

从结构上看，农村劳动力中男性劳动力占 52.59%（2014 年数据，下同），较女性劳动力高出 5.18 个百分点；16 岁以上在校人数为 47 541 人，占农村劳动力资源的 7.1%，是劳动力的后备力量。全市农村劳动力就业人数 349 308 人，占现实劳动力的 57.6%。其中农业就业人数为 289 891 人，占就业人数的 83%，占现实劳动力的 47.8%；乡镇企业就业人数为 11 852 人，占就业人数的 3.4%，占现实劳动力的 2%；其他就业人数为 47 565 人，占就业人数的 13.6%，占现实劳动力的 7.8%。可以看出，从事农业的农村劳动力仍占绝大多数，农村劳动力的就业选择很有限。

截至 2014 年，全市共有农村剩余劳动力 257 117 人，占农村劳动力资源的 38.5%，占现实劳动力的 42.4%。按性别划分，其中男性 160 600 人，占剩余劳动力的 62.5%；女性 96 517 人，占剩余劳动力的 37.5%。按文化结构划分，高中以上 18 847 人，占剩余劳动力的 7.3%；初中 161 039 人，占 62.6%；小学及以下 77 231 人，占 30.1%。按技能状况划分，有技术技能 70 598 人，占 27.5%；无技术技能 168 519 人，占剩余劳动力的 72.5%。

由此看来，劳动力资源丰富，并且剩余劳动力的比例较高，但劳动力的质量却不能与相应的劳动力市场要求相适应，阻碍了劳动力的转移速度和规模，制约了劳动力产业转移的层次，不能适应现代化的生产系统。从产业结构看，从事农业的劳动力中仍以种植业为主体，90%以上的农村劳动力从事的是种植业，林、牧、渔业劳动力所占比例虽有增加，但仍很有限（表5-8）；因此，劳动力在种植业、林业、牧业、渔业等产业的结构分布上明显不均衡，种植业从业人员的比例过大。从农业内部劳动力结构及其产值的相关分析能看出，种植业劳动力规模与其产值比例的相关系数为0.3441，林牧渔业劳动力规模与其产值比例的相关系数达到0.9374；表明种植业产值高低与劳动力的投入规模并没有显著的相关性，而林牧渔业产值与劳动力的规模呈高度相关性；这样一来，种植业占用了大量的劳动力，但产值却较低，也证明了在农业内部劳动力的就业结构存在不合理性，束缚了劳动力资源的开发。

表5-8　张掖市农业劳动力从业结构分布　　　　（单位：%）

年份	2010	2011	2012	2013	2014
种植业劳动力	95.04	94.56	92.87	92.73	92.32
林业劳动力	0.62	0.73	0.87	0.87	0.95
牧业劳动力	4.29	4.43	6.23	6.38	6.70
渔业劳动力	0.05	0.03	0.03	0.03	0.03

数据来源：《张掖统计年鉴》（2011～2015年）

2. 城乡劳动力就业机会差距

城乡之间劳动力的流动主要表现在农村劳动力的输转，即劳动力向非农产业和城市空间转移。随着农业生产效率的提高，一部分剩余劳动力可以通过农村内部的产业调整实现劳动力的内部转移，但具有更大劳动力需求的城市劳动力市场使得进一步扩大农村劳动力的输转成为可能。然而从上述对城乡劳动力的数量、质量和结构的比较来看，农村劳动力在文化知识、技能等方面不占优势，必然会在就业选择的产业和行业及相应的收入方面与城镇劳动力存在很大差距，即城乡劳动力就业机会不平等。

农村内部对农村剩余劳动力转移的有限性：农村工业化进程中，以农村工业为主，包括建筑、交通运输、商业、饮食服务等在内的非农产业迅速兴起，从而打破了农村地区长期以传统农业为主体的产业结构，非农产业在农村产业结构中的地位不断上升，农业的比例相对下降。但从产业结构上看（表5-9），张掖市农村非农产业劳动力从事建筑业的比例较大，其总体规模从2000年的

3.39 万人增加到 2014 年的 8.03 万人，占农村非农产业劳动力总数的比例达到
35.03%；从事工业产业活动的劳动力规模虽然有所上升，2014 年达 2.19 万人，
但所占比例仍然不足 10%；从事商业、饮食、服务业的劳动力规模在 2014 年
达 2.02 万人，但是其所占比例却有轻微下降；从事交通运输业邮电通信业的劳
动力随着其规模的增大，其占农村非农产业劳动力总数的比例也相应有所提升。
由此可以看出，张掖市农村劳动力在农村非农产业中的分布极不均衡，从事建
筑业和其他产业的农村劳动力比例明显偏高。由于建筑业具有明显的流动性，
农村劳动力实质性转移的空间依然有限。

表 5-9　张掖市农村非农产业劳动力地区分布状况　　　　（单位：%）

地区分布	山丹	民乐	甘州	临泽	高台	肃南
非农产业劳动力比例	20.28	12.98	42.15	11.77	11.82	0.99
工业劳动力比例	23.03	8.48	50.30	9.70	8.48	—
建筑业劳动力比例	11.49	11.03	45.06	14.25	17.93	0.23
交通运输业、邮电通信业劳动力比例	19.10	5.62	55.06	13.48	5.62	1.12
商业、饮食服务业劳动力比例	17.37	14.08	46.48	11.27	7.98	2.82
其他产业劳动力比例	25.40	16.24	35.04	10.62	11.60	1.10

数据来源：《张掖统计年鉴 2015》

城镇就业岗位的稀缺和倾向：随着近年张掖市经济和产业结构的调整，城
镇就业岗位有所调整，但仍不能满足城乡剩余劳动力的增长需求。2014 年全
市新增城镇就业岗位 7282 个，安置下岗失业人员 3231 名，登记失业率控制在
3.35%。在目前的情况下，城镇下岗、失业等劳动力受到就业政策等原因的支
持，就业机会和保障要比农村劳动力具有优势，形成因城乡劳动力条件的差异
和就业岗位的稀缺而使城镇劳动力容易获得就业机会，农村劳动力较易失去就
业机会，农民能够进入高收入、有保障、社会评价高的职业中的机会很少，导
致就业结果不平等的现状。

城乡劳动力工资性收入及保障差异：由于农村劳动力在流动方式上仍存在
着相当程度的盲目性，有不少人外出后一时很难找到工作，只有很少部分是经
过组织介绍务工的。虽然近年来各级政府部门在组织劳务输出方面做了不少工
作，但是在劳务输出工作上缺乏连续性，对农村劳动力外出打工缺乏有效的指
导，同时对劳动力市场的劳动力资源需求和素质要求的变化缺乏及时了解和掌
握。即使是已经转移到城市非农产业就业的农村劳动力，依然在获得就业机会
和工资决定上受到歧视。农村劳动力务工的时间较城镇劳动力长，得不到利益

的保障，务工收入与劳动时间比例不合理，且收入不稳定。据估计，外来劳动力的工资显著低于城市劳动力；其中因岗位进入障碍和同工不同酬等歧视原因造成的差距占43%（王美艳，2005）。以前的农民工多向新疆、甘肃其他城市等西部地区输出，加上农民工自身素质和思想观念存在局限性，他们往往产生"小富即安"的思想，没有参加并缴纳各种社会保险的意识，或放弃手续和过程较烦琐的各种保险，只求工资收入的保障，造成各种社会保障在农民工中还不能全面覆盖；随着近年年轻劳动力多向东南沿海输出，眼界的开阔、知识水平的提高使得这一现象好转，但农民工社会保障的总体水平仍然有限。因此，外来劳动力和城镇劳动力在平均劳动时间和平均工资方面存在很大差距，并且生活、住房、医疗等方面不能切实保障农村劳动力的权益。

六、城乡公共卫生和医疗条件差距

由于农民的收入和消费水平比较低，对公共品供给服务的需求同质性较强；在生产和消费方式的选择上，农民几无追求，所以，农民、农业和农村需求强度较高的公共品，大多属于生存型或基本发展型公共品。而城镇居民收入、消费的分化水平较高，在生产和消费方式上更多地追求现代化和国际化，需求强度较高的多属于享受或发展型公共品。因此，在张掖市城乡之间不仅在公共卫生和医疗条件的资源配置上存在较大差距，居民对公共卫生和医疗的需求能力也不尽相同。

（一）城乡公共卫生和医疗资源的差距

据世界卫生组织公布的数据，中国卫生分配公平性在世界排名中居188位，列倒数第4位。占总人口30%的城市居民享有80%的卫生资源，占总人口70%的农村居民只享有20%的卫生资源。就全国来看，城乡公共卫生资源分布现状是：全国每年的卫生经费支出大约85%给城市，只有15%给农村；农村卫生投资比例不高，卫生保障体系不健全，医疗卫生管理和服务跟不上，公共卫生更是不尽如人意。

目前，张掖市的医疗卫生机构共分为综合性医院、中医院、疾控中心、卫生监督所和妇幼保健院五类。2014年年末，全市有医疗卫生机构1540个、病床7380张、卫生技术人员9667人，其中执业医师和执业助理医师2721人，注册护士 2731 人，平均每千人拥有病床 6.05 张、执业医师和注册护士各 2.3 人。84 个乡镇卫生院和计生服务机构标准化建设达标率达 100%，868 个村卫生室标准化建设达标率达 92%。虽然农村地区的医疗资源和条件都在不断好转，农民看病难的问题得到了有效解决，但农村的卫生事业发展仍然和城镇地区存在较大的差距，其发展仍受到多方面的约束。

1. 农村卫生基础设施条件仍然较差，设备短缺

张掖市所辖六县区中的县级医疗卫生机构业务用房紧张，存在设备不足的问题。各县区中没有紧急医疗救援中心基础设施，不能充分承担急诊急救任务；在全市 88 个乡镇卫生院中有 25 个乡镇卫生院业务用房因年久失修未能达标；650 个村卫生所业务用房属危房。疾控中心实验室检验、检测设备不足，如高台、临泽和肃南三县的中医院仍无住院部楼，不能适应辖区群众中医诊疗需求；88 个卫生院常规诊疗设备老化严重，更新能力不足，不能切实有效地承担保护和促进农村居民健康的任务；911 个村卫生所需要配备基本的医疗设备。

因此，在基础设施和设备及其投资上城乡医疗卫生机构还存在较大差距，也影响了居民享有医疗卫生资源的权利。

2. 乡、村卫生人员学历层次低，人才的整体素质有待提高

据张掖市相关部门统计：乡镇卫生院大专以上学历人员仅占 44%，中专学历人员占 45%，无专业学历人员占 11%，中级职称仅占 8%；村卫生所中专及以上学历人员占 54%，无专业学历的人员占的比例高达 46%。因此，农村医疗卫生从业人员的素质严重制约了医疗卫生服务能力和应对突发公共卫生事业的能力，对一些重大的传染病防治能力还十分欠缺，也影响了农村居民的就医质量，往往会造成对一些疾病的误诊和误治，对群众生命安全构成威胁。由此看来，对农村医疗卫生从业人员素质的提高对保障农村居民的生命安全意义十分重大，也能使得农村居民享受到高质量的医疗服务。

（二）城乡居民对公共卫生和医疗的可得性差距

虽然在医疗卫生资源上，城乡之间还存在较大的差距，但农村居民的就医条件和环境已经有了较大的改善和提高，农村居民看病难的问题得到了有效解决，但就医所需的各项费用仍居高不下造成了看病贵，农民的收入较低，不能

及时高效地享受到相应的医疗服务。而城镇居民中职工享受医疗保险，使得就医的费用负担减轻，就医的机会要高于农村居民。因此，城乡居民对公共卫生和医疗的可得性存在一定的差距。

虽然张掖市农村已实行了"新农合"，农民的就医负担适度减轻，但由于计缴比例低，保障水平依然较差。同时，目前的筹资机制还没有完全建立起来，筹资的水平低、成本高，参合资金收缴的长效机制还不健全；加上相关部门的支持、配合及农村医疗卫生设施和设备的落后不能及时保障新型合作医疗工作的顺利展开。农民的经济水平非常有限，而县级医疗机构人均住院费用过高，在一定程度上增加了农民的就医负担，并造成"因病致贫、因病返贫"的现象，与城镇居民的医疗保险相比，还不能真正解除农民的后顾之忧，农民看病贵的问题较城镇相比还有较大的困难。

七、城乡发展不协调的其他表现

除上述城乡发展不协调的主要表现外，城乡之间还存在一些差距，影响了城乡的整体发展水平和城乡发展的公平性。

（一）城乡社会保障差距仍然十分显著

城镇居民大多能够享受现代社会保障福利，养老保障和医疗保障覆盖城镇职工（包括离退休人员），失业保障覆盖城镇企事业单位职工，工伤保障和生育保障覆盖城镇单位职工；而目前张掖市的农村居民社会保障主要涉及自然灾害救助、农村特困救助和五保供养救助等，因此，目前城乡居民的社会保障差距还较大（表5-10）。

表 5-10　张掖市城乡居民最低生活保障情况

城乡居民最低生活保障		合计	甘州	肃南	民乐	临泽	高台	山丹
城镇居民	最低生活保障户数/户	25 035	12 476	1 094	2 730	2 413	1 631	4 691
	最低生活保障人口/人	57 185	57 185	28 781	1 950	4 952	4 390	10 117
	低保资金支出/万元	21 641	11 063	1 101	2 367	2 064	1 317	3 789
农村居民	最低生活保障户数/户	45 258	13 708	2 684	11 154	5 961	5 246	6 505
	最低生活保障人口/人	84 125	21 988	4 520	22 435	8 136	9 591	17 455
	低保资金支出/万元	11 916	3 264	640	3 079	1 280	1 164	2 487

数据来源：《张掖统计年鉴 2015》

截至 2014 年年底，全市城镇职工基本养老保险、职工基本医疗保险、失业保险、工伤保险、生育保险参保人数分别达 10.65 万人、11.99 万人、7 万人、20.8 万人、7.14 万人，城镇居民基本医疗保险和城乡居民基本养老保险参保人数分别达到 16.79 万人和 69.15 万人，参保率分别达到 99% 和 97.21%。2014 年，全市征缴企业职工基本养老保险基金 55 864 万元，与 2011 年相比增长 7.8%；城镇职工基本医疗保险基金 29 784 万元，与 2011 年相比增长 68.59%；城镇居民基本医疗保险基金 878 万元，与 2011 年相比增长 26.21%；失业保险基金 6524 万元，与 2011 年相比增长 61.36%；工伤保险基金 2489 万元，与 2011 年相比增长 81.18%；生育保险基金 1434 万元，与 2011 年相比增长 69.15%；城乡居民基本养老保险基金 10 719 万元。

（二）社会投资及商品流通差距

1. 城乡固定资产投资差距

农村的固定资产投资完成额占全社会固定资产投资完成额的比例仍偏小（表 5-11），且呈逐渐下降趋势，农村在固定资产投资的完成中处于不利的地位。农业信贷和乡镇企业信贷是构成农村信贷的主要部分，同样存在投资的不足，阻碍了农业和乡镇企业的快速发展。

表 5-11　农村固定资产投资完成额及信贷占全市比例　　（单位：%）

年份	2010	2011	2012	2013	2014
农村固定资产投资完成额	17.68	16.19	11.62	10.59	14.69
农村信贷	15.77	16.6	18.07	19.35	19.26

数据来源：《张掖统计年鉴》（2011～2015 年）

2. 城乡商品流通差距

商品的流通反映了城乡之间的物质流，从 2013～2015 年张掖市城乡社会消费品零售总额变化情况看（表 5-12）：城市的零售额明显高于农村地区，并且增长速度较快，表明城乡系统的物质流明显偏向城市，农村地区的商品流通还不畅，农村居民对各种商品的需求和供给不匹配，造成城乡居民对商品的供求不平衡，城乡系统物质流的流量和流向均偏向城市，造成城乡之间的不协调。

表 5-12　城乡社会消费品零售总额差距

年份	城市		农村	
	零售额/亿元	比上年增长/%	零售额/亿元	比上年增长/%
2013	15.01	10.8	6.51	8.8
2014	16.98	13.1	7.10	9.7
2015	19.50	14.7	7.76	8.9

数据来源:《张掖统计年鉴》（2014～2016年）

（三）城乡其他公共资源差距

城乡居民的交通、邮电通信等条件也存在着较大差距。城镇交通便利，各种基础设施较为完善；而农村地区受地理环境等因素影响，道路等级低、路况较差，直接影响着居民的出行及与其他地区和城市的联系。邮电通信方面，张掖市 2000～2013 年，城市固定电话用户年均增加 23 495 户，同期农村年均增加 23 780 户，相对于人口众多的农村地区来说，这一增长速度也表明农民享受的现代通信资源还很有限；通电话的村比例由 2000 年的 89.9% 上升为 2014 年的 98.4%，仍有 11 个村未通电话，影响了部分农村地区与其他地区的联系和发展。

综上所述，城镇和农村由于自然、社会人文等方面的原因，在发展速度和质量方面会存在各种差距，呈现出各个方面的城乡差距表现；但这些差距如果过大或呈发散趋势，则会造成城乡发展的严重不平衡，影响整个社会的可持续发展甚至社会的稳定；尤其是处于环境相对脆弱的内陆河流域的城乡系统，城乡是否协调发展直接关系到流域的安全。因此，对于张掖市目前存在的城乡差距，不仅要从表面现象静态的角度去认识和掌握，还要从动态的角度审视城乡发展的协调趋势，分析造成的原因，找到城乡系统向更加有序方向演化的途径，促使内陆河流域系统稳定、持续发展。

八、区域综合发展水平差距

选取经济发展水平（生产总值 X_1、财政收入 X_2、财政支出 X_3、第二产业占 GDP 比例 X_4、第三产业占 GDP 比例 X_5、固定资产投资总额 X_6、社会消费品零售总额 X_7、国有及规模以上非国有工业企业现价总产值 X_8、乡镇企业总产值 X_9、农业总产值（现价）X_{10}、农牧业占农业总产值比例 X_{11}、人均粮食产量 X_{12}、国有及规模以上非国有工业企业从业人员平均数 X_{13}、乡镇企业人数 X_{14}、农业劳

动力人数 X_{15}）和社会发展水平（总人口 X_{16}、可利用水资源量 X_{17}、人口自然增长率 X_{18}、非农人口比例 X_{19}、城镇居民人均可支配收入 X_{20}、农（牧）民人均纯收入 X_{21}、居民消费 X_{22}、初等义务教育入学率 X_{23}、九年义务教育入学率 X_{24}、文化事业机构数量 X_{25}、医疗卫生机构数量 X_{26}、客运周转量 X_{27}、货运周转量 X_{28}、邮电业务总量 X_{29}）两大类、29 个指标。

其中，生产总值反映各区且的经济总体规模和经济结构；财政收入和财政支出反映各区县财源状况和财政负担；三次产业结构反映各区县产业结构层次和发展潜力；固定资产投资总额反映各区县投资能力和投资渠道；社会消费品零售总额反映各区县商品的活跃程度；国有工业和乡镇企业（包括产值和就业人员），反映各区县工业发展层次与结构；农牧业比例和人均粮食产量反映各区县农业发展状况；城镇居民人均可支配收入和农（牧）民人均纯收入反映各区县城乡居民收入状况；客（货）运周转量和邮电业务量反映各区县经济联系的程度；文化和教育水平反映各区县公共服务水平与能力。

参考《张掖统计年鉴 2014》，借助 SPSS 13.0 软件，对原始数据进行标准差标准化处理（由于财政支出和人口自然增长率两指标与评价目标并非同向变化，属于逆向化指标，需进行指标逆向化处理），得到标准化的数据及主成分特征值、贡献率和累计贡献率（表 5-13）。可以看出，前 4 个因子的累积方差贡献率达到了 97.166%，足以表征原始因子代表的全部信息。依据选取主成分的原则（累计贡献率 ≥ 90%），将上述 4 个公因子作为评价张掖市县域发展水平的综合变量，从而取前 4 个主因子特征值计算相应各指标因子在主成分中的载荷。

表 5-13 主成分特征值、贡献率和累计贡献率

主成分	特征值	贡献率/%	累计贡献率/%
1	17.416	60.055	60.055
2	5.118	17.648	77.703
3	3.266	11.261	88.964
4	2.379	8.202	97.166

在求得相应因子载荷矩阵中，各因子的典型代表变量并不突出，不能对因子做出很好解释，须对因子载荷矩阵实行旋转，得到旋转后的因子载荷矩阵，进一步得到因子得分系数矩阵（表 5-14）。

表 5-14　因子得分系数矩阵

指标	主成分1	主成分2	主成分3	主成分4
X_1	0.057	−0.012	0.021	−0.036
X_2	0.057	0.044	−0.021	−0.059
X_3	−0.056	0.036	0.036	−0.077
X_4	−0.034	0.130	0.171	0.114
X_5	0.029	−0.038	−0.024	0.311
X_6	0.055	0.073	−0.046	−0.055
X_7	0.060	0.007	−0.037	−0.005
X_8	0.056	−0.025	0.015	0.002
X_9	0.047	−0.023	0.113	−0.035
X_{10}	−0.013	−0.019	0.273	0.068
X_{11}	−0.005	0.061	0.289	−0.142
X_{12}	0.013	−0.188	−0.025	0.060
X_{13}	0.051	−0.011	0.045	0.059
X_{14}	0.045	−0.025	0.098	0.031
X_{15}	0.059	−0.079	−0.115	−0.018
X_{16}	0.059	−0.044	−0.026	−0.017
X_{17}	−0.015	0.101	−0.197	0.095
X_{18}	−0.057	−0.029	−0.008	0.040
X_{19}	0.026	0.152	0.038	0.034
X_{20}	0.039	0.121	−0.001	0.017
X_{21}	−0.011	0.196	0.025	−0.068
X_{22}	0.059	−0.005	−0.007	−0.025
X_{23}	−0.004	−0.018	−0.058	0.392
X_{24}	−0.051	0.008	0.092	0.269
X_{25}	0.014	0.164	−0.140	0.001
X_{26}	0.050	0.078	−0.040	0.036
X_{27}	0.056	−0.038	−0.007	0.062
X_{28}	0.050	−0.004	0.056	0.063
X_{29}	0.058	0.018	−0.014	−0.034

　　第一主成分在生产总值、财政收入、固定资产投资总额、社会消费品零售总额、国有及规模以上非国有工业企业现价总产值及其从业人员平均数、乡镇

企业从业人数、农业劳动力人数、总人口、居民消费、医疗卫生机构数量、客运周转量、货运周转量和邮电业务总量上有较大的正载荷和得分，因此第一主成分反映了区域经济总量水平、投资情况、经济景气程度，工业、企业总产值及其从业人员情况，人口及居民的消费、医疗卫生条件，同时也反映了经济联系程度。

第二主成分在第二产业占 GDP 比例、可利用水资源量、非农人口比例、城镇居民人均可支配收入、农（牧）民人均纯收入、文化事业机构数量上有较大的正载荷和得分，反映了第二产业发展水平、水资源利用情况、城市化水平、居民的生活水平和文化事业等经济和社会发展情况。

农业总产值、农牧业占农业总产值比例等指标在第三主成分上有较大的正载荷和得分，反映了区域的农业发展水平。第四主成分在第三产业占 GDP 比例、小学及九年义务教育的入学率指标上有较大的正载荷和得分，反映了区域的经济发展水平和教育文化发展水平。

本书采用各主成分的方差贡献率占 4 个主成分方差贡献率总和的比例作为权重进行线性加权求和，得出一区、五县发展水平的综合得分，即

$$F=\sum YW=0.6181 \times Y_1+0.1816 \times Y_2+0.1159 \times Y_3+0.0844 \times Y_4 \qquad (5\text{-}1)$$

式中，F 为城市发展水平综合得分值；Y 为各主成分得分值；W 为各主成分的权重。

由此得到六区县发展水平综合评价表（表 5-15），综合得分越高说明该区县发展水平高，反之则低。

表 5-15　张掖市县域发展水平综合评价表

各行政区	主成分1	主成分2	主成分3	主成分4	综合得分	排序
甘州区	34.0870	2.9305	1.7450	0.5348	21.9208	1
山丹县	0.1408	−1.1651	4.7033	2.9347	0.7403	2
民乐县	−3.3151	−5.2368	−5.1355	0.4998	−3.4810	3
临泽县	−8.7428	−2.9457	0.8682	0.0076	−5.7655	4
高台县	−8.7079	−2.4493	0.4517	−4.7695	−6.1053	5
肃南县	−13.4620	8.8665	−2.6326	0.7926	−6.8768	6

注：负值表示低于平均水平

针对表 5-15 的计算结果，借助 SPSS 13.0 软件对六区县的四个主成分得分进行聚类分析，将张掖市县域发展水平分为五个层次（图 5-2、图 5-3）：

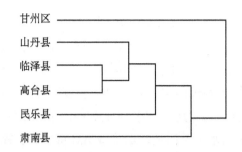

图5-2　张掖各区县综合发展水平聚类分析结果

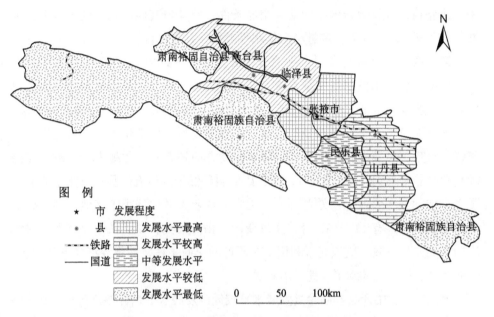

图5-3　张掖市县域经济发展水平空间差异分布图

第一层次：甘州区发展平最高，发展水平综合得分高达21.9208。甘州区作为张掖市政府所在地，是全市的政治、经济中心。第一、第二主成分得分较高也说明了经济景气程度高，城市化水平、居民生活及消费水平、文化及医疗卫生条件，以及经济联系程度均较高，优于其他五县。第三、第四主成分得分虽均大于0，即在平均水平之上，但得分与前两个主成分相比有一定差距，说明在农业、第三产业发展水平及教育事业等方面还要进一步发展，产业结构需进一步优化调整。

第二层次：山丹县发展水平较高，发展水平综合得分为0.7403。虽然得分在平均水平之上，但与甘州区相比，差距十分明显。从各主成分得分可以看出，在第二产业发展水平、城市化水平、居民的生活水平和文化事业等方面低于平均发展水平,其他经济和社会发展水平在平均水平之上,尤其是农业发展,农业总产值和农牧业占农业总产值的比例都居六区县之首,反映农业发展水平的第三主成分的得分也明显高于其他区县,但三次产业的比例则不合理。因此还需进一步加大固定资产投资力度;调整产业和经济结构以促进各产业效益增加,进一步提高居民的生活水平及质量;加快城镇经济发展,提高城市化水平及质量,以城带乡促进整个经济、社会的发展,并依托 312 国道和 GZ45 线永山—山临高速公路,以及兰新铁路的便利交通条件,使其与其他区县的经济联系程度再上一个新台阶,在经济和社会总体水平上加快发展步伐。

第三层次:民乐县发展水平综合得分虽然为 -3.4810,低于平均水平,但就张掖市县域范围整体研究结果看,本书将该县划归为中等发展水平。该县只在第三产业发展水平、小学及九年义务教育的入学率等方面的得分高于平均值;在经济发展总体水平、经济景气程度、工农业发展、城市化水平、居民生活及消费、医疗卫生及文化机构、经济联系程度方面还有不足的地方,财政收支差额在六区县中最大,第二产业占 GDP 比例明显低于其他五区县,乡镇企业的发展也有待加强,农业生产效益不高,工农业从业人员比例小于其他区县,城市化水平偏低,只有 12.18%,经济发展受限。由此可见,该县城市经济和农村经济均未能充分发展。应该充分利用 227 国道的交通条件,加强经济联系和交流,促使经济、社会总体水平快速发展和提高。

第四层次:临泽县和高台县发展水平较低,发展水平综合得分在 -6.5～-5。从各主成分得分看,两县在大多方面差别不大,在经济发展总量、经济景气程度、工农业发展、居民生活及消费、城市化水平、经济联系程度方面均低于平均水平,农业发展水平均在平均值之上,且两县发展水平相差不大;但高台县第三产业发展水平要明显逊色于临泽及其他区县,第三产业占 GDP 比例仅为 15.13%,居于末位。因此,高台县在第三产业的发展上还要加大力度,同时两县也应积极调整产业及经济结构,加快城市化建设。两县也应借助兰新铁路和 312 国道的交通和区位的优势促进经济、社会的发展。

第五层次:肃南县发展水平最低,综合得分为 -6.8768,与处于第一层次的甘州区发展水平相去甚远。该县是典型的牧业县,由于受位置、地形地貌的影响,该县地广人稀,其非农人口比例高,加上居民收入水平高于其他区县,该县的第二主成分得分相当高。而区域经济总量水平、投资情况、经济景气程度、工业、企业总产值及其从业人员情况、居民的消费、医疗卫生条件等方面与其他五区县差距相当大，三次产业结构不合理；交通的不便也使该县与其他地区经济联系明显不足，只有省道213和220将其与其他地区联系起来。该县应依托其农牧业发达的优势，调整产业结构，因地制宜地提高经济和社会发展水平。

从区域差异的空间格局上看，绿洲上的区县要明显高于山区，并且以绿洲腹地为中心，随距中心的距离增加而发展水平下降。发展水平最高的是张掖市辖区——甘州区，位于张掖绿洲腹地中心，各种资源、生产力发展基础、交通等条件优越，使得其经济和社会发展水平居首位；肃南县受地理位置、交通等方面影响发展水平最低；其他县位于绿洲腹地的外围，因自然条件、历史发展基础、各种资源要素的分布等方面与甘州区存在差距，使得发展水平降低。

第二节 城乡综合协调性

鉴于以上对张掖市城乡间存在的各种差距表现的分析，可以看出：虽然城镇和农村地区都在不断地发展，但是城乡之间的发展速度却存在差距，城镇各方面的发展均快于农村。这样一来，城乡之间的经济和社会差距不断扩大，影响了张掖市整体的发展水平和速度。因此，将城乡之间的差距定量化，可以在一定程度上判断城乡发展的协调程度，为今后城乡发展提供一定的依据。

一、城乡系统协调度评价方法

城市和乡村作为人类社会的两大异质单元，存在经济、社会、生态发展上的差别在所难免，但城乡之间的差距如果过大或持续拉大将会造成城乡系统向无序方向发展，影响区域的可持续发展。因此从城乡系统各要素流的角度出发，对城乡系统发展协调与否（协调度）进行评价，为如何实现城乡协调发展提供了依据。

1. 指标体系的建立

在联合国推荐了指标体系方法后，指标体系成了各国学者关注的热点。评价体系作为一个有机整体，要能反映系统的主要内容、特征及系统的动态变化，在完备的基础上评价体系应清晰简明，但应包括较多的信息量。指标体系建立的是否科学、合理直接关系到评价的结果，因此建立指标体系要遵循一定的原则和方法。

（1）建立原则。①科学性：指标选取要符合科学规律，能较好地体现研究的基本原则及目标实现的程度；②可操作性：指标应简单明确、信息量大、综合程度高、具有代表性和典型性；③完备性：指标涵盖面广，能综合地反映城乡之间要素流动和配置的各种因素；④动态性：指标能综合地反映不同发展阶段和发展背景及未来发展趋势。

（2）指标体系。由于城乡之间资源和要素流动、配置造成的城乡差距过大而影响了城乡系统的发展，即研究城乡系统协调度的目的是评价资源、要素在城乡间的流动是否协调，是否推动系统向更加有序的方向发展，协调的程度有多高。鉴于此，指标的选择应能充分反映城市和乡村两个子系统之间的要素流动，因此建立的指标体系包括反映人口和劳动力及其相关影响结果、资金流、物质流三方面的一级指标和相关的 17 个二级指标（表 5-16）。

表 5-16　城乡系统协调度评价指标

一级指标	二级指标	单位
人口及劳动力 X_1	城镇化水平 X_{11}	%
	第一产业从业人员比例 X_{12}	%
	第二、第三产业从业人员比例 X_{13}	%
	乡村劳动力中非农产业人员比例 X_{14}	%
	城乡居民收入差额 X_{15}	元
资金流 X_2	财政支出 X_{21}	万元
	财政对农林水利支出 X_{22}	万元
	全社会固定资产投资完成额 X_{23}	万元
	农村固定资产投资完成额 X_{24}	万元
	社会保障补助支出 X_{25}	万元
物质流 X_3	城市社会消费品零售总额 X_{31}	万元
	县及县以下社会消费品零售总额 X_{32}	万元
	城镇居民人均生活用水 X_{33}	t/a
	农业水费占农民人均纯收入支出比例 X_{34}	%
	工业用水量 X_{35}	亿m³
	农业用水量 X_{36}	亿m³
	生态用水量 X_{37}	亿m³

2. 评价方法

为评价城乡系统的协调程度，找出城乡之间的差距，本书采用主成分分析的方法首先找出造成城乡差距的主要因素，再判断所研究的时段内城乡系统的协调变化情况。主成分分析的方法，是把原来多个变量划为少数几个综合指标，使得问题的主要矛盾凸显出来，使几个综合指标能尽量多地反映原来较多变量指标所反映的信息，同时它们之间又是彼此独立的。因此，采用该方法对张掖市的城乡间发展的差距、城乡发展协调的程度予以评价，以期掌握张掖市城乡发展的现状和趋势。

二、评价过程与结论

评价的过程可表述为以下步骤。

（1）确定研究的历史时段，即 2000～2014 年张掖市的城乡发展情况。

（2）针对上述指标对应的历年数据，运用主成分分析的方法、借助 SPSS 统计分析软件找出综合变量，即影响城乡系统协调发展的主要矛盾，求出各主成分得分。

数据处理　本书参考张掖统计年鉴相关年份的相关指标数据首先对指标体系中的第一产业从业人员比例、城乡居民收入差额、农业水费占农民人均纯收入比例、工业用水量和农业用水量等逆向指标进行正向化处理，使其与总体目标的变化方向一致，采用式（5-2）处理：

$$x'=1/x_{ij} \tag{5-2}$$

式中，x_{ij} 和 x'_{ij} 分别为第 i 个年份的第 j 个指标数据和该指标数据正向化处理后的数据。

对以上数据进行标准差标准化处理，实现各数据的无量纲：

$$x''_{ij}=(x_{ij}-\overline{x_{ij}})/S \tag{5-3}$$

式中，x''_{ij} 和 $\overline{x_{ij}}$ 分别为标准化数据和原始数据的均值；S 为标准差。

主成分个数及权重的确定　对标准化处理后的数据进行主成分分析，借助 SPSS 统计软件分析，依据选取主成分的原则（特征值大于 1，累计贡献率不小于 85%），可以得到各主成分特征值、贡献率和累计贡献率（表 5-17），前两个指标的累计贡献率达到 90.701%，足以代表原始指标的所有信息，因此选取前两个因子作为主成分进行评价。进一步借助 SPSS 软件，可求得旋转后的因子载荷矩阵（表 5-18），从而能看到各主成分在各个指标上的载荷大小和得分高低。

表 5-17 主成分特征值、贡献率及累计贡献率

主成分	特征值	贡献率/%	累计贡献率/%
1	13.116	77.154	77.154
2	2.303	13.547	90.701

表 5-18 旋转后因子载荷矩阵

指标	主成分1	主成分2	指标	主成分1	主成分2
城镇化水平	0.792	0.521	社会保障补助支出	0.930	0.290
第一产业从业人员比例	0.921	0.185	城市社会消费品零售总额	0.871	0.483
第二、第三产业从业人员比例	0.932	0.220	县及县以下社会消费品零售总额	0.948	0.285
乡村劳动力中非农产业人员比例	0.338	0.745	城镇居民人均生活用水	0.902	0.198
城乡居民收入差额	-0.617	-0.779	农业水费占农民人均纯收入支出比例	-0.157	0.950
财政支出	0.847	0.496	工业用水量	-0.905	-0.395
财政对农林水利支出	0.949	-0.269	农业用水量	0.440	0.858
全社会固定资产投资完成额	0.892	0.432	生态用水量	0.850	0.302
农村固定资产投资完成额	0.752	0.395			

（3）求出历年的主成分得分，并根据主成分分析所确定的主成分权重，运用线性加权法求出历年城乡发展的综合得分（表 5-19），找到逐年的差异及变化趋势。

$$F=\sum YW=Y_1 \times W_1+Y_2 \times W_2=0.8506 \times Y_1+0.1494 \times Y_2 \qquad (5\text{-}4)$$

式中，F 为各年份的综合发展得分；Y 为各主成分的得分；W 是各主成分的权重（以各主成分的贡献率占两个主成分累计贡献率的比例为各主成分的权重）。

表 5-19 2000~2013 年城乡发展综合评价得分

年份	主成分1得分	主成分2得分	综合得分
2000	-0.528 23	-1.917 75	-0.735 8
2005	-1.128 82	0.566 76	-0.875 5
2008	-0.845 67	0.888 33	-0.586 6
2010	0.340 08	-0.040 53	0.283 2
2011	0.708 91	0.456 11	0.671 1
2013	1.453 74	0.047 08	1.243 6

注：负值表示低于平均水平

从上述对张掖市 2000～2013 年的城乡发展协调程度的评价中，可以看出：城乡整体的发展趋势较好，只有 2001 年的城乡发展协调程度低于 2000 年；此后呈现快速上升的趋势；但是 2000～2002 年城乡的发展水平未达到平均水平，城乡系统较 2000～2005 年呈现出更加无序的发展方向。总之，2000～2005 年，张掖市的城乡之间存在各种差距，发展并不平衡，但城乡系统呈现从无序向有序方向发展的趋势。城乡发展的协调性不断增加，主要表现在以下方面。

一是城镇化进程与非农化的进程和人口就业结构的变化相协调。2009年张掖国内生产总值为192.07亿元，比1990年增长14倍，其中第二、第三产业共增长22倍。伴随着经济非农化的进程，张掖就业结构非农化率也明显上升。全市从事第一产业人口的比例为50.9%，比1990年的74.1%下降了23.2个百分点；从事第二、第三产业人口的比例（即非农化率）为49.1%，比1990年的25.9%上升23.2个百分点。二是城镇人口的分布与总人口的分布及第三产业经济比例在大的格局上相协调。甘州、山丹、民乐3区县的总人口占全市总人口的比例为39.2%、15.3%和18.6%；第三产业经济比例为40.4%、36.4%和30.9%；城镇人口占全市城镇人口的比例为42.9%、15.1%和13.3%，均居6区县前3位。三是城镇化水平与经济发展规模相协调。甘州、山丹、临泽3区县经济总量占全市的比例为44.0%、13.1%和12.8%，城镇化率分别为38.8%、35.1%和32.5%，均居6区县前3位。

第六章
劳动力转移与城乡协调发展的主要障碍

受转移机会成本的制约，农村劳动力的转移存在着层次性。劳动力能否从农村中转移出去，不仅取决于农村的"推力"，而且取决于城市的"拉力"。城乡系统中的城市和乡村虽然是人类社会的两大单元，但在人类社会发展过程中，两者的发展是不平衡的：城市的发展在很大程度上是以剥削、掠夺农村为基础的，造成城乡关系的不合理，各种生产要素和资源的流向和流量均偏向城市；而农村的发展速度受到自然条件、生产方式等因素的制约，难以赶上城市的发展速度。因此，城乡因各种制度等限制、联系不强而形成了城乡二元结构，阻碍了整体水平的提高。

城乡一体化实际上就是要打通城乡间、城镇间和乡村间联系的各种通道，使要素流畅、便捷、高效地进行流动的配置。按照城乡要素，将城乡联系建构为经济联系、空间联系、基础设施联系、公共服务设施联系五大通道，目前的状况是有些通道过于狭窄——需要扩容；有些通道缺失——需要打通；有些通道还存在诸多障碍——需要消解和润滑；有些通道接收和吸引能力不足——需要提升。

第一节　自然地理因素

黑河流域是我国西北干旱、半干旱地区典型的内陆河流域，受青藏高原和大陆腹地的综合控制，流域内自东南向西北形成了链状山地—斑块绿洲—广域荒漠的生态系统，生态梯度明显，系统界面分明。土地利用和产业结构呈现山地牧业区、走廊绿洲农业区、高原牧业区组合特征，具有典型的农牧业分异和农牧交错特色；文化体系由少数民族牧业文化向汉民族农耕文化、城市文化过渡。在空间组织格局上，走廊南山（产流区、牧业区、人口散居区）绿洲区（汇流区、农业区、城市密集区）、走廊北山（散流区、人口和城市缺失区）高度耦合。上述自然、生态、经济、社会及文化传统的过渡交错与融合，构成了黑河流域独特的环境底色，是导致城乡发展与空间差异的最基本力量。

张掖市深踞大陆内部，远离海洋，地质构造自南向北依次为南部的祁连山地槽褶皱，中部为走廊拗陷和北部的阿拉善台块及北山块断代；地貌类型包括了山地、绿洲、荒漠等类型（表6-1），绿洲面积的有限，沙漠、戈壁、山地所占比例之大，说明了该区域生态系统的脆弱。甘州区、临泽县和高台县位于走廊平原，海拔1300～1700m，地势平坦，是张掖市主要的灌溉农业区；山丹县和民乐县位于祁连山区、走廊平原的过渡地带，大部分地区海拔1700～2500m；肃南县则位于祁连山区，大部分海拔2600～3500m。这一地质地貌格局，不仅控制了自然地理要素的分异状态，而且必然波及社会经济方面。

从自然地理要素的分异状态看，南部祁连山地是流域的水源地，海拔2000～5500m，垂直地带性明显。年平均降水量由山前低山丘陵的200mm上升到高山带的500mm以上；自然地带由山前到高山带，依次以草原化荒漠、干草原、森林草原、灌丛草甸、高寒荒漠和永久寒冻带为特征。中部走廊平原夹持于南部祁连山与走廊北山，年降水量从南部的250mm向北降低至100mm以下，海拔从2000m以上降至1000m左右。走廊北部平原多是干旱荒漠戈壁；源于南部山区的诸河出山后形成了荒漠中的绿洲。北部阿拉善高平原，海拔1000m左右，气候极度干旱，年降水量低于50mm。这里分布着广袤的戈壁荒漠，绿洲面积很小，主要集中在金塔盆地和黑河下游三角洲，前者为灌溉绿洲，后者大多为荒漠化的天然绿洲。

表 6-1　张掖市地貌类型

类型	绿洲	沙漠	戈壁	高山	中低山	合计
面积/10⁴km²	0.4	0.098	1.11	2.09	0.48	4.19
比例/%	9.6	2.3	26.4	50	11.7	100

在山区，垂直地带性是导致景观格局的驱动力，在绿洲－荒漠区，水资源是导致景观格局的最主要驱动力，所谓"有水就有绿洲"，绿洲主要沿河流

和渠道分布，以耕地为主的人工绿洲是最主要的景观元素之一。而黑河下游的弱水三角洲景观区，是一个极易受到干扰的地区，绿洲以草甸和盐化草甸为主，林地面积与历史时期相比已减少很多，下游湖泊消失，演化为沼泽 - 盐化草甸 - 盐漠，这一演化过程是下游来水量急剧减少的结果。荒漠和绿洲的过渡地带主要分布着草甸、盐化草甸、盐漠和沼泽，它们是重要的过渡生态类型，其共同的结构特征是拼块破碎、呈团聚状分布并且强烈依赖于水源。它们既是荒漠 - 绿洲景观中不可缺少的生态环节；也是荒漠生物多样性的体现，并对阻滞沙漠化和土壤侵蚀有极其重要的作用。在极端干旱的北部阿拉善高平原荒漠戈壁景观地带，裸露戈壁是景观模地，并且占据绝对优势，蔓延度极高，其他拼块类型被戈壁基质所包围，是面积相对很小的异质镶嵌体。这一景观格局首先导致水资源的运移方向和分布格局出现上、中、下游之间的巨大差异。河川径流可明显地分为径流形成、利用和消失区。祁连山出山口以上流域面积占总面积的 7%，是河川径流的主要来源区；占流域总面积 93% 的中下游地区，几乎不产生地表径流，其中中游地区和下游的上部是利用径流的主要地区；在下游的尾闾附近，是径流的消失区。而从用水量的地区分布看，用水主要集中在中游，中游各部门总用水量为 $25.98 \times 10^8 m^3$，占总用水量的 82.6%；下游区为 $5.08 \times 10^8 m^3$，占总用水量的 16.1%；上游区为 $0.4 \times 10^8 m^3$，占总用水量的 1.3%。这一水资源天然分布格局与水资源利用格局的空间不耦合，导致一系列经济、社会，乃至政治矛盾的形成。也就是说，在水资源相对丰富的上游地区，正好是人口和产业分布的稀疏区，而在水资源相对缺乏的中游地区，却是人口和产业密集的分布区，也是城乡矛盾最尖锐的地区。从水网格局上考察，在祁连山区，水系呈树状，对人口和居民点的分布影响不大，但河流出口后，受地貌格局和人类开发的影响，形成典型的扇状水系，天然河道配合人工渠系，深刻地影响和控制了居民点的分布态势。在中游绿洲，水系分布的密度与人口和居民点的分布密度有高度的空间耦合性。

由海拔引起的热量的降水条件的变化，导致土地利用的方式在上中下游也不同（表 6-2、表 6-3）。

本区虽地域辽阔，但由于山地多、地处干旱区等因素，难以利用的土地面积大，可利用的土地并不多。目前已利用的耕地、园地、林地、草地、城乡居民点及工矿用地、交通用地、水域等的面积占总土地面积的 72%。在已利用土地中，草地面积独占73%，主要分布在肃南县，且大多为载畜能力很低的天然草场。若不计这些生产能力较低的天然草场，全区质量较高、能有效支撑产业和人口发展的土地（主要是绿洲）面积十分有限，仅占已利用土地面积的26%。这一土地利用格局也造成农业生产方式的巨大差异：上游祁连区是主要的高寒牧业区，而中游绿区是发达的灌溉农业区，下游又转换为荒漠牧业区。上游区由于寒冷气候的影响，城乡关系主要通过草畜关系得以体现，如果牲畜种群超过天然草场的承载力，那么就必然会引起城乡关系逆向发展。中游地区，城乡关系主要表现为由于对有限水资源和土地资源的争夺，体现为城乡经济和城乡社会发展与协调的矛盾。而下游地区，由于水资源非常紧缺，城乡矛盾又体现为生态与人居环境之间的矛盾。

表6-2　张掖市土地资源利用构成表

利用类型	农用地				建设用地			未利用土地
	耕地	园地	林地	牧草地	居民工矿用地	交通运输用地	水利设施用地	
面积/万亩	378.79	41.21	560.15	3037.19	60.51	9.04	5.65	1739.3
比例/%	6.40	0.70	9.47	51.34	1.02	0.15	0.10	27.49

数据来源：《张掖市国土资源公报2015》

表6-3　张掖市土地利用现状　（单位：hm²）

土地类别	山丹县	民乐县	甘州区	临泽县	高台县	肃南县
耕地	68 808.55	66 907.70	63 051.40	18 811.11	24 858.39	10 086.79
园地	345.03	2 547.69	15 474.59	7221.75	1 855.93	27.99
林地	60 787.33	57 329.95	15 173.37	15 572.21	12 462.57	212 106.15
牧草地	319 823.01	93 740.56	176 316.22	93 245.70	62 900.91	1 278 766.65
其他农用地	7 171.03	17 161.10	15 844.03	6 123.63	6 893.36	2 573.05
居民点及工矿用地	6 227.31	6 936.31	10 495.35	4 428.57	8 299.18	3 954.85
交通运输用地	1 518.85	492.85	1 340.80	518.92	1 039.13	1 115.37
水利设施用地	463.73	228.38	151.61	666.15	1 690.94	565.25
未利用土地	25 751.17	45 556.89	68 016.71	119 729.89	318 992.08	506 105.85
其他土地	3 856.23	703.41	3 130.75	6 411.22	6 975.99	54 302.40
合计	494 752.23	291 604.83	368 994.81	272 729.15	445 968.47	2 069 604.35

同时可以发现，绿洲灌溉农业区的水浇地，由于受渠系的切割影响，地块破碎且集中，多为2亩；沿山旱作农业区旱地，地块大小差异较大，最小的有2亩，占很小的一部分，大多耕地在5亩以上，马营盆地山丹军马局40多万亩地块多在300亩以上（表6-4）。土地的生产潜力也由于地貌格局的不同而不同（表6-5）。

表 6-4　耕地地块规模统计表　　　　　　　　　　（单位：%）

规模	山丹	民乐	张掖	临泽	高台	肃南
0.5亩以下	8	3.8	—	—	—	6.7
0.5~2亩	47	34.0	—	90	90	—
2~3亩	10.6	15.6	80.0	10	10	7.8
3~5亩	12.4	17.1	10.0	—	—	40.8
5亩以上	22.0	29.5	10.0	—	—	47.7

表 6-5　耕地生产潜力　　　　　　　　[单位：kg/（亩·年）]

生产潜力		山丹	民乐	张掖	临泽	高台
自然生产潜力 Y_s	川区	740	746	820.7	834.4	827.6
	沿山区	421	—	—	—	632.4
经济生产潜力 Y_t	川区	560	576	708.1	726.5	722.5
	沿山区	320	—	—	—	577.4
降雨生产潜力 Y_p	沿山区	375	375			

　　综上所述，地理因素是城乡发展的基础，自然条件是一切经济活动赖以进行的物质基础，气候决定着农业生产的类型和构成；地形、地貌影响人口的分布及城镇、交通运输的空间布局；自然资源禀赋差异制约着区域经济活动的类型和效率，影响经济的城乡分工。由此可见，地理环境条件影响着区域的生产状况、区域自然资源开发的难易程度和投资效益，甚至区域整体的开发水平。处于相对封闭、生态脆弱的内陆河流域的张掖市，其干旱的气候，脆弱的生态，使得张掖市人口及城镇规模小且较分散，沿主要交通干线地区及绿洲腹地的发展水平相对较好，但整体发展水平受区位及相对恶劣的环境影响而较低，与中东部地区相比差距较大；同时由于城镇多分布在资源和发展条件较好的绿洲地区，而广大的农村地区受地形地貌的影响，乡村比较分散，与城镇联系不密切，造成城乡之间的经济、社会发展水平存在上述较大的且不断扩大的差距，城乡系统的发展不协调；加上农业发展的历史悠久，基础相对较好，而工业相对薄弱，而且由于当地矿产等资源相对丰富，在工业结构中的重工业比例较大，以农产品为原料的轻工业技术含量和产品附加值还不高，因此城镇的经济水平相对中东部地区弱，对农村的辐射作用不强。作为主要约束条件的水资源，城乡的发展对其有很强的依赖性：水资源的承载力制约着城乡发展的规模；水资源的空间分布影响城镇体系的空间组合，进而影响城乡之间的社会经济联系；水资源的数量和质量也决定了生态环境能否保障城乡的协调发展，若不能满足工农业生产、城乡发展对水资源的需求，则会制约城乡和工农业的快速和协调发展，使得城镇的第二、第三产业不能吸纳更多的劳动力，制约了农村剩余劳动

力向城镇的流动和转移。

第二节　城乡经济因素

张掖历史悠久，开发历史较早，位于河西走廊的精华部分，自古有"塞上江南"和"金张掖"的美誉；地理位置较优越，古时即中原通向西域和欧亚的交通要道，成为中西方政治、经济、文化交流的要道及丝绸之路上的重镇，具有重要的战略地位；随着兰新铁路复线的建设和新欧亚大陆桥的贯通，其区位优势更加显著。

张掖市不仅是甘肃省经济较发达的地区，也是黑河流域主要的灌溉农业区和经济主体。2002 年 3 月 1 日经国务院批准撤销张掖地区，设立地级张掖市后提出"工业强市，产业富民，加快城镇化发展"的规划构想；2014 年全市实现国民生产总值 264.62 亿元；经济结构调整实现历史性突破，第一、第二、第三产业占生产总值的比例调整到 25.95∶35.12∶38.93，第二产业比例超过第一产业，产业结构由一、二、三的结构调整为三、二、一的结构。全市经济增长的动力明显增强，社会供需两旺，经济运行质量和效益同步提高。此外，在固定资产投资、交通邮电、国内贸易、对外贸易、旅游、保险金融和科教文卫体方面都取得了可喜的进展。但仍存在一系列不利于农村劳动力转移和城乡协调发展的问题，主要表现在以下方面。

一、农村内部经济要素的流动与互补性差

张掖市处于河西走廊中部，属温带大陆性气候，境内地势平坦，土地肥沃，水源丰富，日照充足，气候温和，是典型的绿洲农业和大型灌溉农业区。张掖已经形成具有河西走廊特色的农业五大优势产业，也是农民收入的主要来源。一是粮食产业，张掖是全国重要商品粮生产基地，2014 年，张掖市粮食播种面积为 275.5 万亩，粮食总产量达 132.62 万 t，无论粮食产量还是单产都位于全省先进行列。二是制种产业，张掖市独特的地理及气候条件，使其成为制种业发展的优势地区之一，尤其是甘州区、临泽县和高台县的光热资源丰富，玉米制种管理水平高，为生产优质、高产的玉米杂交品种奠定了坚实基础，2014 年张

掖市的制种面积达到了 102.51 万亩。三是蔬菜产业，张掖市是全国"西菜东运"五大基地之一。2014 年张掖各类蔬菜种植面积达 38.3 万亩，依托嘉禾、陇兴等蔬菜保鲜贮运公司和张掖南关、高台巷道等蔬菜批发市场，大力发展高原夏菜生产，蔬菜产业已经成为张掖农业的一大特色优势产业。四是油料，2014 年全市油料播种面积达到 37.14 万亩，产量达 4762.83 万 kg。五是啤酒大麦，面积达到 21.88 万亩，产量达 0.89 亿 kg。

1978 年，张掖市农业生产偏重种植业，尤其受"以粮为纲"方针的影响，偏重抓粮食生产，农村经济成为单一的农业经济，而农业经济又成为单一的粮食经济，林业、牧业产值所占比例比较小。改革开放后，在稳定粮食生产的同时，积极调整农业产业结构，突出抓好粮、畜、果、菜四大主导产业及其产业化开发，农林牧比例调整为 2014 年的 68：3：29，粮：经：饲种植结构调整为 70：25：5。结构偏好和刚性并没有出现重大的变化。

粮食作物中，以经营小麦、玉米、薯类为主，除玉米制种有较高的商品性外，其他主要用于农牧民自食或出售。从种植面积看，除位于祁连山区的肃南县外，其他各区县都大面积种植，粮食种植面积占总耕地面积的 65% 以上（表6-6），表现出明显的结构趋同性，使得农村内部经济要素之间的互补性和流动性均很差。从畜牧业内部看，也存在着明显的同构性，以养殖牛羊为主，畜群结构不合理、畜种比例失调，"家家马牛羊，户户小而全"。

表 6-6　张掖市农业发展基本情况

项目	山丹	民乐	甘州区	临泽县	高台县	肃南县
农作物播种面积/万亩	62.94	93.83	96.41	42.09	53.42	10.88
粮食种植面积/万亩	41.93	63.99	76.5	32.58	32.85	5.93
占耕地面积的/%	67.65	66.98	82.23	82.69	56.58	51.43
经济作物种植面积/万亩	14.05	30.42	19.61	9.09	20.49	2.02
大牲畜存栏/万头	4.04	6.78	33.05	12.88	15.34	4.19

数据来源：《张掖统计年鉴 2015》

与此同时，社会经济在发展过程中也存在一些矛盾和问题，如经济结构不合理的问题仍然突出，工业规模小、大项目少，第三产业发展相对滞后。从三次产业比较生产率来看：张掖市第一、第三产业呈现出不同程度的协调趋势，而第二产业协调性还较差（依库兹涅茨研究结果表明，经济发展水平越高，第一产业的比较劳动生产率与第二、第三产业的比较劳动生产率的差距越小，第一产业与第二、第三产业的比较劳动生产率的比值越大），三次产业之间的结构还有待进一步的优化升级；第二产业产值的增长滞后于劳动力的增长，因而对农村剩余劳动力的吸纳必然受到限制，影响了劳动力的流动。经济增长方式转变任务艰巨，财税增收、社会就业压力大，农业产业化链条短，农民增收难度较大，融资渠道单一，社会资本量小等，都在一定程度上制约经济快速发展。此外，由于自然地理环境、经济发展水平及文化传统等因素的制约，张掖市城镇数量少，城镇化水平较低，2005年，城镇人口为43.03万人，城镇化率达33.5%，对地区经济的带动作用有限。城镇呈明显的带状分布：沿河流分布，集中于水资源相对丰富的地区；沿交通干线分布，交通是经济发展的动脉，也是城镇兴起和发展的重要条件。

二、城乡要素配置和流动

城市和农村作为人类社会的两大异质聚落单元，是人类活动和发展的直接结果，其地域形态、关联关系和发展状态深受人类活动影响（图6-1）：人类的各种生产、生活活动使得城乡系统不断从区域的自然和人文环境中输入各种资源和要素，影响着城乡间各要素和资源的流向和流量，对城乡系统有一定的主动控制作用；城乡系统对这种输入经过系统结构和功能的响应会产生各种输出结果，表现为正反馈，即导致系统无序，反之则不断缩小城乡差距，使系统趋于稳定状态，最终实现目标的正反馈，这两种反馈结果在城乡系统发展中是同时存在、同时起作用的。

图6-1　城乡系统控制、反馈关系

对于张掖市来说，城乡系统的发展主要约束因子是水资源，而对水资源的开发利用中存在的问题，以及由此引发的一系列问题也最突出：该市的水资源不仅存在上述的资源性缺水，同时由于人类在流域开发中的传统理念和生产方式不合理，经济用水和生态用水相互挤占现象严重，经济发展仍是大量消耗资源的粗放经营，造成水资源的结构性缺水，影响了城乡的发展。其中，农业用水量大但经济效益低下，第二、第三产业用水比例较小，同时出现浪费现象和污染，土地沙漠化和盐碱化，土壤肥力下降等问题；维系干旱区生态环境的生态用水量不足，加剧了生态环境的恶化。尽管存在着上述缺水的制约，但在生产、生活用水中的水资源浪费现象依然十分严重；随着经济的发展，对水资源的污染程度也呈加重趋势，造成生态环境更加脆弱，不利于经济社会发展，城乡系统表现出上述诸多方面的差距，城乡发展不协调，常常会形成恶性循环。由此可见，人类对流域开发利用的观念和方式直接决定了流域的发展趋势和城乡系统的方向。

城市是非农人口集中，以从事工商业等非农业生产活动为主的居民点，是一定地域范围内社会、经济、文化活动的中心；乡村则是拥有较大面积自然土地和生物资源，并以它们作为从事农业及商品生产的物质基础的聚落单元。因此，城市的经济和产业结构以第二、第三产业为主，而乡村则以第一产业为主。由于农业生产过程是自然再生产过程与社会再生产过程的统一体，具有较长的周期性、生产的连续性和不稳定性、分工的滞缓性，以及自给自足性和较差的比较利益等限制因素，必然导致土地对农民的约束力较强；而农村居民收入渠道有限，收入水平低下，进而决定了农民的转移性较差。总之，以农业生产为主的农村主要向城镇提供农副产品等，在城乡交换中既处于基础地位，又处于被支配地位；城市以工业生产为主，经济效益高、经济发展条件优越，伴随着一系列基本生产要素向城市转移，集中了企业的控制和管理部门，在城乡交换中常处于有利地位。这样一来，农村资金来源和农民收入均十分有限，造成城乡经济发展的不平衡。

目前在张掖市的国民经济中，农业仍是占主导地位的产业，而农业生产周期长、易受自然条件的影响等弱质性特点，决定了其与第二、第三产业相比增速慢、产业扩张能力差、劣势明显。城市经济则是以第二、第三产业为主，与农村相比，存在着不同等的扩张发展能力。从需求角度看，农业 GDP 水平主要由居民消费水平，尤其是非农业居民消费水平所决定，农产品总量的增减直接影响着农民的收入。在工业化和城市化过程中，城乡产业分工、城乡发展规律和城乡公共品供求变化趋势不同，城市和农村主导产业、支柱产业的比较劳动生产率会存在较大差异，必然会导致城乡之间的收入和公共服务差距。

城乡系统的结构决定了城乡之间不断进行着各种生产要素的流动和交换，这些要素流动的流量和流向决定了城乡系统的结构是否合理，输出功能是强是弱。同时城、乡经济的增长与资源的有效配置密切相关，而资源要素的流动、组合常常受经济利益支配，向比较利益高的地区、产业、企业流动和转移，追求利益最大化，往往会造成发展的不平衡。

1. 资金流

由于城镇的集聚效应，资金总是流向比较效益高的城市地区，因此金融机构从农村吸储多、放贷少，农村的资金大量流向城镇，农业和乡镇企业贷款困难较大，发展受到限制。2000～2014年，张掖市金融部门对农业和乡镇企业贷款占各项贷款的比例一直不足 20%，而农业产值占生产总值的比例在 50% 左右。城乡有别的金融政策导致了农村发展资金的匮乏，农民的生产性收入得不到大幅提高。另外，城镇产业结构层次低，还处于工业化初期的原始积累阶段，国民经济以传统第一产业为主，工业化、城镇化等社会和经济发展的资金主要还是来自于农业部门剩余的转移。但是对农业生产的重视并不直接意味着对农村经济和农民收入的重视，所以城乡之间及工农之间还没能进入"反哺"阶段；加之相对单一的投资主体和投资重点向城市转移，银行贷款较困难，融资渠道不畅，民间的资金未能有效启动，投资重点集中在基础社会和基础产业建设上，而这些项目多集中于城市，农村地区的发展受资金的限制会更加严重。一定程度上存在的工农业产品价格剪刀差，也使政府对农村和农业的支持十分有限，加上政府出于种种考虑，也会很难避免经济利益最大化的倾向，导致城乡投资的偏差和资金流动的不合理。

2. 劳动力要素

劳动力要素的流动也不例外，由于非农产业的收益高于农业，以及城市优越的生活条件和较多的就业选择，因此伴随农业生产率的提高而产生的农村剩余劳动力就会向非农产业和城市转移，这样一来，城市对劳动力的吸纳能力就显得十分重要。同时，只有完善的城乡统一的劳动力市场机制和协调的城乡产业结构，才能保证劳动力的合理流动，并真正被城市所吸纳。而张掖市城乡统一的劳动力市场还不健全，小城镇的规模和经济实力较弱，不能完全发挥城镇的功能，对劳动力的转移作用相对较小；甘州区的产业结构中，第二产业虽然发展较快，但规模和实力有限，导致了整个经济结构的不协调，城市对吸引的劳动力的承载能力不足，农民工的生存条件不容乐观，造成中心城市对人口的吸引和集聚不充分，影响了劳动力的转移和流动，一定程度上导致农民的工资性收入增幅较慢，影响农民的人均收入及消费。

农民收入增加主要来源于城乡关系协调下的农业生产和农村经济发展。世界各国经济发展的经验表明，一个国家或地区一定时期农民的收入状况是与该国家或地区的国民经济发展战略密切相关的。在国民经济发展中，当重视农业及重视协调城乡关系并采取措施促进农业发展时，农民收入就会大幅度增加；当忽视农业而出现城市繁荣和农村衰落致使城乡关系失衡时，农民收入就难以增加。

在户籍制度的约束下，劳动力在城乡之间的流动规模和范围扩大，但并没有改变国民收入分配的格局。城乡收入差距的存在表面来看是由于劳动力在农业中的收入低于城市非农产业的收入，农村又缺少足够多的非农就业机会造成的；究其更深层次的原因，是城乡之间国民收入分配格局异常，即城乡劳动力配置和 GDP 分配不对称造成的。若三次产业之间具有比较均衡的发展关系，并且劳动力流向倾向于改变国民收入分配的格局，则它们的比较劳动生产率都应趋近于 1。但从张掖市的三次产业比较劳动生产率来看，第一产业的比较劳动生产率始终小于 1，且呈下降趋势；第二产业比较劳动生产率的变化较剧烈；只有第三产业的比较劳动生产率接近于 1，由此可见三次产业的结构不合理，影响了劳动力的配置和流动，导致城乡居民的收入水平存在差距。

第三节　农民自组织能力因素

农民组织化程度较低，难以适应现代农业社会化、规模化生产的发展要求。乡村组织职能弱化、财政有限、运转艰难，农村专业合作经济组织和龙头企业数量少、规模小，辐射带动能力不强，导致组织引导和服务农民规模化生产的功能缺失，一家一户分散种植、分散饲养的现状没有从根本上得到改变。

2008 年，《张掖市农民专业合作经济组织建设实施方案》出台，农业、工商、财政、供销部门根据各自的职责，为合作组织的建设和注册提供优质服务。

截至 2014 年年底，全市围绕制种、养殖、果蔬、轻工原料四大支柱产业和马铃薯、棉花、中药材等特色产业，建成运行良好的农民专业合作经济组织4477 家，入会成员 4.65 万人，占农村人口的 3.6 %，带动农户 17.5 万户，拥有资产 44.2 亿元，年经营收入达 31.98 亿元，实现纯收入 7.08 亿元。全市共创建国家级农民专业合作社示范社 10 个、省级示范社 48 个。

一、组织形式

2004 年，张掖市委、市政府下发《关于加快发展农民专业合作经济组织的实施意见》，有力促进了农村各种组织发展。张掖市农民专业合作经济组织主要有以下几种形式。

1. 种养大户牵头组建，分专业成立的专业协会组织

主要由种养大户、工商企业主、农产品经纪人牵头领办，为会员提供产、加、销综合服务，其特点是容易组织，群众信任度较高，与农民的利益关系较为密切，发展比较快。例如，山丹县清泉镇城北啤酒大麦协会、民乐县六坝镇杂优仔猪产销协会、民乐县大蒜产业协会、临泽县沙河镇红枣协会、党寨镇十号村养猪协会、肃南县天桥湾村牛羊屠宰购销协会、高台县宏丰蔬菜加工农民协会、党寨镇陈家墩村玉米制种协会、甘州区长绿蔬菜协会等，都是农民以产品和技术为纽带，组建的社团性合作组织。这些协会性组织主要是为会员提供市场和技术等信息服务，运作形式灵活，但相对松散，占到总数的 85%，是全市农民专业合作经济组织主要形式。

2. 种养大户牵头组建，农产品行业协会组织

农产品行业协会以为特定的农产品服务为宗旨，以组织协调为手段，在一定区域范围内由农民、中介组织、企业科研单位组织起来。工商企业主、农产品经纪人占到总数的 14% 和 10%。其织形式复杂多样，有农民合伙创办的，有农技服务部门牵头创办的，有农业产业化龙头企业创办的，有农村基层组织和村组干部领办的，有贩销大户创办的，有供销社改制的。例如，山丹县城北啤酒大麦协会是于 2001 年 1 月，由山丹县清泉镇城北村农民薛世仁发起，联合本县清泉镇陈守红、陈户乡杜文真、位奇镇石策、东乐乡黄汉平等 44 户农产品种植运销大户筹建，在山丹县民政局注册登记。协会有会员 518 人，拥有固定资产 18 万元，有啤酒大麦种植基地 3 万亩，年产啤酒大麦 1500 万 kg。经过多年的发展，带动了该县清泉、陈户、位奇、东乐、老军、李桥、大马营等乡镇和民乐县六坝、民联等乡镇农户 1826 户种植啤酒大麦。协会与山丹农场瑞源麦芽

厂、酒泉饮马农场麦芽公司、兰州黄河啤酒厂、浙江施恩麦芽有限责任公司等生产加工企业签订年销售订单 8000t 以上，年均销售收入 1280 万元的合同。高台县合黎乡宏丰蔬菜加工协会下设的蔬菜专业生产合作社与会员签订了每亩蔬菜的最低保护产值，在收购中严格履行和约，降低了会员生产的市场风险，建立了稳固的生产基地 16 个；甘州区沙井镇兴隆村玉米蔬菜制种协会下设的玉米蔬菜制种合作社，帮助农民签订订单、提供"四统两分一免"的服务，玉米蔬菜制种面积由 1000 多亩发展到 6000 亩，已成为农民增收的主导产业；甘州区长安乡前进村长绿蔬菜协会下设的蔬菜生产合作社，注册了"长绿"牌蔬菜商标，帮助和指导农户建立蔬菜大棚 117 座，向菜农收购时，以略高于市场的价格收购，销售时销价由协会负责谈判，有利地保护了会员的经济利益，提高了产品的市场占有份额。事实证明，专业合作社已成为农民增收、土地规模经营的新亮点合作经济组织（表 6-7）。

表 6-7　农村耕地适度规模经营情况

项目	单位	甘州区	临泽县	高台县	山丹县	民乐县	肃南县	合计
一、规模经营模式	亩	130 662	58 376	104 144	249 993	443 744	41 050	1 027 969
1.承包户合作经营面积	亩	63 001	3 843	—	—	—	22 550	89 394
2.承包集体经济耕地面积	亩	7 743	846	34 274	—	—	—	42 863
3.租赁农户耕地经营面积	亩	59 918	53 687	69 870	249 993	443 744	18 500	895 712
二、规模经营单位数	个	3 079	144	1 123	758	—	339	5 443
（一）50～100亩	个	2 165	66	737	306	27	95	3 396
1.农村专业合作社	个	960	6		11		15	992
2.龙头企业	个	128	1	—	0			129
3.专业大户	个	880	49	737	287	22	60	2 035
4.家庭农场	个	197	3	—	8	5	20	233
5.其他	个	—	—		0			0
（二）101～500亩	个	708	64	327	394	267	173	1 933
1.农村专业合作社	个	260	14	8	64	—	19	365
2.龙头企业	个	128	—	—	—	48		176
3.专业大户	个	218	44	73	31	167	20	832
4.家庭农场	个	102	5	246	20	52	134	559
5.其他	个	—	1		0			1
（三）501～1000亩	个	151	6	42	40	180	49	468
1.农村专业合作社	个	54	3	1	4	44	4	110
2.龙头企业	个	40		2	0	21	—	63
3.专业大户	个	39	2	13	23	92	10	179
4.家庭农场	个	18	1	26	13	23	35	116
5.其他	个	—	—		0			
（四）1000亩以上	个	55	9	17	18	130	22	251

续表

项目	单位	甘州区	临泽县	高台县	山丹县	民乐县	肃南县	合计
1.农村专业合作社	个	14	3	5	2	36	6	66
2.龙头企业	个	12	3	3	0	21	1	40
3.专业大户	个	16	2	1	6	61	5	91
4.家庭农场	个	13	0	6	10	12	10	51
5.其他	个	—	1	2	0	—	—	3
三、规模经营种植情况	亩	130 662	58 376	104 144	249 993	443 744	41 050	1 027 696
1.玉米面积	亩	48 854	7 187	29 110	1 760	38 796	20 000	145 407
2.制种面积	亩	41 845	30 693	26 775	7 296	43 485	—	150 094
3.马铃薯面积	亩	6 289	100	2 600	76 980	62 626	1 500	150 096
4.蔬菜面积	亩	33 674	15 050	16 926	7 057	7 326	50	80 083
5.中药材面积	亩	—	1 700	2 820	7 046	61 997	5 000	78 563
6.林果面积	亩	—	1 452	—	7 500	0	2 000	10 952
7.其他面积	亩	—	1 812	25 913	142 354	229 814	12 500	412 393

数据来源：张掖市统计局

从表 6-7 可以看出，承包户合作经营和租赁农户耕地经营的面积已非常高，尤其是农业生产条件和区位条件相对较好的绿洲地区（甘州区、临泽县和高台县）；土地逐步向专业大户和龙头企业集中，玉米、马铃薯、蔬菜和制种成为优势行业。

二、存在的问题

（1）规范化程度低，龙头企业、经济合作组织与农民没有形成共同的利益机制，一些农民专业合作经济组织与社员只是简单的买卖关系，或停留在生产环节或技术方面的简单合作上，缺乏科学合理的利益连接机制。农民专业合作组织服务层次低，规模小，合作领域窄；多数合作经济组织尚处于合作的初级阶段，重盈利、轻服务，重分配、轻积累，抵御市场风险的能力还相当有限，直接影响了合作组织对农户带动作用的发挥。

（2）组织内部制度不健全，运作管理不规范。有的协会甚至没有章程，有章程的一些协会，虽然成立了理事会、监事会等组织机构，但许多重大事务往往由个别人决策，并没有按照法定程序办理；很多协会没有独立的财务，或财务不够公开、透明，利益返还机制还没有建立健全。

（3）资金严重短缺。农民专业合作组织发展资金短缺，特别是信贷资金扶持和税收减免政策不明确，绝大部分合作组织没有收入来源，县、乡财政还没有设立农民专业合作组织专项发展基金，一些农民专业合作经济组织在建立基地、解决办公场所、引进新技术、更新新品种和购置设备等方面均存在资金短缺问题，制约了合作组织开展服务、组织经营和合作互助。

第四节　城乡基础设施配套因素

城乡基础设施配套不全，农村劳动力转移和城乡协调发展硬件环境不足（表 6-8）。主要表现在以下方面，公路发展不平衡、通行能力差别较大；路网密度低，技术等级低；域外联系强于区内联系；道路与运输不配套；受交通条件的限制，时间距离非常大，城乡空间相互作用力被漫长的时间距离衰减掉了。无论是人口流、还是物质流，都被较差的路况所影响空间摩擦（障碍）严重。

表 6-8　张掖市各区县农村基础设施配置情况

项目	合计	山丹县	民乐县	甘州区	临泽县	高台县	肃南县
村委会个数/个	840	115	172	245	71	136	101
乡村户数/万户	26.15	3.83	5.49	9.19	3.3	3.62	0.72
自来水受益村/个	760	105	171	245	57	92	90
自来水受益户/万户	23.08	3.22	5.45	9.13	2.27	2.49	0.52
通公路村数/个	831	115	167	242	71	136	100
通电村数/个	837	115	172	245	71	136	98
通电话村数/个	839	115	172	245	71	136	100
通电话户数/万户	22.06	3.46	4.02	8.06	2.83	3.13	0.53
通有线电视村数/个	796	115	170	242	70	136	63

数据来源：《张掖统计年鉴 2015》

电力的少部分由分布在农村的水电站提供，但乡村并不是电力负荷中心，电网在向农村延伸时，由于长距离的输送，成本过高；且覆盖率较低，农村电力主要以生活型用电为主，生产型用电不足，导致效率和效率很差。农村信息硬件建设缺乏，覆盖面小，信息交流不通畅，渠道单一；城市是信息资源的源地和优质硬件的富集地，但目前城乡信息供给产品与牧民实际需求不吻合；信息传导机制缺乏；信息"源"与"汇"脱节。

经张掖市水务局调查，全市农村达到安全和基本安全的人口共 18.55 万人。①按县区分：山丹县 4.64 万人，民乐县 2.44 万人，甘州区 7.02 万人，临泽县 2.27 万人，高台县 2.14 万人，肃南县 0.04 万人。②按工程分：上述人口涉及 97 处工程，目前达到饮水安全标准的工程 45 处，涉及人口 7.07 万人，其中，甘州区 44 处，涉及人口 7.03 万人，肃南县 1 处，涉及人口 0.04 万人；目前未达到饮水安全标准的工程 52 处，涉及人口 11.49 万人，其中，山丹县 9 处，涉及人口 4.64 万人，民乐县 10 处，涉及人口 2.44 万人，临泽县 18 处，涉及人口 2.27 万人，高台县 15 处，涉及人口 2.14 万人。

2008 年共调查 1 002 036 人，其中集中式供水覆盖人口 819 708 人，占 81.80%，分散式供水覆盖人口 182 328 人，占 18.20%。集中式供水水源以地下水深井为主，人口构成比为 65.28%，地面水库水占 13.10%，分散式供水水源以浅井水为主，人口构成比为 14.87%（表 6-9）。

表 6-9　张掖市农村生活饮用水不同供水方式水质合格情况

时期	集中式供水						分散式供水		总计	
采水期	出厂水/件	合格率/%	末梢水/件	合格率/%	合计/件	合格率/%	合计/件	合格率/%	合计/件	合格率/%
枯水期	50	44.00	60	61.67	110	53.64	33	36.36	143	48.92
丰水期	46	67.39	64	70.31	110	69.09	39	25.64	149	58.10
合计	96	55.21	124	66.13	220	61.36	72	30.56	292	53.51

数据来源：朱宏斌等，2010

张掖市农村生活饮用水水质合格率较低，基本没有水处理及消毒措施。微生物污染是主要原因。2008 年，全市农村人口 1 002 036 人，饮用集中式供水的占 81.80%，以地下水深井为主要水源；饮用分散式供水的占 18.20%，以地下水浅井为主要水源，张掖市农村生活饮用水以地下水为主要水源。饮用未经任何处理饮用水的人口占 94.34%。集中式供水枯水期、丰水期合格率为 53.64%、69.09%；分散式供水为 36.36%、25.64%，丰、枯水期集中式供水合格率高于分散式供水，集中式与分散式供水丰水期监测结果有统计学差异（$P<0.01$）。超标指标主要为总硬度、菌落总数、总大肠菌群。

张掖市农村总人口 102.54 万人，全市农村自来水受益人数为 95.9858 万，自来水普及率为 93.61%。截至 2010 年年底，全市共建成集中式供水工程 403 处，受益人口 95.9858 万人。其中，设计供水规模 ≥ 1000m³/d 的集中供水工程 25 处，受益人口 28.5286 万人；设计供水规模在 1000～200m³/d 的集中供水工程 146 处，受益人口 28.5286 万人；设计供水规模在 200～20m³/d 的集中供水工程 231 处，受益人口 26.6997 万人；设计供水规模 < 20m³/d 的集中供水工程 1 处，受益人口 0.0399 万人。从分散式供水基本情况看，①有供水设施的：经调查，张掖市仍然利用手压井、引泉、集雨等设施供水的人口尚有 2.1834 万人。民乐县

0.2523 万人使用简易自来水供水工程，水量严重不足。临泽县 0.5326 万人利用土井、水池和手压井等简易供水设施。高台县 1.125 万人利用集雨井饮水。②无供水设施的：经调查，张掖市直接取用江河水、坑塘水、泉水、浅层地表水的人口为 4.3751 万人，经取水化验，除化学指标基本符合要求外，细菌学指标、感官性指标均超标，不能作为饮用水源。山丹县 0.334 万人直接饮用山泉水、涝池水、霍城河、马营河水。民乐县 0.35 万人直接饮用涝池水，由于人畜混用，水质差，污染严重。甘州区 0.2534 万人饮用水主要由灌溉渠道引水，水窖储水，造成水质差、细菌学指标超标。临泽县 3.1633 万人直接饮用浅层地下水，水源含氟量、总硬度超标。高台县 0.2744 万人沿山区群众，利用灌溉渠道在水窖储水，水质、水量均不达标。

截至 2010 年年底，全市农村饮水安全人口为 55.28 万人，饮水不安全人口为 47.26 万人。造成饮水不安全的原因主要包括：一是剩余的部分农村人口较少，且居住偏远分散，饮水水量和水质没有保证，由于受资金制约，如果使用大型的水质净化设备，工程造价高且运行成本高，群众无法负担；二是当时修建的饮水工程投资少，工程建设标准低，大部分输配水管网破损，不能正常运行；三是水费不能及时足额到位，部分工程由村组自主管理，维修养护不能及时跟进，致使供水不正常，达不到饮水安全标准；四是受投资限制，工程无消毒设施、无自动化安监系统，致使供水不安全；五是受气候影响，部分工程水源水量减少，水源保证率不达标。

第五节　城乡公共服务设施配置因素

城乡公共服务设施不均衡，农村劳动力转移的后顾之忧无法减轻（表 6-10），主要表现如下。

城乡教育发展不平衡，教师队伍整体素质较低，职业教育发展缓慢。普遍实行的寄宿制学校发展模式，远离家庭，导致求学半径扩大。家庭教育的缺失引发家庭伦理观念、情观念的淡漠化。以文化教育为主缺少职业教育配套的教育模式，导致"两后生"既缺少深厚的文化修养，又缺少必要的职业技能。只有城市生活方式，而无城市生活技能。出现了教育"断奶"后不适应。

表 6-10　2000～2014 年张掖市普通中学基本情况

年份	2000	2005	2009	2014
学校数/所	916	758	698	792
专职教师/人	10 689	12 057	12 787	15 558
学前教育三年毛入园率/%	58.6	59.3	70.0	100.0
小学入学率/%	98.85	99.1	99.5	100.0
初中升学率/%	52	70.14	82	100.0
高中阶段教育毛入学率/%	29.4	51.3	82	100.0
高等教育毛入学率/%	7.25	24.25	35.66	100.0

数据来源:《张掖统计年鉴》(2001～2015 年)

由于义务教育底子薄、起步晚，社会发展程度和社会经济文化发展水平较低，义务教育发展的总体水平仍然较低，农牧村义务教育还很薄弱，且义务教育发展不均衡，特别是初中良好教育资源短缺，教育的规模效应尚未凸现，城乡之间、乡际之间、校际之间发展差距仍然很大，初中阶段教育相对集中的办学目标难以实现，影响了更高层次教育公平和教育均衡的实现。教师队伍整体素质较低。一是由于条件艰苦，教师待遇低，不能吸引优秀人才从事教育教学工作；大部分村小的教师不但要遭受严酷的自然条件，还要忍耐寂寞与孤独的精神折磨，许多优秀的青年教师都不能安心从教，纷纷想办法调离学校；在师资培训上，地方财政无财力投入，提高农村学校教师队伍素质，改善广大教师的生活环境困难重重。二是教师结构性矛盾突出，音乐、体育、美术、计算机、英语教师严重短缺（表 6-11）。

表 6-11　张掖市各区县农村公共服务设施配置情况

项目	合计	山丹县	民乐县	甘州区	临泽县	高台县	肃南县
村委会个数/个	840	115	172	245	71	136	101
乡村户数/万户	26.15	3.83	5.49	9.19	3.3	3.62	0.72
乡村总人口/万人	99.22	15.32	21.53	34.75	12.15	13.01	2.46
乡镇文化站/个	59	8	10	18	7	9	7
村文化室/个	819	103	172	245	71	136	92
乡村卫生机构数/个	919	160	246	263	101	124	25
医院病床数/张	2 807	292	500	1 110	316	466	123
农村小学数/所	549	75	163	133	81	88	9
农村中学数/所	56	11	8	18	6	8	5
农业科技机构/个	296	40	60	90	42	42	22
农民专业科技服务组织/个	243	8	13	125	9	86	2
农业科技人员/人	10 023	505	317	3 024	130	4 664	1 383
参加社会养老保险人数/人	90 439	2 559	9 254	9 989	52 904	2 617	13 116
参加农村合作医疗人数/人	925 762	145 624	189 576	340 521	110 175	117 423	22 443

数据来源:《张掖统计年鉴 2015》

　　城乡公共医疗资源配置严重失衡，造成看病难、看病贵。广大农牧村地区医疗卫生人才匮乏，医疗硬件与软件严重不配套；流动性医疗需求较多，是常见病和地方病的多发区，但就近医疗受限制。城市拥有大量的优质医疗资源，但就医成本过高。缺少优质医疗资源向乡村渗透与传导的机制。

　　医疗卫生人才匮乏主要表现如下。一是在职人员学历水平较低。第一学历为本科的寥寥无几。二是专业技术人员知识结构老化，临床经验严重不足的现象非常普遍。在乡卫生院中，属于效益较好的医院，主要靠较高的医疗技术水平吸引周边患者，而目前主要业务骨干医生一个卫生院只有1个或2个。第一梯队的中青年专业技术人员业务水平参差不齐，造成农村医疗卫生工作后继乏人。三是缺乏高、尖、专的专业技术学科带头人才。从业人员结构比例失调，专业人员技术水平与职称不对应、低水平，从而导致病源大量外流。低学历、低职称、低水平的"三低"现象比较严重，同时也是制约和影响卫生服务能力差的主要原因。医疗网络不健全：根据国家三级医疗网络建设政策的要求县、乡、村级都应有医疗体系，但村级医疗体系不尽如人意，部分村卫生室因为无用房、无基本设施，处于瘫痪状态。

　　文化设施建设不完善，乡村是优质传统文化资源的富集地，但挖掘不够，自组织能力不强，难以形成传统文化的主导区；公共文化（读书屋等、各种体育设施等）利用不充分，文化需求与文化供给不耦合，传统文化与现代文化脱节，城市文化向乡村文化渗透性不强，互动、互惠、互利、互补难以实现；物质和非物质文化遗产保护不够。

第六节　城乡体制和制度障碍因素

　　城乡发展所需的各种资源和要素的配置效率与相关的制度密不可分。但在城乡发展过程中，各种政策和制度的偏差，导致了城乡二元结构，造成城乡差距过大；而造成城乡差别的本质原因是城乡发展的14种不同制度，主要包括劳动就业制度、收入分配制度、教育制度、户籍管理制度、金融制度、社会保障制度、医疗制度等，而这些制度的制定与新中国成立后我国的历史发展条件、环境及与发展制定的相关政策是分不开的。

一、城乡发展不同时期的战略背景

1. 新中国成立后至改革开放前的工业化和城市化发展

新中国成立初期，我国的政治、经济和社会建设面临着巨大的困难。在这种情况下，国家采取高度集权的计划经济体制，实行指令性计划与指导性计划相结合的计划管理体制，并相应地建立了统收统支的财政体制、高度集中的商业流通体制和集中控制的基建管理体制，集中安排社会经济生活中的一切活动。突出发展重工业和国防工业，采用多用资本、少用劳动力的技术线路；在优先发展工业和城市的指导下，各种社会资源、资金、物资在政府的指令下纷纷流向城市，在城市不断聚集；造成资源要素的配置不当和利用效率不高，加速了城乡差距的扩大，导致农村劳动力长期处于积压状态。

1953 年，政务院第 194 次会议通过关于实行粮食的计划收购和计划供应的命令，实行粮食的统购统销，其实质是农村收购，城市配售。其真正的作用是一手压低农产品的收购价。用变相的无偿的形式把剩余的农产品收入国家手中。而且由于收购的品种和收购的数量及价格均由国家单方面决定，因而可将农民生存工资以外的全部农产品作为农业剩余收入国家手中；另一手则用低农产品的配给保证了工业劳动力的低工资水平和工业原料的低成本。在工业低成本和国家对工业实行垄断的基础上，将工业部门获得的垄断高额利润通过财政渠道进一步转化为新的工业投资。

1958 年开始实行人民公社化，通过政权组织的经济化、行政活动的政治化和管理方式的军事化，政府直接介入农业生产和农民生活的全过程，不仅把分散的农民纳入到统一有效的管理单位中，而且将无自主权的微观经营机制引入农业生产地域和农业产业，限定了农村基本生产资料——土地和劳动力的使用方式。政社合一的体制还保证了统购统销制度的有效实施，并借助统购统销的手段近乎无偿地剥夺了农民的劳动产品，把农村人民公社的大部分产品，有时甚至是农民生活必需品集中到国家手中，再由国家转移到城市和工业部门。其结果是剥夺了农民对土地经营的自主权，抑制了农业的发展；加深了城乡对立和城乡矛盾；加深了工业与农业的相互矛盾；造成中国乡村人口的大量积压。

1958 年开始的户籍制度，将中国公民划分为身份、地位和福利待遇不同的两个社会阶层——农业户口和非农业户口。并通过"户口管理制度""城镇居民生活必需品的计划供应""统包统配的劳动就业制度""城市福利制度"四道闸门限制城乡人口自由流动。进一步导致农村劳动力的大量积压和城乡差距的刚性扩大。

政府在有关城镇化的决策中占绝对支配地位，私人主体（尤其是农民）基本上没有决策权。政府通过行政集权对城镇实行供给垄断，私人主体对城镇的需求受到人为抑制。在这种背景下，我国城镇的方向、速度、规模、水平和形式的选择完全服从于和服务于实现政府的各项目标需要，政府行为是影响和控制城镇最直接和最重要的变量。

政治力量是影响城镇化进程的主导力量。主要表现在城镇化过程的大起大落。高层领导的统治偏好对城镇过程中各项制度的替代、转移和交易起着十分重要的作用，而政府经济管理知识的缺少和政治统治经验的娴熟，也使得其过分偏好于用政治手段替代经济手段来行使政府的管理职能。

农业剩余的多少是决定政府收入水平和工业化原始积累水平的最重要的变量。在资金、技术缺少的条件下，实现农业增长主要靠劳动力投入的增加，为此把大量劳动力限制在农村，有利于农业剩余的增加。一系列限制农村人口城镇化的强制措施，节约了征集农业剩余的交易成本。通过限制农村人口城镇化，避免了城市建设的扩张，从而也减少了城镇建设挤占工业化积累和农业用地的可能性，为工业优先发展创造了条件。

工业化的策略。新中国成立初期受国际环境和历史条件的制约，在苏联经济发展模式的影响下，我国在成立初期选择了以重工业优先发展为特征的赶超型发展战略。这种战略的核心是试图通过重工业的优先发展，超高速实现国家工业化。我国作为一个社会主义国家既不能像发达的资本主义国家当初那样通过对外掠夺来实现资本原始积累，在当时的历史条件下也不可能通过引进外资的办法来补充国内资本的不足。为此，中央政府通过一种特有的制度安排，即借助政策性资源的转移，以具有隐蔽性和强制性的方式，如统购统销、价格剪刀差等从农业中提取工业化所需的资本积累。

由于张掖市农业发展历史悠久，而工业和城镇的发展相对滞后，主要的工业是在新中国成立后通过国家的工业化战略部署而形成的"嵌入式"工业。由于甘肃省的矿产等自然资源丰富，国家在甘肃省的投资方向是以能源、原材料为基础的工业，导致了以重工业为主的产业结构；张掖市也不例外，工业结构中的重工业比例较高，造成工业结构和产业结构不合理，在政策上对各项资源的城乡配置存在偏差，导致经济不能快速发展。新中国成立后张掖市贯彻扶持私营工商业和个体工业发展的政策，推动了私营工业和个体手工业的发展。1953年粮、棉、油和主要畜产品统购统销后，对磨坊、油坊、豆制品作坊和毛纺织品、皮革制品进行了限定和定点生产，大力扶持采掘工业、建材工业、农具制造、机器制造和其他轻工生产。1958年贯彻"全党全民大办工业"的方针，城乡建起各类工厂上千家，又把集体厂社直接转为地方国营工业，在一定程度上导致了工业结构失调。1962年继续贯彻党中央的调整方针，恢复了一批企业的集体性质；1963年以后张掖市工业的发展进入相对较稳定的增长时期。同时，由于思想不够解放，对外联系不紧密，从1963年到1983年的20年里张掖市工业一直保持着较缓慢的稳定增长，年增长率为14.28%。

工业化发展中工业资本的来源。相应采取的收入分配政策，是为最大限度地积累资本用于工业的扩大再生产，采取"高积累、低消费"的政策，最大限度压低社会总消费，人均生活消费标准仅维持生存的水平，属于典型的"牺牲"政策。

投资分配政策则把有限的资金优先投入"生产性建设项目""重生产轻生活"，尽可能减少对基础设施等"非生产建设项目"的投资；在"生产性建设项目"中，把有限的资金优先投入重工业，尽可能减少对农业和轻工业的投资，属于典型的"延期"或"忽略"策略；重工业"集中"了其他产业或部门的必要投资。

劳动就业政策采取城市"统包统配"、农村"自然就业"的就业政策，实行完全就业。相应的高就业、低工资，无论城乡都不允许存在公开失业，不服从公家就业安排的人将失去生存条件，强制安排城市工业部门就业之外的所有劳动力进入乡村农业部门就业，尽可能提高农业生产。

服务于工业化的城市化策略。现代工业的根本性决定了工业化必然伴随着城市化，城市化是工业化的必然条件；同时，最大限度地降低城市化的社会成本，集中尽可能多的资金用于工业发展。国家为推进工业化，建立了全面控制经济生活的计划经济体制，将城市和农村分割为两个失去市场联系的部门。城市以工业活动为主，城市就业和生活几乎全由国家统一控制了起来；农民则从事农业生产，必须承担国家规定的各项生产任务。

为提高城市工业部门的资本积累，则通过降低市民人均消费标准，仅维持生存的水平和限制城市人口数量来降低城市总消费的收入分配策略，1958年在农村建立了人民公社体制实行的统购统销和人民公社体制实现了国家对农民和农业剩余的全面控制，从而实现上述目标。

为配合城市工业的发展，采取的投资分配策略压低城市基础设施建设标准，限制对城市基础设施的投资，使城市基础设施发展速度上限接近于工业化对城市基础设施的最低标准。人口控制策略中要求城市的人口同样要与工业化的发展相适应。限制城市人口数量，使其按工业扩张对劳动的需求状况变动，致使农业人口转化为城镇人口的速度和规模非常有限，基本处于停滞不前的状态。

城乡矛盾的加剧。新中国成立后，我国实行的计划经济，中央政府选择和推行重工业优先发展战略，构成城乡差距形成的根源。其主要实施机制的三套马车：户籍制度、农产品的统购统销制度和人民公社制度严重扭曲了生产要素市场，直接造成日益强化的二元经济结构。

从上述来看，当时的工业化和城市化策略本质是把有限的经济资源最大限度的集中投入重工业，以确保重工业的优先超高速发展。工业与农业、城市与乡村双轨运行，不能相互渗透、融合；重工业与轻工业双轨运行，产业关联度低；中央企业与地方经济双轨运行，优势不能互补。建立了全面控制经济生活的计划经济体制，将城市和农村分割为两个失去市场联系的部门。城市以工业活动为主，城市就业和生活几乎全由国家统一控制了起来。农民则从事农业生产，必须承担国家规定的各项生产任务。因此，城乡关系呈现不合理的现象，城乡矛盾激化。

工农产品不能平等交易。通过工农产品的不等价交换，以廉价的方式获得工业和农业的剩余价值以支持城市的发展。城乡之间劳动力不能自由流动：从20世纪50年代后期开始，我国逐渐形成了极为严格的户籍管理制度，限制农村人口流入城市，把城乡间人口的迁徙直接纳入国家计划的控制之下，农业劳动力向制造业及相关部门的转移是相当微弱的，越来越多的劳动力只能继续滞留在农业部门，从60年代至70年代后期，我国的城市化进程完全处于停滞甚至倒退状态。计划经济体制下建立了较为完整的现代工业体系，经济和社会的二元特性日益强化，使城市和农村在生产和生活水平上表现出极大的差异，由于实行城乡隔离，城乡之间缺乏正常的市场联系，造成了工农业发展严重失调和城乡发展的严重失衡，工业化完全没有惠及农民，由于农业生产效率长期低下，农民收入水平低，相当多的农民处于绝对贫困状态。

2. 改革开放后城乡发展战略的转变

随着国际环境的变化，市场化的深入使得政府作为城镇化进程中各项制度的垄断供给地位动摇；农村土地家庭联产承包责任制的实施，使得土地与农民建立了一一对应的关系，农民经营的自主权得到确认，而土地对农村劳动力的约束力进一步下降；分权化改革使地方政府独立利益倾向日益增强，尤其是"分灶吃饭"，地方政府追求财政收入最大化成为难以遏制的目标和动机；政府财力的相对下降使得其没有能力承担城镇建设所需要的巨额资金，政府不得不放松城镇化的制度约束，允许农民进城购置房产、投资建厂，一方面，使城镇建设投资多元化；另一方面，也重构了城镇化的一系列制度。

在农村改革的推动下，城市的改革也率先在工业内部展开。改革开放后提高物质生活水平是人民的根本要求，随之工业化和城市化目标发生转变，由重生产轻消费向生产消费相结合转变，同时僵化的计划经济变成了灵活的市场经济，市场调节作用逐步发挥，所有制结构由国有、集体为主向"一体多元化"转变等；农村家庭联产承包责任制的推行，农副产品"统购"制度的取消等一系列的农村经济改革等，均有利于城乡生产要素的流动和城乡关系的变化；统包统配的就业制度也得到改革，实行劳动部门介绍就业、自愿组织就业和自谋职业相结合的方针，实现了劳动力的流动和相对宽松的就业环境保障（图6-2）。

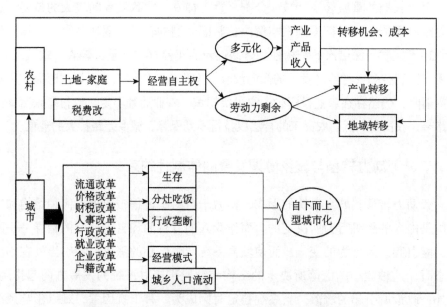

图6-2 改革开放后自上而下型农村劳动力转移形成机制

这一时期的制度建设具有以下特征：

（1）制度创新主体的私人化和地方化。农村改革（尤其是土地改革）给农民流动和重新选择职业提供了机会与权利，民间力量逐步打破了中央政府作为城镇化发动和投资主体的垄断地位；而地方政府为了谋求市场改革给其带来的日益独立的区域利益最大化，也希望借助农村人口跨地区流动和兴建乡镇企业吸引更多的外来资金；在分权改革的背景下，地方社区政府的收入目标与上级政府不断发生矛盾，因此它们也成为城镇化的次要推动力，从而引发自下而上城市化。

（2）制度安排的非正式性。农民进城工作是完全私人化的，并不需要政府部门的批准与认可。虽然各级政府主管部门也通过设置许多制度壁垒限制农民在城镇谋求正规职业和永久身份，但仍可以在非正规部门流动打工的方式辗转于各城镇间。但同时形成和固化了城乡产业结构、就业结构、收入与消费结构的长期失衡态势，使中国在人均消费水平较低的状态下过早地进入了工农产品的买方市场和经济过剩：从短缺走向过剩并没有带来居民消费水平的提高，相反造成农民收入增长缓慢，城镇职工大量失业。对农业部门造成了诸多限制：农业市场需求难以有效启动；农业竞争地位低下的状况难以真正扭转；农业人力资源状况难以改善。

由于长期的重城轻乡、城乡分割、重工抑农，导致城乡间较大的差距，这一差距不可能在短时期得到根本解决；新旧体制的转换、双轨并存、市场经济体制还不完善，深层次的结构性和体制性矛盾仍然存在，重工轻农、重城轻乡、忽视农民利益和农村经济发展的倾向没有根本改变，传统工业发展战略偏差未能根本消除，仍然存在农业投资少、农民负担重、农业后劲不足、农村剩余劳动力出路窄、农民收入低、农民工的合法权益得不到保障、城乡差距扩大的现象。

二、劳动力转移与城乡协调发展的体制性约束

劳动力转移和城乡系统的形成，得力于自组织过程，但出现何种结构和功能则是由人的随机行为所决定的。而作为人们有目的和自觉行为的指导——政策，能引起总体行为的变化，而使城乡系统产生微小的涨落；特别当处在临界状态时，这种微小的涨落所决定的结构和功能直接对系统的发展方向起作用。另外，政策所引起的涨落，当系统稳定时则成为一种干扰因素，难以影响系统

结构的更新，这反映在一旦某一政策引起的巨涨落出现，即出现了新的结构和功能，则这种结构和功能有一定的延续性和稳定性，不会因其他涨落出现而改变。

一个地区长期的发展状况一般取决于制度安排。农村劳动力滞留和城乡差距的扩大，根源在于计划经济时期的工业化和城市化战略，以及与此相适应并固化下来的城乡二元制度安排。这种安排使整个社会的资源向城市倾斜的大格局一直延续至今。

1. 城乡二元经济制度

第一是城乡二元的产权制度。计划经济时代，城市工业是国家所有制，农村是集体所有制。按照个人服从集体，集体服从国家的原则，国家所有制高于集体所有制，这样的产权制度安排使资源可以顺理成章地从农村流向城市。第二是城乡二元的税收制度。农业税收不按照起征点，而且税率远高于城市。第三是城乡二元的金融制度，银行主要为城市发展服务，农业银行和农村信用社的力量最薄弱。二元的金融制度主要将农村储蓄转化为城市投资，从而难以实现产业化。第四是二元的财政制度。财政主要为城市和工业服务，为农民服务的基层财政困难，农村的基础设施得不到财政资金支持。城市的基础设施由国家财政负担，而农村的基础设施往往由农民自己负担。在二元经济制度中，产权制度是核心的制度安排，限制了农民的经济行为，其余三项是从属性的安排，强化了城市的发展。

2. 城乡二元的社会制度

核心的社会制度安排是二元的户籍制度，把户口人为地划分为城市和农村两种标准不同的性质。从社会学意义上来说，使农村和农民成了一种工具，为了城市和工业才有存在的价值。城乡二元户籍制度在计划经济时代的本意是为了防止农民大量进入城市，造成城市生活资料紧张。但是长期执行下来，户籍制度已经成为农民受到各种歧视性待遇的主要依据。由此衍生出来社会地位的差异，主要反映在城乡二元的教育制度、城乡二元的医疗制度、城乡二元的社会保障制度等方面。一般来说，社会政策之所以存在，就是因为社会有弱势群体。但是我国的社会保障政策却先给了更有地位的城市居民。

3. 二元政治制度

这是城市和农村经济和社会制度不平等的一个重要支撑点。主要表现在根据现行的选举法，城市居民的选举权相当于农民的四倍，人大代表中极少是农民身份的，乡镇以上的公务员和官员基本上不从农民里面产生。而且管理农村的乡镇政府财权少、事权多。另外，城市居民可以组成工会等组织维护自己的合法权益，农村却不能拥有这样的政治组织来维护自己的合法权益。正是借助这种对资源高度集中垄断的二元制度结构安排，中央政府才能够在不到30年的工业化进程中，以平均每年高达30%的积累率，在我国这个人口膨胀、资源短缺的小农经济国家通过技术模仿完成国家工业化的特殊历史进程。在城市形成产业门类齐全、专业分工精细的社会化大生产。这种正面效应不能忽视，但是从当前看，这种二元制度结构已经成为限制我国城乡持续发展的最大障碍了。改革开放以后，我国采取了相当多的政策措施来促使农业发展和农民增收，但是并无很大的成效。关键的原因就是政策执行的效果取决于基本的制度安排，在城乡二元制度结构的框架内很难从根本上解决问题。

户籍制度。我国现行的城乡隔离的二元户籍管理制度，虽然有所改革，但并未从根本上改变。首先，城乡居民在社会地位、身份、就业、住房、补贴、劳保、福利等方面仍存在着明显的不平等。农村劳动力流入城镇，在现行户籍管理制度的约束下，他们无法取得与当地市民平等竞争的权力和平等待遇，同时给他们在吃、住、就业、加薪、小孩上学等方面造成许多困难。这一方面使农村劳动力在城镇就业的成本加大；另一方面使农村劳动力在城镇不能长期稳定地就业，致使相当部分的劳动者在城镇工作几年后又回流到农村，形成逆向转移。其次，农村土地制度是实行集体所有、家庭联产承包。在联产承包的实施中，土地基本是按人头平均分配的，不仅土地面积是按人头平均，而且土质也是按肥瘠搭配、按人头平均的，而且只要是农村人口，无论是做工的，还是经商的，都平均分得一份土地。现行土地制度下土地的非流动性，决定了乡镇企业和城镇布点只能局限在原社区范围，制约了乡镇企业的相对集中、城镇的合理布局及其规模的扩大。

在城乡分割的户籍制度下，人为地将城乡居民分割为两个在发展机会和社会地位方面不平等的社会集团。改革开放以后，城乡人力流动放松，大批农民进入城市，但由于受城乡户籍二元化的影响，进城的农民仍然与城市居民有较大的差别，城镇居民与农村居民权利和发展机会不能平等。

城乡就业。在促使城乡协调发展的过程中，扩大农民就业、转移农村剩余劳动力是关键。张掖市目前的经济结构仍以农业为主，农村人口基数大，农村的剩余劳动力多；而在城市由于产业结构调整、企业制度改革，存在着一定数量的隐性失业人员；因此，城市的就业压力十分巨大。新中国成立后我国实行的工业化和城市化政策使得城乡分割的固化；改革开放后现行的同工不同酬、优先录用城市人员等各种就业制度、保障制度等对城市劳动者来说要优于农村的劳动者，农村劳动者的就业机会少、待遇差，直接影响着农民工的收入和各项保障，制约了劳动力的转移。

从新中国成立到改革开放前，受牢固的户籍制度的约束，明确划分出农业户口和非农业户口两种不同的制度，人口不能自由流动，居民就业必然受到限制，城乡居民的就业形式和待遇迥然不同。城镇居民实行统包统配；而农村居民只能局限于农业生产内部解决就业，有限的就业机会被城市新增人口占用了。农民除考取国家正规大中专院校、工矿招工等特殊情况外，原则上不能转成非农业户口，从而没有权利和机会迁入城市定居寻找职业。虽然城乡居民都按国家规定领取"生存工资"，但该"工资"在城乡居民间有很大差距。统购统销制度的建立，使得国家垄断了农副产品市场，从而控制了城镇居民的生活必需品，需凭票购买；而农民即使进入了城市，生活也得不到保障。而与就业一体的福利，也阻挡了农村人口向城市的流动。张掖市一直实行固定工劳动就业制度，每年由省、地劳动部门和计划委员会下达招工指标，劳动部门统一组织招收并批准录用，在很大程度上限制了劳动力的流动。

改革开放后，户籍制度开始松动，大批的农民进入城市，农民工虽然已经成为产业工人的重要组成部分，但进城农民与城市居民身份地位、就业、社会保障、享受公共服务等权利是不平等的。并形成了城镇人口就业、农村人口就业和进城的农民工就业的三类不同就业人员。从人口年龄结构看，目前张掖市已进入就业高峰期，同时经济结构的调整使结构性失业问题更加突出，还有大量的农村剩余劳动力带来的就业压力，而目前所能提供的就业岗位远远低于劳动力的供给。同时，由于劳动生产率的不断提高，每年提供的就业岗位在逐步减少。在城镇居民中存在着相当一批失业人员的状况下，农民工只能从事城镇居民不能干或不愿干的工作并遭受身份歧视。

　　城乡社会保障制度的二元化。由于社会保障体系与就业相关，而就业又与户籍联系在一起，城乡居民享受不同的社会保障：城镇居民有着相对完善的社会保障，而农村的社会保障部分缺失，农民工的各种保险业不能落实到位，难以与城镇职工享受同等的待遇。

　　以上造成城乡二元结构的各种制度，虽然在社会经济发展过程中得到了不同程度的改革，但由于城乡之间长期的发展不平衡，"冰冻三尺，非一日之寒"，诸多问题不可能在较短时间内得到根本解决，仍然存在许多"后遗症"，应更加关注农村的发展，改变农村在城乡关系中的不利地位，缩小城乡差距。

　　土地（草场）承包制度。现行土地（草场）承包制度，形成以家庭为生产经营单元，造成小规模、分散化经营模式，产权关系和产权制度不明晰，导致农业土地难以合理流转、农牧民收益无法得到保障；也无法形成规模效应和集约化经营模式，不适应牧业产业化的要求，导致土地对农业劳动力的约束力较强，转移性较差。

第七章
水资源约束下的农村劳动力的分层次转移

由于农村劳动力的转移存在着层次性（表7-1），所以根据难易程度进行有序转移。对于内陆河流域而言，劳动力转移除了受经济条件、体制条件的制约外，还深受环境条件（尤其是水资源条件）的约束。对于内陆河流域而言，水资源更具有决定性的影响，所以优先考虑水资源条件对劳动力转移的约束性。

表7-1　农村劳动力转移的层次性

项目	农村人口	第一层次人口	第二层次人口	第三层次人口
产业	农业	兼业	非农业	非农业
工作地	农村	农村	城镇	城镇
居住地	农村	农村	乡村	城镇
与农业的联系程度	高————————————————————————→低			
向城镇转移的程度	低————————————————————————→高			
水资源利用效益	低————————————————————————→高			
转移费用	低————————————————————————→高			
活动范围	村内	村内	乡内	城镇

第一节　第一层次转移：农业内部转移

通过对农业内部劳动力就业结构、水资源部门利用结构、产值结构的相关性分析，辨识农业不同部门的水效益和经济效益，求证是否能实现水资源的初步高效利用、能否从农业内部解决农村劳动力超载的问题，进而预测各时期的劳动力转移量。

一、农业产出与用水效益分析

由于不同的产业部门和生活方式对水资源的消耗是不同的，经济的不同发展格局会在很大程度上改变水的需求；经济规模的增长会促进对水资源需求的增长，水供给的紧缺也会限制经济增长并使得经济结构作适应性调整。

1. 农业部门水资源配置结构

如前述，农业是张掖市的用水大户，占水资源利用量的约90%；在农业用水中，又有约90%的水用于农田灌溉，林牧渔业用水仅占了10%。这与农业产值结构、就业结构偏好种植业高度耦合。也就是说，农村劳动力对农业种植业具有高度的依赖性，而种植业又是农业用水大户中的大户（表7-2），也就是说占有劳动力份额大，水资源利用量相应也大，即农业劳动力配位与水资源利用配位具有高度的一致性。

表7-2　张掖市农业各部门水资源利用状况

年份	农业用水 /$10^8 m^3$	农田灌溉用水/$10^8 m^3$				林牧渔业用水/$10^8 m^3$			
		水田	水浇地	菜地	小计	林果灌溉	草场灌溉	鱼塘补水	小计
1999	20.3068	1.3330	16.0493	0.8687	18.2510	1.6564	0.1123	0.2871	2.0558
2000	20.5028	1.3330	16.2324	0.8687	18.4341	1.6693	0.1123	0.2871	2.0687
2001	17.2776	1.3330	12.9884	0.8687	15.1901	1.6805	0.1199	0.2871	2.0875
2002	20.9913	1.3330	16.7021	0.8687	18.9038	1.6805	0.1199	0.281	2.0875
2003	17.6124	0.096	12.4924	2.9063	15.4947	1.7107	0.1199	0.2871	2.1177
2007	22.488	0.094	17.585	2.852	20.530	1.762	0.147	—	1.955
2009	20.521	0.0847	7.3722	2.9832	0.4401	1.7548	1.7903	—	2.1239
2013	21.2335	0.0100	15.8335	3.1972	19.0407	2.0520	0.1408	0.0000	2.1928
2014	21.6718	0.0100	16.349	3.1608	19.5198	2.0313	0.1207	—	2.512

数据来源：甘肃省水利厅，《甘肃省水资源公报》（1999～2014年）

2. 农业部门水资源利用效益

如何使一定的水土资源发挥最大的农业生产效益，是目前实现农业种植结构优化调整规划的重要内容，因此对宏观经济系统和水资源系统同时进行动态分析，才能揭示它们之间的内在联系。本小节利用相关分析理论和方法，系统地研究产业结构调整与水资源需求变化之间的关系，同时通过计算，定量分析张掖市产业结构与用水量之间相关关系。本书采集了张掖市1999～2014年的农业总产值、农业各产业结构比例，以及农业各产业用水结构等数据（表 7-2、表 7-3），利用相关理论分析二者之间的关系。

表 7-3　张掖市农业部门产值与用水结构比例

年份	农业总产值/亿元	农业劳动力/万人	农业各产业产值构成/%		农业各产业用水/%	
			种植业	林牧渔业	种植业	林牧渔业
2000	38.67	38.48	76.91	23.09	89.91	10.09
2001	39.02	37.24	74.39	25.61	87.92	12.08
2002	42.95	38.86	72.75	27.25	90.06	9.94
2003	46.09	39.21	70.20	29.80	87.98	12.02
2008	49.23	59.54	62.29	37.71	90.78	9.22
2009	53.69	59.38	63.00	37.00	89.63	10.37
2013	87.17	34.68	56.47	43.53	89.67	10.37
2014	88.98	34.45	54.39	45.61	90.07	9.93

将用水量记为 x，农业各产业用水量分别记为 x_i（i=1，2），同样记 y 为农业内部各产业产值在农业总产值中所占比例，分别记为 y_i（i=1，2）。根据相关分析理论和所采集的数据分别计算农业内部部门产业结构与用水量的相关系数 R_i（i=1，2），根据式（7-1）计算得到 r_1= 0.5056，r_2= 0.9764。

$$r_{xy}= \frac{\sum_{i=1}^{n}(x_i-\bar{x})(y_i-\bar{y})}{\sqrt{\sum_{i=1}^{n}(x_i-\bar{x})^2}\sqrt{\sum_{i=1}^{n}(y_i-\bar{y})^2}} \quad (7-1)$$

农业种植业一直是用水大户，张掖市农业种植业用水近年来平均每年用水占总用水量的 89.15%，但是在农业总产值中所占比例却持续下降，经过显著性水平检验，发现 r_2 通过检验，而 r_1 没有通过检验，这说明农业种植业较其他产业发展缓慢，用水效率不高；与农业种植业相比，林牧渔业产值在农业总产值结构中所占比例同样增加1%，但是相应的用水比例的增加比起农业来说却要少（种植业与林牧渔业的经济效益相比较，如果林牧渔业的比较经济效益较差，将会抑制劳动力转移）。因此，张掖市农业发展应以节水作为主导方向，逐渐取消一些高耗水的种植业，大力发展节水型农业，同时将部分水资源转移到效益高的产业，实现水资源的高效配置。

进一步分析种植业内部结构，也会发现类似的情况：传统意义上的玉米、小麦等大田农作物比较效益较差，而经济作物无论从经济效益还是用水效益方面，均比较好（表 7-4、表 7-5）。

表7-4　张掖市各种作物亩均成本收益比较

指标	单位	春麦	玉米	油菜籽	甜菜	苜蓿	番茄	制种玉米
产量	kg	397	579.	106.4	3201	1050	5500	450
产值	元	491.7	624.24	238.27	704.52	427.5	1223.75	977.75
生产成本	元	586.53	730.5	399.27	628.37	225.07	890.8	767.56
物质费用	元	368.25	442.67	184.2	361.94	160.87	527	425.16
种子费	元	44.91	28.73	3.89	22.22	5	36.5	44.42
农家肥费	元	54.78	54.2	5.14	42.69	0	62.5	50
化肥费	元	123.52	179.21	71.74	130.99	80	183.2	158.44
农膜费	元	—	15.3	—	—	—	36.3	26.95
农药费	元	5.47	12.61	6.97	6.75	—	26.55	7.88
畜力费	元	29.47	40.59	35.46	25.34	4.87	44	42.8
机械作业费	元	29.11	30.02	31.63	44.08	15	20.75	36
水费	元	56.94	70.31	24.56	55.78	54	49	54
棚架材料费	元	—	—	—	—	—	60	—
间接生产费	元	24.05	11.7	4.81	34.09	2	8	4.67
用工作价	元	218.28	287.83	215.07	266.43	64.2	363.8	342.4
用工数量	元	20.4	26.9	20.1	24.9	6	34	32
期间费用	元	10.06	12.79	4.31	5	10	20	6
税金	元	47.55	38.88	12.17	64.27	40	50.75	50.75
含税成本	元	644.14	782.17	415.75	697.64	275.07	961.55	824.31
净产值	元	123.45	181.57	54.07	342.58	266.63	696.75	552.59
减税纯收益	元	−152.44	−157.93	−177.48	6.88	152.43	262.2	153.44

数据来源：张掖市农业局

二、农村劳动力产业内转移规模预测

在保证粮食生产和粮食安全的前提下，实现农村劳动力在农业地域内部的转移——结构性转移，首先需要考虑的前提条件是水资源的利用效率得到提高和劳动力配置能使农业收益最大化。这里假设农村劳动力向农业非种植业（林牧业）产业转移的规模（因变量 L）受到水资源利用量（自变量 W）和所占产值比例（自变量 P）这两个因素 [实际上是一个变量，且与上述要求的两个目标（水资源利用效率提高、农业收益最大化）不一致] 的影响。根据历史统计资料得到相关数组（L_i，W_i，P_i），其中 $i=1$，2，$\cdots$，n。

设其数学结构模型为

$$L=\beta_0+\beta_1 W_i+\beta_2 P_{i}+\varepsilon \qquad (7\text{-}2)$$

式中，β_0、β_1、β_2 为待定系数；ε 为随机变量。为了估算参数 β 采用最小二乘法，则得到回归模型

$$L=b_0+b_1W+b_2P \tag{7-3}$$

式中，b_0 为常数；b_1、b_2 为偏回归系数。

表 7-5　张掖市各主要灌区水费占农业生产成本比例分析计算

灌区名称	隶属区县	2001年水价/(元/m³)	灌溉用水量/(m³/亩)	亩均水费支出/(元/亩)	亩均生产成本/(元/亩)	水费占生产成本比例/%	亩均农业产值/(元/亩)	水费占农业产值比例/%	农业均纯收入/(元/亩)	水费占农业纯收入比例/%	家庭水费支出/元	家庭总收入/元	家庭水费占家庭总收入比例/%
洪水河	民乐县	0.094	286.06	26.89	253.21	11	419.58	6.4	166.47	16.2	359.88	8343.68	4.3
大堵麻	民乐县	0.085	549.18	46.68	292.27	16	354.94	13.2	62.67	74.5	519.3	5732.48	9.1
盈科	甘州区	0.067	1281.79	85.88	410.07	21	455.70	18.8	45.63	188.2	594.3	5721.11	10.4
西浚	甘州区	0.063	1055.56	66.50	371.54	18	487.91	13.6	116.37	57.1	859.95	8359.74	10.3
大满	甘州区	0.062	1015.97	62.99	400.90	16	433.49	14.5	32.58	193.3	467.37	5956.06	7.8
梨园河	临泽县	0.076	1056.58	80.30	556.56	14	641.78	12.5	85.22	94.2	397.31	4470.13	8.9
友联	高台县	0.052	964.23	50.14	454.96	11	617.50	8.1	162.53	30.8	279.06	4419.33	6.3
平均		0.071	887.05	59.91	391.34	15	487.27	12.3	95.92	62.5	496.76	6143.22	8.1
国内研究合理范围	—	—	—	—	—	以20%~30%为宜,张掖市并不高	—	5%~15%为宜	—	50%为宜,张掖市整体偏高	—	—	5%~12%

注：①表中数据来源于张掖市水务局；②总生产成本包括水费、化肥、种子、农药、地膜、机耕、饲草、村建提留、特产税、科技培训、教育附加、投工费、农业税等；③民乐县大堵麻灌区生产成本中没有包括特产税、科技培训、投工费、农业税；④甘州区盈科灌区生产成本中没有包括特产税、科技培训、教育附加、投工费、农业税；⑤甘州区西浚灌区生产成本中没有包括科技培训、教育附加、投工费、农业税；⑥甘州区大满灌区生产成本中没有包括科技培训、教育附加农业税

利用历史统计数据求解得到林牧业产业对劳动力的容纳规模和水资源利用量及其所占产值比例之间的回归模型，并根据此回归模型对张掖市未来林牧业产业对劳动力的容纳规模进行了预测，以及对现状就业规模进行了比较，得出张掖

市未来农村劳动力产业内结构转移的规模（表7-6、图7-1）。但是与张掖市水资源人口承载力计算结果相比较，仍不能够把水资源承载力下的超载人口转移出去。

$$L= -18.9320+9.2438W+0.0752P \qquad (7-4)$$

表7-6　张掖市农村劳动力产业内转移规模预测　　　（单位：万人）

年份	容纳规模	现状（预测）规模	可转移规模
2000	1.927	1.910	0.017
2005	3.306	3.172	0.134
2010	4.265	4.141	0.124
2015	4.854	4.740	0.114
2020	5.220	5.112	0.108

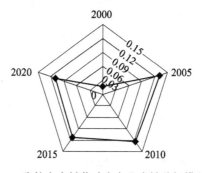

图7-1　张掖市农村劳动力产业内转移规模预测

综上，转移结果表现如下。农村劳动力无论从事种植业，还是从事林牧业，都只能在一定程度上提高水资源的利用效益，而无法从根本上改变农村劳动力的配位关系，即农村劳动力依然滞留在农村和农业上，因此应考虑农村劳动力从农业偏好向非农业偏好转移，实现农村劳动力向农村非农部门（即乡镇企业）的转移，也就是考虑在农村地域本身能否解决农村劳动力的转移问题。

第二节　第二层次转移：农业向非农业转移

既然农村劳动力无论从事种植业，还是从事林牧业，都只能在一定程度上改变农村劳动力的产业分布状况和提高水资源的利用效益，而无法从根本上改变农村劳动力和水资源的较低收益的配位关系，也就是农村劳动力和水资源的主体依然滞留在农村和农业上；那么对于水资源约束下的农村劳动力转移应该进一步考虑从农业偏好转向非农业偏好，也就是考虑在水资源双重短缺条件下，农村非农产业以提高水资源的利用效率为前提对农村劳动力的需求能否实现农村剩余劳动力的转移。

一、农村非农部门劳动力就业结构

农村工业化是广大农村发展中的重要组织过程，也是广大农村经济和社会发展走向现代化的过程。在农村工业化进程中，以农村工业为主，包括建筑、交通运输、商业、饮食服务等在内的非农产业迅速兴起，从而打破了农村地区长期以传统农业为主体的产业结构，非农产业在农村产业结构中的地位不断上升，农业的比例相对下降。

1.农村非农产业发展现状

农村非农产业是农村经济的不可或缺的重要组成部分，发展现代农业，全面建设小康社会农业是基础，农村非农产业是突破口。农村非农产业是指除农村第一产业（农业）之外的工业、建筑业、交通运输仓储及邮电通信业、批零贸易餐饮业、社会服务业等第二、第三产业的统称。随着农村经济体制改革的不断深入和完善，张掖市在农、林、牧、渔业生产得到了全面发展的同时也带动了农村非农产业的加速发展，整个农村经济正在发生结构性的变化。张掖市在抓好以种植、林果、养殖为主的农业生产的同时将发展乡镇企业作为调整产业结构、振兴农村经济的重头戏常抓不懈。目前，初步建成了粮油、林果、草畜、轻工原料、矿产品加工等一批龙头加工企业群体，产业链条得到进一步延伸，单一经营的格局得到很大改善。

农村非农产业的发展关键则是乡镇企业，这一块发展起来了，对农副产品加工和农业产业化经营都大有裨益。目前，张掖市的乡镇企业主要有以下几类：农业企业（从事农产品的加工）、工业企业、施工企业（建筑业）、交通运输业、商品流通业、旅游饮食服务业等。

张掖市通过采取市场引导（抓招商引资，拓宽发展路了）、政策扶持（抓龙头企业，增强发展总量）、典型示范（抓示范区建设，树立发展典型）、科技推动（抓培训提高，夯实发展基础）、强化服务等措施，乡镇企业发展全面提速，运行良好。

2. 农村非农产业劳动力就业状况

在农村劳动力转移的过程中，乡镇企业、小城镇建设、劳动力转移三者是相辅相成、相互促进的。由于乡镇企业实行适当集中模式的发展，并在此基础上发展小城镇，因而带动了第三产业发展，进一步带动农业劳动力和农村人口的转移。伴随着农村产业结构的变化，农村劳动力的就业结构也发生了深刻的变化。在农村经济体制改革中释放出来的大量剩余劳动力，有相当一部分被新兴的非农产业部门所吸纳，农村劳动力不断地从农业转移到非农产业部门。

从产业结构上看（表7-7），张掖市农村非农产业劳动力从事建筑业的比例较大，其总体规模从2000年的3.39万人增加到2014年的5.39万人，占农村非农产业劳动力总数的比例达到24.29%；从事工业产业活动的劳动力规模虽然有所上升，在2014年达1.75万人，但所占比例只有7.88%；从事商业、饮食，服务业的劳动力规模在2014年达2.67万人；从事交通运输、邮电通信业的劳动力随着其规模的增大，其占农村非农产业劳动力总数的比例也相应有所提升。由此可以看出，张掖市农村劳动力在农村非农产业中的分布极不均衡，从事建筑业和其他产业的农村劳动力比例明显偏高。由于建筑业具有明显的流动性，农村劳动力实质性转移的空间依然有限。

表 7-7　张掖市农村非农产业劳动力就业分布状况

从业结构	2000年		2005年		2008年		2010年		2014年	
	规模/万人	比例/%	规模/万人	比例/%	规模/万人	比例/%	规模/万人	比例/%	规模/万人	比例/%
非农产业劳动力	16.08	100	17.28	100	18.1	100	22.27	100	22.19	100
工业劳动力	1.45	9.02	1.55	08.97	1.65	9.12	1.54	6.91	1.75	7.88
建筑业劳动力	3.39	21.08	3.82	22.11	4.35	24.03	4.78	21.46	5.39	24.29
交通运输、邮电通信业	1.76	10.95	1.75	10.13	1.78	9.83	2.01	9.03	2.07	9.32
商业、饮食、服务业	1.76	10.95	1.49	8.62	2.13	11.77	2.51	11.27	2.67	12.03
其他	7.72	48.01	8.67	50.17	8.19	45.25	11.43	51.32	10.31	46.46

数据来源：《张掖统计年鉴》（2001～2015年）

从地区分布上看（表7-8），甘州经济相对于其他地通信区比较发达，农村非农产业劳动力规模也最大，其中交通运输、邮电通信业所占比例较高。肃南等地区由于农村非农产业劳动力规模较小，其在非农产业中所占比例也最小，就是所占比例最高的"商业、饮食、服务业"也不到3%。其余各地农村非农产业劳动力就业分布相对均匀。可以看出，张掖市各县（区）就业结构存在明显的地区差异（甘州和肃南尤为突出），各地的农村劳动力就业结构各不相同。综上所述，张掖市农村劳动力在农村非农产业结构分布上不尽合理，地区分布差异也较大。

表 7-8　张掖市农村非农产业劳动力地区分布状况

地区分布		山丹	民乐	甘州	临泽	高台	肃南	全市小计
非农产业劳动力	规模/万人	4.61	2.56	10.28	2.41	2	0.33	22.19
	比例/%	100	100	100	100	100	100	100
工业劳动力	规模/万人	0.43	0.18	0.94	0.12	0.08	—	1.75
	比例/%	9.33	7.03	9.14	4.98	4.00	—	7.89
建筑业劳动力	规模/万人	0.70	0.54	2.22	0.71	1.17	0.05	5.39
	比例/%	15.18	21.09	21.60	29.46	58.5	15.15	0.36
交通运输和邮电业	规模/万人	0.35	0.12	1.27	0.20	0.09	0.04	2.07
	比例/%	7.59	4.69	12.35	8.30	4.50	12.12	9.33
商业，饮食，服务业	规模/万人	0.47	0.31	1.41	0.26	0.18	0.04	2.67
	比例/%	10.20	12.11	13.72	10.79	9.00	12.12	12.03
其他产业劳动力	规模/万人	2.66	1.41	4.44	1.12	0.48	0.20	10.31
	比例/%	57.70	55.08	43.19	46.47	24.00	60.61	46.46

数据来源：《张掖统计年鉴 2015》

二、农村非农部门产出与用水效益分析

由于农业（尤其种植业）是一个高耗水产业，以提高水资源的利用效率为前提，农村劳动力由向林牧业转移进一步向农村非农产业转移（即从农业偏好转向非农业偏好）的同时，必然伴随着产业结构的调整与优化。不同的产业部门和生活方式对水资源的消耗不同，因而所产生的经济效果也各不相同。

1. 农村非农部门用水状况

农村工业化是整个国家工业化不可缺少的组成部分，农村工业化不仅意味着现有农村社区的经济结构由农业为主转向以工业为主，而且意味着农村工业规模、水平的不断提高，以及在一定范围内的集聚。

以农村工业为核心的乡镇企业是实现我国工业化进程的重要过程和农村劳动力转移的重要途径。随着乡镇企业的发展壮大，对水资源的需求也会相应地发生变化。在 1999～2014 年张掖市农村工业部门用水状况的变化趋势中，其中 2000 年是分水岭，用水量达到最高峰为 $0.2083 \times 10^8 \mathrm{m}^3$。改革开放以来，张掖市地方乡镇工业企业快速发展，对水资源的利用量迅速上升；随着张掖市被列

为第一个全国节水型社会试点后，在水资源供需矛盾日益尖锐的情况下，一方面通过开展多种形式的节水宣传活动使得群众节水意识明显增强；另一方面加大工业节水力度，工业节水结构逐步优化，节水成效初步显现，到 2014 年，张掖市农村工业部门的用水量与 2000 年相比下降约 50%，为 $0.129 \times 10^{8} \mathrm{m}^{3}$。

2. 农村非农部门水资源利用效益

水资源供给的紧缺必然迫使其经济结构作适应性调整，以充分利用有限的水资源。与农业（尤其种植业）比较，一般情况下，非农产业用水效益要相对高些。为揭示张掖市农村非农产业（乡镇企业）产出与用水量之间关系的紧密程度，根据历史统计资料（表 7-9），本书采集了张掖市 1999～2014 年农村非农部门（乡镇企业）的产值和用水量等相关数据组（P_i，W_i），其中 i=1，2，…，n。设其一元线性数学模型结构为

$$P_i=A+BW_i+\varepsilon_i \tag{7-5}$$

式中，A，B 为待定系数；ε_i 为随机变量。参数 A，B 一般总是未知的，需要根据 P_i，W_i 的观测值采用最小二乘法来估计。设 a，b 分别为参数 A、B 的最小二乘估计值，于是便得一元线性回归模型为

$$P=a+bW \tag{7-6}$$

$$P=27.1509+8.9957W \tag{7-7}$$

式中，a 为常数；b 为回归系数，它表示在事物发展过程中 W 变化一个单位，则 P 变化 b 个单位。b 为正值时，表示要素一起增加或一起减少；当 b 为负值时，表示一个要素增加而另一个要素减少，b 值的大小反映了变化率的大小。

表 7-9　张掖市农村非农部门（乡镇企业）产值构成与用水结构的关联度

年份	产值构成y /%	用水构成x /%	y^2	x^2	xy
1999	34.08	0.88	1161.45	0.77	29.99
2000	36.93	0.97	1363.83	0.94	35.82
2005	34.08	0.51	1161.45	0.26	17.38
2010	31.64	0.50	1000.46	0.25	15.82
2014	29.80	0.56	888.04	0.31	16.69
平均	33.304	0.684	1109.16	0.47	22.78

利用表 7-9 中的历史统计数据求解得到张掖市农村非农部门（乡镇企业）用水结构与产值构成之间的回归模型，这表明张掖市农村非农产业（乡镇企业）在农村经济用水中的比例增加 1%，其相应的产值将增加 8.9957%。与前述所分析的

农村农业（种植业、林牧渔业）用水效益相比，这个结论说明农村非农产业（乡镇企业）的发展更能够提高水资源的利用效益（同样缺少用水与经济收益之间的相关分析），所以农村劳动力向农村非农产业转移具有事实上的合理性。因此，张掖市在保证粮食生产的前提下应该逐渐取消一些高耗水的农业，同时将部分水资源转移到效益较高的农村非农部门，实现劳动力与水资源的优化配置。

三、农村劳动力"离土不离乡"转移规模

农村非农产业是转移农村劳动力、促进农民增收的重要途径，具有点多面广的特点，且大多为劳动密集型产业，加上机制灵活，同国企、集体企业相比有许多优势，农民"进厂不进城、离土不离乡"，就地转移农村劳动力。从表 7-10 可以看出，张掖全市农村非农产业劳动力在 1995 年吸纳了 13.87 万人，占当年农村劳动力总数的 26.52%；2000 年吸纳了 16.08 万人，占当年农村劳动力总数的 29.47%；2014 年张掖全市农村非农产业共安置农村劳动力 28.2 万人，占全市农村劳动力的 31.73%。农村非农部门（乡镇企业）吸纳的劳动力人数无论是绝对数还是占当年农村劳动力总数的相对值都有了巨大的提高，有效解决了农村劳动力向非农产业的转移。

表 7-10　张掖市农村非农产业劳动力规模变化趋势

年份	1995	2000	2003	2005	2010	2011	2012	2013	2014
农村劳动力规模/万人	52.30	54.56	56.64	52.30	60.04	60.98	60.86	60.80	61.49
农村非农产业劳动力规模/万人	13.87	16.08	17.43	13.90	23.21	23.75	26.70	27.20	28.27
所占比例/%	26.52	29.47	30.77	26.58	38.65	38.94	43.87	44.73	45.97

数据来源：《张掖市统计年鉴》（1996～2015 年）

一方面，张掖市农村非农产业（乡镇企业）用水比例增加 1%，其相应的产值增加 8.9957%；另一方面，其吸纳的劳动力规模无论是绝对人数还是占农村劳动力总数的相对值都在逐年提高。以提高水资源的利用效率和劳动力的优化配置为前提条件使国民经济收益最大化，实现农村劳动力"离土不离乡"的产业外转移。假设农村劳动力向农业非农产业转移的规模（因变量 L）受到水资源利用量（自变量 W）和所占产值比例（自变量 P）（同前面提到的问题一样）这两个因素的影响。根据历史统计资料得到相关数据组（L, W_i, P_i），其中 $i=1$, 2, …, n（表 7-11）。

表 7-11　张掖市农村非农产业劳动力规模与用水以及产值统计数据

年份	劳动力规模/万人	用水规模		产值规模	
		用水量/$10^8 m^3$	用水构成/%	产值/亿元	产值构成/%
1999	15.69	0.1862	0.88	20.12	34.08
2000	16.08	0.2083	0.97	23.67	36.93
2001	17.22	0.0928	0.51	23.46	34.08
2002	17.28	0.1085	0.50	23.94	31.64
2003	17.43	0.1028	0.56	24.96	29.80

利用表 7-11 中的历史统计数据求解得到农村非农产业对劳动力的容纳规模和水资源利用量与所占产值比例之间的回归模型见式（7-8），并根据此回归模型对张掖市未来农村非农产业对劳动力的容纳规模进行预测，以及对现状就业规模进行比较，得出张掖市未来农村劳动力向农村非农产业转移的劳动力规模（表 7-12、图 7-2）。但是仍不能够把水资源承载力下的超载人口转移出去。农村劳动力无论从事农业，还是农村非农产业，都只能在一定程度上提高水资源的利用效益，而无法从根本上改变农村劳动力的配位关系，即农村劳动力依然滞留在农村地域内部，而没有向农村地域外部转移。因此，应考虑农村劳动力从农村地域向城市地域转移，也就是考虑在城市地域能否解决农村劳动力的转移问题。

$$L = 11.846\ 965\ 1 + 7.882\ 24W + 0.097\ 402P \tag{7-8}$$

表 7-12　张掖市农村劳动力向农村非农产业转移规模预测　　　（单位：万人）

年份	容纳规模	现状（预测）规模	可转移规模
2000	17.086	16.080	1.006
2005	19.376	18.305	1.071
2010	20.636	19.311	1.325
2015	21.460	20.145	1.315
2020	22.159	21.015	1.143

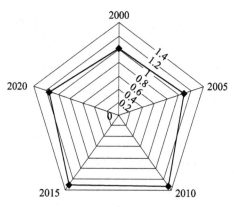

图7-2　张掖市向农村非农产业转移劳动力规模

综上，转移结果表述如下：农村劳动力依然滞留在农村地域内部，而没有向农村地域外部转移。因此，应考虑农村劳动力从农村地域向城市地域转移，即在城市地域能否解决农村劳动力的转移问题。

第三节　第三层次转移：农村向城镇转移

通过上述计算与分析，农村劳动力先由种植业向林牧业进行产业内结构性转移，再向农村非农产业"离土不离乡"进行产业外转移，在完成上述转移后，依然没有彻底解决农村劳动力转移的问题。究其原因在于一方面由于其对劳动力的吸纳能力有限，另一方面这不是非农产业收益最大、居民生活质量较高和资源配置效益较佳的地区。因此，必须跳出农村狭小的区域，从更广阔的地域空间寻找劳动力转移的途径，即从农村劳动力转移的外部性考虑，促进农村劳动力转移向城市产业和城市空间集中，进而实现农村劳动力转移。

一、城市经济发展状况

城市作为经济实体，经济增长是其发展的决定性因素。由于城市发展过程中的内部衍生力、城市市场的拉动力、经济效益的凝聚力，城市经济规模不断扩大成为必然。经济规模的增长会促进对水资源需求的增长，水资源供给的紧缺也会限制经济增长并使得经济结构作适应性调整。以有限水资源的利用取得经济效益的最大化，要求经济系统和水资源系统之间相互协调并保持整体和谐。城市的经济增长表现为经济总量的增长，而经济总量可以表现为社会总产值、国民收入和国内生产总值等形式，也可以是这些总量的人均值。随着城市经济的发展，城市内部工业生产体系基本建立，城市经济总量达到一定水平之后，这种增长会受到资源存量和市场需求变动的制约，结构矛盾就成为经济总量进一步增长的主要矛盾，依靠技术进步条件下的结构转换和演变，也就是城市产业结构的调整与转换将成为城市经济增长的主要途径。

对张掖市 2000 年以来的城市经济发展从经济总量、产业结构等方面进行阐述，力求反映张掖城市经济发展水平和经济发展结构的特点和现状。①经济总量：2000～2014 年，张掖城市经济总量迅猛扩张，经济快速增长，保持了强劲的发展势头,城市整体经济实力大幅度提升,社会固定资产投入额和社会消费品零售额等都有大幅度的提升,分别从 2000 年的 18.38 亿元、15.39 亿元增加到 2014 年的 275.69 亿元、135.55 亿元;另一方面人均经济水平也不断提高,人均地区生产总值和城镇居民可支配收入分别从 2000 年的 5073 元、4669 元增加到 2014 年的 29 852 元、17 386 元。②产业结构:伴随着经济总量的持续快速增长,2000 年以来张掖市城市的产业结构也已经并正在继续发生着深刻的变化。2000 年,第二、第三产业占国民经济的比例为 29.18%、29.02%;到 2014 年已演变为 33.0%、42.2%,表现出第二产业比例快速上升,同时第三产业比例也开始上升的特点。

二、城市产业(第二、第三产业)发展对水资源的利用效益

按照现代产业经济学揭示的规律,在工业化时期,随着第二、第三产业比例的上升,就业人口也存在着从第一产业向第二、第三产业转移的趋势。因而对张掖城市产业(第二、第三产业,下同)发展对水资源的利用效益,主要从城市产业劳动力规模与用水关联度,以及城市产业产值与用水关联度两个方面进行阐述。

(一)城市产业劳动力规模与用水关联度

发达国家经济发展的历程表明随着经济总量的扩张,第一产业的劳动力需求将会逐步减少,第二、第三产业的劳动力需求将会逐步增加,特别是第三产业将会日益成为吸纳劳动力就业的主导部门。随着张掖市国民经济的长足发展,其劳动力需求结构也在不断发生变化(表 7-13),总的趋势是第一产业从业人员的比例稳步下降,第二、第三产业从业人员的比例则稳步上升(表 7-14)。

表 7-13　张掖城市经济发展水平和经济发展结构状况

年份	城市经济发展水平				城市经济发展结构			
	社会固定资产投入额/亿元	社会消费品零售总额/亿元	人均地区生产总值/元	城镇居民可支配收入/元	非农产业从业人员比例/%	城市化水平/%	第二产业比例/%	第三产业比例/%
2000	18.38	15.39	5 073	4 669	41.41	17.05	29.18	29.02
2005	60.43	30.93	8 651	7 595	41.42	24.62	34.0	34.0
2010	126.49	67.68	17 101	10 855	44.84	23.94	35.5	35.2
2011	145.29	80.27	21 357	12 400	5.02	35.9	37.4	34.8
2012	175.53	93.17	24 204	14 395	51.70	37.11	34.8	38.7
2013	226.99	120.52	28 689	15 877	52.80	38.7	34.2	40.7
2014	275.69	135.55	29 852	17 386	53.25	40.3	33.0	42.2

数据来源:《张掖统计年鉴》(2001～2015 年)

表 7-14　张掖市三次产业劳动力规模与比例

年份	合计	第一产业		第二产业		第三产业	
		规模/万人	比例/%	规模/万人	比例/%	规模/万人	比例/%
2000	70.53	41.32	58.59	12.99	18.42	16.21	23.00
2005	74.66	38.17	51.13	10.02	13.42	26.47	35.45
2010	81.04	41.25	50.90	19.27	23.8	20.52	25.30
2011	74.02	37.53	46.74	13.54	18.60	24.66	33.87
2012	74.19	35.22	48.29	12.55	17.21	25.16	34.50
2013	74.76	34.68	47.19	12.36	16.82	26.45	35.99
2014	74.97	34.45	46.75	12.28	16.66	26.96	36.59

数据来源：《张掖统计年鉴》（2001～2015年）

利用表 7-14 中的历史统计数据及张掖市 2000～2014 年用水量数据，在通过相关分析和回归分析后，求解得到张掖市城市产业用水结构与劳动力规模之间的关联度（表 7-15）及其回归方程［式（7-8）］。这表明张掖市城市产业在国民经济中的用水比例增加 1%，其相应的劳动力规模在张掖市全社会劳动者中将增加 1.4325%。

$$y=42.0540+1.4325x \tag{7-9}$$

表 7-15　城市产业劳动力规模与用水关联度

年份	劳动力构成 y /%	用水构成 x /%	y^2	x^2	xy
2000	42.60	2.17	1814.76	4.73	92.60
2005	41.40	1.97	1713.96	3.90	81.78
2010	48.87	3.21	1748.91	10.30	134.26
2011	49.10	2.19	115.61	4.83	91.01
2012	52.47	2.65	1974.91	7.06	118.11
2013	51.71	2.64	1964.61	4.83	91.01
2014	52.81	2.64	1984.92	7.06	118.11

（二）城市产业产值与用水关联度

水资源的利用效益是指在其他生产要素都不变的条件下，在当前用水量的基础上每增加一个单位的用水所增加的产值。为揭示张掖市城市产业发展对水资源的利用效益，本书根据历史统计资料，采集了张掖市 1999～2014 年城市产业产值和用水量等相关数据（表 7-16）。

利用表 7-16 中的历史统计数据，在通过相关分析和回归分析后，求解得到张掖市城市产业用水结构与产值构成之间的关联度（表 7-17）及其回归方程［（式 7-10）］。

$$y=52.1298+3.7022x \tag{7-10}$$

这表明张掖市城市产业在国民经济中的用水比例增加1%,其相应的产值在张掖市地区生产总值中将增加3.7022%。由此可以得出结论:张掖市大力发展城市产业对日益紧张的水资源压力较小,而其产值却很高。与第一产业相比,第二、第三产业在节水和高效用水方面成绩显著,主要是通过两个手段:其一是调整第二、第三产业在产业结构中的比例,其二是调整第二、第三产业内部结构,使其结构向合理化、高级化发展。同时,第三产业本身内部的结构包括旅游、环境、公用事业等产业都是符合生态需求的,对水资源具有保护作用。因此推动第二、第三产业的发展,保持其稳定高效的增长率,是符合张掖市经济发展战略要求的。

表 7-16 张掖市城市产业产值构成与用水结构

| 年份 | 产业产值 | | | | 用水结构 | |
| | 第二产业 | | 第三产业 | | | |
	规模/亿元	比例/%	规模/亿元	比例/%	规模/$\times 10^8 m^3$	比例/%
1999	16.92	28.66	16.54	28.01	0.46	2.17
2000	18.70	29.18	18.60	29.02	0.42	1.98
2001	20.66	30.01	22.18	32.22	0.58	3.21
2002	23.70	31.32	24.46	32.33	0.48	2.20
2003	27.71	33.08	26.84	32.04	0.49	2.66
2005	36.60	34.0	37.82	34.0	0.91	2.56
2010	75.40	35.5	74.97	35.2	0.52	2.36
2011	96.01	37.4	89.28	34.8	0.57	2.14
2012	101.47	34.8	113.08	38.7	0.58	2.13
2013	118.60	34.2	141.09	40.7	0.59	2.12
2014	119.51	33.0	153.28	42.2	0.57	2.05

注:因为第三产业用水量没有统计数据,本书采用“第三产业用水=城市居民生活用水+其他(环境用水)”的方法来计算

表 7-17 张掖市城市产业产值构成与用水结构的关联度

年份	产值构成y/%	用水构成x/%	y^2	x^2	xy
2000	58.20	1.98	3387.24	3.90	114.97
2005	62.23	3.21	3872.57	10.31	199.79
2010	63.65	2.20	4051.32	4.83	139.86
2014	65.12	2.66	4240.61	7.06	173.08
平均	61.17	2.44	3742.26	5.97	149.45

三、水资源约束下的城市劳动力吸纳规模

考虑社会、经济、环境等多种背景情况，随着张掖市社会经济的发和用水效益的提高，以水资源情况作为约束条件的城市发展规模。之后再与人口的预测指标对比，建立基于水资源量制约下的城市劳动力吸纳规模（L）。首先建立城市发展规模，即城市最大可支撑人口模型。

目标函数：MaxPOP

约束条件：

$$W_{MU}+W_{GDP}+W_{EN}=WR \qquad (7\text{-}11)$$

$$W_{MU},\ W_{GDP},\ W_{EN} \geq 0 \qquad (7\text{-}12)$$

其中，POP 为最大可支撑人口数量；W_{MU}、W_{GDP}、W_{EN} 分别为某种特定情景下人类的生活直接耗水量、国民经济耗用水量、生态耗水量；W_{MU} 与人口数量、人均GDP、现状用水、节水状况、地域特点等因素有关；W_{GDP} 与人口数量、GDP、产业结构、现状用水、节水状况等因素有关；W_{EN} 与植被面积、河湖面积、现状用水、保护措施等因素有关；WR 为水资源可利用量，指已经考虑分水协议和水资源利用的地理可能性和经济可能性后确定的水资源量。水资源可利用量一般可以从两个方面来确定，一是根据在一定工程条件确定可供水量；二是按照天然水资源量确定水资源的可利用量，现以后者分析张掖市基于水资源约束的城市人口发展规模。因此，本书中的水资源可利用量是在天然水资源量中，考虑分水协议，扣除按协议的出境水量，扣除没有经过人类利用和环境利用的无效蒸发和深层渗漏之后的水资源量。水资源可利用量减去生态需耗水量，称为国民经济水资源可利用量。

进一步将 W_{MU} 和 W_{GDP} 改写为

$$W_{MU}=POP \times Q_{MU} \times 365 \qquad (7\text{-}13)$$

$$W_{GDP}=POP \times Q_{GDP} \times 365 \qquad (7\text{-}14)$$

式中，Q_{MU}、Q_{GDP} 为人均意义上的每人每天的需耗水量和 GDP 需耗水量。结合式（7-13），得出的城市最大可支撑人口数量，之后再与人口的预测指标 POP_t 对比，得出水资源约束下的城市劳动力吸纳规模（L），见表7-18。

$$POP=\frac{WR - W_{EN}}{(Q_{MU}+Q_{GDP}) \times 365} \qquad (7\text{-}15)$$

$$L=\text{POP}_t - \frac{\text{WR} - W_{\text{EN}}}{(Q_{\text{MU}} + Q_{\text{GDP}}) \times 365} \tag{7-16}$$

表 7-18　水资源约束下的张掖市分阶段劳动力转移规模与城镇化率预测

年份	最大可支撑规模/万人	现状（预测）规模/万人	可转移模/万人	城镇化率/%
2000	21.130	20.730	0.400	17.05
2005	31.289	28.438	2.851	24.61
2010	36.623	32.539	4.084	28.03
2015	41.231	38.698	4.903	30.72
2020	44.917	38.696	6.219	32.57

四、农村劳动力进城概率分析

工业化的理论和经验表明，工业化的过程就是农业剩余劳动力向城市工业和其他非农产业转移的过程。托达罗指出，农民是否迁往城市取决于他们对城乡收入差别的预期。这种预期的城乡收入差别取决于城乡实际收入差别和进城后找到工作的可能性（即就业概率）之大小。当城乡实际收入差别不变时，就业概率越大，城乡预期收入差别也越大，对农民进城的吸引力越大，农村劳动力进城规模也越大。而城市就业概率的大小，一方面取决于城市失业率的大小，另一方面取决于城市新创造的就业机会的多少，还与迁移者在城市中停留时间的长短有关。

农业剩余劳动力决定是否迁移到城市，实际上是一种不确定条件下的决策行为，所谓不确定性是指决策者对未来信息知之甚少，难以估计未来事件发生的概率。例如，农民在进行迁移决策时，对其进城后能否找到工作，能否定居在城市，以及未来的收入情况，均无法确定。在面临不确定性时，决策者只能依据自身的判断做出选择。由于每个决策者自身的知识与文化素质，判断能力和对待风险的态度不同，其最终决策和选择的结果也不同。

在只考虑城乡收入的预期差距的情形下，可以定义农村劳动力进城规模是城乡预期收入差距的函数，即

$$M = F(d), \quad f' > 0 \tag{7-17}$$

式中，M 为农村劳动力进城规模；d 为城乡预期收入差距；$f' > 0$ 表示人口流动规模是城乡预期收入差距的增函数。从城乡收入差距可以看出，影响农村劳动力进城概率的城乡收入的预期差距，即城镇居民可支配收入与农民人均纯收入的差距有扩大的趋势。按照托达罗关于农村劳动力向城镇迁移的理论，城乡预

期收入差别越大，对农民进城的吸引力越大，农村劳动力进城规模也越大。所以，在张掖市城镇居民可支配收入与农民人均纯收入的差距不断扩大的情况下，农村劳动力进城的欲望越强。根据以上计算与分析，基于水资源量约束下的城市最大可支撑人口规模与城市人口的现状（预测）规模相比较，完全可以吸纳新进城农民劳动力。

既然城市能够真正的吸纳转移出来的劳动力，那么农业剩余劳动力是否就能够得到顺利的转移呢？一般说来，农业剩余劳动力顺利转移，农民进城成功就业取决于城市就业概率、迁移者的择业能力、相关制度等因素的影响。当城乡实际收入差别不变时，进城就业概率越大，城乡预期收入差别也越大。

从根本上说，城市就业概率的大小取决于经济的增长情况。经济的高速增长将带来就业的高增长。张掖市经济基本保持着高增长的势头，张掖市的就业也呈现出较快的增长。

迁移者择业能力的大小，一方面取决于迁移者自身人力资本素质的高低，以及与此相关的信息收集和判断能力；另一方面与其对城市工作和生活的适应能力有关。张掖市农民平均受教育水平较低是不争的事实。这种较低的人力资本素质不仅妨碍了他们对信息的收集、识别和判断，也使农民缺少参与城市就业竞争的信心和能力。这些因素使得他们大多数只能进入城市现代制造业部门及其他服务性部门，由于缺少必要的教育和培训，他们往往只能从事简单的搬运或装配线工作，以及其他一些简单的体力劳动。并且他们时刻面临着被竞争者替代的潜在危险。另一方面，农民对土地及其使用权占有的依恋，以及农村中某些传统观念的束缚，也使农民在进行迁移决策时往往做出保守的选择。

相关制度因素的影响，主要指目前仍维持着我国城乡分离格局的户籍制度，城市部门歧视性的劳动用工制度和教育制度，以及社会保障制度的影响。长期以来，我国户籍制度将全体公民强行区分为城镇居民和农村人口。即使在城镇里，城镇居民和农村迁移进城的新移民，也在诸多制度性二元结构体制下面临不同的待遇。农民无论进城定居多久，都很难改变其身份，并最终难以与城镇居民获得相同的就业、求学、社会福利保障等方面的待遇。例如，在劳动用工和报酬制度方面，农民工往往在企业生产一线从事脏累差和具有一定危险性的工作，而其报酬却远远低于从事同种工作的城镇居民。并且，一旦企业生产滑坡或面临不景气，农民工则往往首当其冲成为裁员的对象。此外，对迁移者子女在就学或受教育收费方面实行差别待遇，也增加了迁移的直接成本。最后，社会保障制度的二元结构，使迁移者与城镇居民在最低生活水平保障、失业保障、医疗保障、养老保险等方面存在明显的差别待遇。所有这些因素都增加了农民进城的直接成本、心理压力和危机感，从而增大了迁移的不确定性和风险。

通过上述劳动力三个层次转移的分析，可以得出每一阶段、层次劳动力转移的规模（表 7-19），虽然与水资源承载力下的超载人口相比，还存在一些剩余劳动力，但随着可转移规模的增加，农村劳动力压力呈现出减少的趋势。从 2000 年的 4.637 万人下降到 2020 年的 0.049 万人，基本上能够把水资源承载力条件下超载的人口转移出去。在这三个层次转移中，第三层次的转移规模所占比例从 2000 年的 28.11% 增加到 2020 年的 83.24%。随着社会经济的进一步发展，第三层次转移成为吸纳农村劳动力的主体，所以劳动力只有从农村地域向城市地域转移，才是真正的出路，才能最终改变农村劳动力与用水效益的错位配置关系，才能实现劳动力转移与水资源高效配置的目标。

表 7-19　农村劳动力三次转移的结果　　　　（单位：万人）

年份		2000	2005	2010	2015	2020
水资源承载力	承载人口现状	118.90	119.46	122.70	126.60	130.30
	承载人口预测	124.90	127.10	130.60	134.20	137.90
	超载规模	6.06	7.69	7.88	7.59	7.52
第一层次转移	容纳规模现状	1.93	3.31	4.27	4.85	5.22
	容纳规模预测	1.91	3.17	4.14	4.74	5.11
	可转移规模	0.02	0.13	0.12	0.11	0.11
第二层次转移	容纳规模现状	17.09	19.38	20.64	21.46	22.14
	容纳规模预测	16.08	18.31	19.31	20.15	21.01
	可转移规模	1.01	1.07	1.33	1.32	1.14
第三层次转移	容纳规模现状	21.13	31.29	36.62	41.23	44.92
	容纳规模预测	20.73	28.44	32.54	36.33	38.70
	可转移规模	0.40	2.85	4.08	4.90	6.22
转移结果		+4.64	+3.63	+2.35	+1.26	+0.05

注："+"表示经转移后，还存在劳动力压力

第八章
劳动力转移与城乡协调的总体思路

第一节 动力机制

从系统论的观点来看，城乡系统的发展演变过程就是系统内部各要素之间，以及各要素同外部环境之间通过物质、能量、信息的流动而使其结构和功能发生变化的动态演化过程。同时，由于人类活动的干预，城乡系统协调发展的过程实质是在动态演化过程中不断形成耗散结构，且这种耗散结构不断高级化的过程。人类对城乡系统协调发展过程干预的关键是决策——选择不同的发展途径和模式。

一、自上而下的扩散力机制

城市和乡村作为区域的两大异质单元共同构成了城乡系统，两者是紧密联系、相互作用的，城市作为区域发展的增长极和城乡系统的核心，有着巨大的辐射力，带动广大乡村地域的发展。但是张掖市城市子系统规模有限，经济结构及发展水平还存在着不足的方面，对乡村子系统的辐射带动作用不强，也使得城乡系统的功能输出不强。因此要实现城乡系统的协调发展要求城市发挥主导力量，加快城市化建设步伐，实现经济发展和社会的全面进步，这就需要通过自上而下的机制来促使城市子系统的发展。

自上而下的机制是在我国传统时期以高度集权的计划体制和城乡二元分离为背景形成的，是由政府作为组织主体和投资主体对城市地域进行投资和建设，以城市的辐射效应带动农村发展的过程；也正是因为城市具有较强的集聚力（图 8-1），能够促进城市化的进程，并实现城乡的互动发展。城乡之间自上而下的动力主要包括四个方面：其一是国家有计划投资兴建新城或扩建旧城以实现乡村－城市转型的推动力；其二是开发区的发展带动力促进交错区经济发展，形成新经济增长点，促进城乡之间联系增强，城乡之间作用加剧；其三是中心城区辐射与扩散作用力所形成的郊区化过程；其四是城郊企业联动力。总之，自上而下型城市化是由政府作为组织主体和投资主体对城市地域进行投资和建设，以城市的辐射效应带动农村发展和农村劳动力转移的过程。

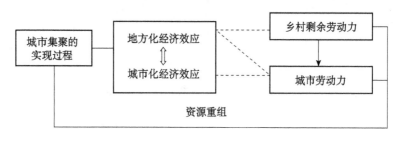

图8-1　城市集聚形成和实现机制

二、自下而上的集聚力机制

自下而上的集聚力包括城了市附近农村的经济改革，农村经济发展和农业工业化和乡村城市化的推动力，文化、生活、收入差异形成的城市拉力，四周乡村城市型发展规划的亲和力，以农村非农产业发展为主体，以农村人口与劳动力转化与空间集聚为表征，以农村小城镇发育壮大为中心的农村地域转化为城市地域的过程。乡镇企业的发展、劳动力的转化和小城镇建设构成自下而上城市化的实质内容，影响这三者的发生、发展、变化的有多种多样的因素和条件，但决定和主导其启动和运行的则是政策、资金和地方社区政府的作用，而农民群体和区外力量也有重要的启动作用（图 8-2）。

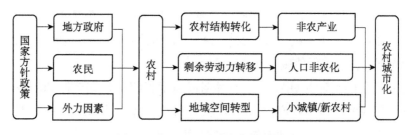

图8-2　自下而上型动力机制运行系

三、制度创新机制

正是因为制度创新控制着城乡差别效应，所以其成为城乡协调发展的主要动力机制之一。在城市化发展和城市化稳定整合过程中，由于城市和乡村、城市与城市、乡村与乡村之间在各自的地域上物质、文化、科技和教育、生产条件、生活条件、生存环境、人们在生产生活中的结合方式、人类自身物质和精神需要的满足程度、人们的思想观念等方面在质和量上的差异，人们通过认知、比较和取舍决定其生存定位去向；城乡差别越大，城市化发展的动力越强。由此可见，社会分工是城乡差别效应的根源，工业化发展是城乡差别效应扩大的直接因素。因此，城乡差别效应是把双刃剑，既可以成为城市化的发展动力，又可以在制度因素的影响下成为城市化发展的阻力；而以协调发展为指导思想进行制度创新，能够使城乡差别效应成为城市化发展的推动力量（图8-3）。

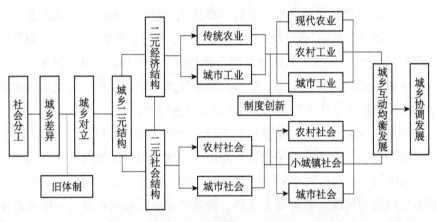

图8-3 制度创新运行系统

第二节 总 体 思 路

在干旱区内陆河流域，资源型缺水和结构性缺水的双重约束，导致农业用水挤占工业和城乡生活用水，形成水资源分散、高耗、低效利用的格局，其矛盾的焦点在于城－乡互动链条，问题的关键在于中游绿洲区域。其内部约束机制是：传统的农业经营模式—高强度占用水土资源—结构单一、比较效益低下—农村劳动力迁移机会不足—农村劳动力的刚性约束；工业化发展有限—城镇化发育不足—对劳动力转移的吸纳能力有限。外部约束机制是：现在行制度约束下土地资源、经济资源、社会公共资源在城乡间、产业间的差异分配，一定程度上又妨碍了劳动力转移和城乡协调发展。

因此，要解决内陆河流域，尤其是张掖市城乡系统内的各种经济、社会、生态问题，关键是在水资源约束下将城市子系统和乡村子系统的反馈机制进行耦合，从人类主动调整城乡系统入手，建立城市和农村互相协调发展的城乡复合系统，并不断优化其结构和功能，使系统在新的条件下达到新的平衡，从而实现城乡系统的稳定和黑河流域安全、生态经济系统的可持续发展。

任何地区的农村劳动力转移都存在着层次性、阶段性和渐进性。这一转变过程既涉及乡村地域系统，也必然涉及城市地域系统。既涉及人口要素，也涉及经济、社会和制度要素。也就是说，农村劳动力转移实际上是经济、社会要素流动和空间配置的过程，是城乡间网络优化的过程，也是制度体系重建的过程。乡村劳动力能否顺利转移出去，不仅取决于乡村自然的"推力"，而且取决于城市的"拉力"，实际上是两种互动力量和两大系统利益的复杂博弈，因素最终取决于城乡系统的协调状态。要协调城乡发展态势，首先要实现乡村地域系统和城市地域系统自身的协调，然后才是城乡系统的协调。

张掖市的城乡协调发展是通过"经济、产业结构－水资源利用"的耦合动态过程而形成的，其影响因子包括利导因子和限制因子。当利导因子起主导作用时，系统的发展轨迹大致呈指数型增长，发展过程是对利导因子的加速利用，主要追求发展的速度。随着城乡发展，资源流动和配置的约束，一些短缺性因子逐渐成为限制因子，而原来的一些利导因子也有可能转变为限制因子，发展的速度受到抑制，系统发展轨迹大致呈阈限型增长，表现为利导因子的高效利用及对限制因子关系的适应和协调。无论是指数型增长还是阈限型增长，都是一个信息积累的过程。简言之，从系统论的观点看，作为开放的、处于动态演化过程中的城乡系统，其演化过程是一个信息积累的过程，也是系统的时空有序程度、复杂性和系统功能不断强化的过程。只有各子系统内部诸要素之间相互作用、相互促进，其失调和障碍因素被控制在最小限度或范围内，系统才能向有序的协调方向发展。

对张掖市城乡系统具体情况而言，中心城市的规模有限，其他小城镇的规模和职能更是相形见绌，还不足以带动周边广大农村地区的发展，因此要发挥城镇在城乡协调发展中的主导和核心作用就需要从以下方面入手：一是中心城市要调整优化产业结构，提升产业层次，走新型工业化道路，并统筹城乡工业发展，做到城市支持农村、工业反哺农业；增强城市吸纳农村剩余劳动力的能力，转移部分农村劳动力，并从健全和改善服务入手，积极创造"留住"进城务工农民的人文环境和体制环境，提高城市化水平，也带动郊区的经济发展和城市规模的扩大。二是要充分发挥联结城乡的各个小城镇的作用，不断完善自身职能，吸引乡镇企业的集聚，提高资源的利用效率和经济效益，也促使农村地区的经济结构调整。

随着张掖市经济的不断发展，城市附近的乡村人口增长和耕地面积减少造成了劳动力的绝对剩余，劳动生产率的提高导致劳动力的相对剩余；不断增多的农村剩余劳动力只有到农村外寻找就业机会，他们务工收入的不断积累也为农村进一步的经济发展奠定了资金基础。同时，由于农村经济改革的不断深化和城乡联系的不断加强，农村居民无论在物资收入方面，还是在生活方式、思想观念、文化价值和市场意识方面都有巨大的提高，这就为城乡相互作用作了较好的物资准备和精神准备。此外，城市附近地区富裕起来的农民集资建镇，可以在相当大的程度上推动城乡之间的相互往来。因此，在乡村自身的推动力下，不断进行农村的非农化生产和城镇化发展，不仅可以促使农村地区的快速发展，也和城市形成了良性的互动发展，城乡关系才能合理，城乡系统才能向更加有序的方向发展。劳动力转移既不能大量流失，造成农业和农村发展过程的"虚脱"，也不能大量盲目涌入城市，给城市造成沉重的就业、生活压力；既不能"固结"在农村地域，也不能造成城市"民工荒"。

第九章
城乡经济协调

　　农业劳动力之所以转移困难，根本原因在于传统农业对劳动力的约束力太强，转移机会不多。因此，强化农业生产、促进农业产业化是促进农村劳动力转移、缩小城乡差距、实现城乡协调发展的关键。

　　要实现城乡的协调发展，"三农"问题的有效解决是关键。"三农"问题的核心是农民收入增长缓慢，而农民又无法大规模地向非农产业和城镇转移；其实质是农业、农村市场化改革和农村生产方式变革滞后，背后隐藏着深层次的制度和体制性矛盾。解决"三农"问题既不能单纯依靠农村、农业自身的发展解决，也不能单纯依赖城市对农业、农村的支持和帮助来解决，必须要从全局上按照统筹城乡发展的思路，打破单一的从城市或农村角度考虑的思维习惯，把城市和农村经济社会的发展作为整体来统一规划，通盘考虑，把城市和农村存在的问题及其相互因果关系综合起来统筹解决。从上述对张掖市农村子系统的描述中也能看到：目前农村地区的产业结构还有待调整和升级，种植业的比例高但效益低、结构有待优化，束缚了大量劳动力，而剩余劳动力的输转也存在着困难，这些都造成了农民收入低、增收困难、城镇居民的收入和生活水平差距大等一系列问题，使得城乡居民不断扩大的收入差距成为了城乡差距中最突出和最尖锐的问题。因此，应坚持宏观统筹的思想，通过农村结构调整和劳务经济的发展等内部动力和各项惠农政策等负熵流的外部力量来推动农村子系统的发展，即以结构调整为主线，以龙头企业建设为重点，推动劳务经济的发展，以农民增收为中心任务。

第一节 加快农业产业化，促进劳动力在农业 内部转移

张掖市域广阔，包含了内陆河流域的山地-绿洲-荒漠景观，农业生产资源丰富多样，地域差异大，发展综合农业的条件比较突出。肃南县位于祁连山区，属典型的牧业，民乐县位于山麓地带，是半农半牧区，其他区县位于绿洲区，是典型的灌溉农业区。自然条件和资源的地域差异，为实施农牧互补，发展多元农业奠定了坚实的物质基础。全市有宜农地416.4万亩，依靠其灌溉便利、光照充足、土地肥沃的优越条件，逐步发展成了全国重要的商品粮基地。农作物品种有9类340多种，主要有草畜、制种、蔬菜、轻工原料四大主导产业，建有全国一流的农作物制种基地，西北一流的优质草畜产品生产加工基地、脱水蔬菜生产基地，全省一流的番茄、酿酒葡萄生产加工基地。积极引导农民走农、林、牧、副、渔综合发展的道路，大力发展名、特、优、新、珍农产品，达到以深化农业内涵生产来消化农村剩余劳动力的目的。引导农民在平整土地、兴修水利、改良土壤、提高肥力、加快荒山绿化、加强农村交通建设等方面投工投劳，达到既改善农业生产条件，又转移农村剩余劳动力的目的，拓宽农村剩余劳动力就业空间。

农村与城市相比，发展的差距不仅表现在产业结构方面，还表现在经济体制方面；因不同的产业适合不同的经营方式，产业的差异必然会产生经济体制和经营方式的差异。反之，经营方式和经济体制的不同，也会导致资源组织方式的差异，使得城乡地区在不同的产业资源组织和生产活动中，具有各自的优势和不足，导致产业结构的不同。农村的产业结构是在一定地域内和一定的生产力水平条件下，农村各产业部门之间，各产业内部按一定的方式实现的组合形式和比例关系，是国民经济结构的重要组成部分。农村经济发展的重要动力就是要不断调整农村的产业结构，使各部门的比例关系和组织形式合理化；合理的农村产业结构能实现各种资源的优化配置，从而推动农业和农村经济发展，是增加农民收入，增强社会稳定，保障农村社会经济持续发展，取得良好经济效益的源泉。

张掖市农村的三次产业结构中，第一产业比例过大，第二、第三次产业发

展缓慢，对农业剩余劳动力的吸纳能力十分有限。第一产业作为农村的基础产业，其发展受到自然条件、社会经济和技术条件的制约，而张掖市第一产业的发展基础相对较好，应继续发挥这一优势，并通过科技的推广和应用，用发展工业的思路谋划农业发展，提高农业生产的效率和效益。发展农村第二产业是农村产业结构合理化的核心，而且第二产业也是吸纳农村剩余劳动力的主要场所之一，在加强农业生产的基础上，把以农副产品为主的农产品加工放在首要位置，以采矿、原材料、建材和建筑业为支柱行业，针对农牧区的特点因地制宜地制定不同的产业政策，扶持第二产业的快速发展；在第二产业的发展中要以沟通城乡进行互补为原则，走城乡一体化的道路，加强城乡联系和协作，提高竞争力；通过自筹等多种渠道筹措资金，采取优惠政策鼓励科技人员和经营管理人员承包、领办、创办乡镇企业，通过乡镇企业的发展吸纳剩余劳动力，转移部分劳动力，相应增加农民的工资性收入。第三产业的发展必须与第一、第二产业的发展相协调，促进农村商品经济的发展，从农业型服务转向农村型服务，进而延伸到综合型服务，为农村的第一、第二产业和农村居民服务，形成系列化和综合化的服务，通过第三产业的发展转移剩余劳动力，同时繁荣农村经济。

因此，张掖市要依托农业生产的优势，发展农副产品的加工制造，并完善为上述服务的第三产业，达到三次产业的升级，实现结构的合理化。

张掖市在 2000 年以前的种植业结构为粮、经二元结构，2000 年才后逐步调整为粮、经、草的三元结构，因此种植业的经济效益还不明显，制约了农民的增收。在今后种植业的发展中要在稳定粮食生产的同时，在水资源的利用方面要通过水资源的高效利用和节水技术的应用实现良好的经济效益，种植优良品种，改造中低产田，积极扩大经济作物和草畜产品的规模，以水定草、以草定畜，使其成为农民增收的新增长点。在区域布局上要以甘州、临泽、高台平川灌区为重点发展优质专用粮食、玉米种子和优质瓜菜产业；山丹、民乐、肃南一、二类地区重点发展优质油料和脱毒马铃薯产业，建设以粮食生产为主的多种商品生产基地，适应市场需求、提高经济效益，缓解农业生产结构与市场需求结构的矛盾，重点是品种结构和品质结构的调整。对从事种植业的劳动力通过农技人员的科技宣讲、现场解答，实地指导等行之有效的方式，将农业新技术传授给农民，帮助农民学习掌握科技知识，解决生产中遇到的实际问题，提高农民应用农业科学知识的水平，使之与水平较高的农业综合生产能力相适应，稳定提高粮食生产、种子产业和轻工原料产业的经济效益和瓜菜产业加工转化率。

在通过上述三个层次调整促使农业增产目标和农民增收目标一致的同时，不能忽视的是：张掖市属于典型的灌溉农业区，水资源的短缺是发展的重要制约因素；而农业又是用水大户，要实现农业和流域的可持续发展，需要推进传统农业向现代农业转变，形成起点高、技术新、规模大、效益好的高效节水现代农业。利用先进的科技，大面积引进推广国内外技术含量高、节水效益好、后续开发潜力大的节水器材和设备及农作物新品种和农产品加工新技术，提高用水效益。农业生产中比例较大的种植业要以合理配置和高效利用水资源为主线，并在以水定结构的指导下，通过结构调整来优化水资源的配置，减轻农业和土地对水资源的压力，改善生态环境。

一、加快推进农业产业化经营，培育农村剩余劳动力充分就业的内部载体

农业产业化就是要把农、工、贸有机地结合成一个利益共同体，实现农业生产、加工、销售等环节的一体化经营。其基本特征是生产专业化、经营集约化、服务社会化、产品商品化、产业一体化。农业产业化经营，通过发展农村的支柱产业和主导产品，带动关联产业群的发展，将产业优势和产品优势转化为农民的就业机会，拓展农民的就业渠道。目前要加快推进农业产业化，把农业产业化作为带动农村剩余劳动力充分就业的一个突破口加以发展。

农、林、牧结构的调整也直接关系到农业的效率和效益，正对目前的发展情况，需要从地方性优质产品、区域性优势产业、战略性主导产业三个层次推进农业的结构调整；同时农业作为用水大户，要以高效节水农业的发展为目标。因此坚持稳定面积、主攻单产、优化结构、节本增效，以水定农业结构、提升能力，进一步巩固粮经草的三元种植业结构，适当提高经济作物和饲料作物的比例，逐步优化农林牧的产业区域布局，结合实际情况和资源条件进行主导作物、畜牧产品的选配并适应市场的需求及变化；同时做到农业的产业结构与农业产业化经营相结合，将农业结构由粮食生产为主体的单一型传统农业向服务功能齐全、商品化率较高的城郊型现代农业转化（图 9-1）。

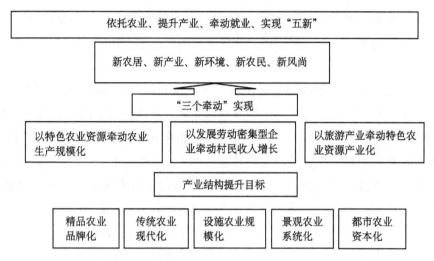

图9-1　张掖市农业产业化体系

以规模化布局创优产业基地，以标准化生产创优产业品牌，以产业化经营创优产业效益，健全土地流转服务体系，推进土地规模化、连片经营，形成生产方式转变与经营机制创新相互促进的增长机制。

1. 强化特色优势产业

现阶段以家庭为单位的生产经营形式规模小、专业化程度低、农产品科技含量低、产品质量差、市场竞争力弱。因此，要坚持以市场为导向，逐步实现农业生产区域化布局、合同化生产、规模化种植、优质化栽培、标准化加工、集约化经营。在改造现有粮食、油料、林果等传统产业的基础上，提升产业的集中度，大力开发草畜、种子、果蔬和轻工原料四大新型主导产业。

（1）草畜产业。采取集中连片种草与农户分散种草相结合、农区种草与牧区草原保护相结合的模式，推行农田套复种草和退耕还草，促进种植结构由"二元"结构向"三元"结构转变。引进推广串叶松香草、苏丹草、大叶苜蓿、鲁梅克斯杂交酸膜等优质牧草及其栽培技术；引进推广皮埃蒙特、夏洛莱、利木辛等优质肉牛新品种，以临泽新华、高台南华、张掖金园等良种繁育场为依托，推广"三元杂交"高效生产模式。引进边区莱斯特、无角陶赛特、布尔山羊等良种肉羊，采取集中连片、合理组群养殖模式，逐步扩大种群。同进加强动物疫病防治、检疫、免疫、消毒等措施，实施产地、运输、屠宰、市场等环节的检疫。

在南部高寒山区，充分发挥肃南、山丹天然草场广阔的优势，重点发展高山细毛羊和牦牛，积极发展祁连马鹿、草原"绿鸟鸡"等特色养殖业。中部农业灌溉区，包括甘州区的沙井、明永、西洞、小河、甘浚、和平、大满、小满；临泽县的平川、鸭暖、板桥、新华、蓼泉；高台县的南华、正远、巷道、骆驼城、黑泉、宣化、罗城；山丹县的清泉、东乐；民乐县的六坝、民联、三堡；肃南县的明花区、许三湾等乡镇，发展高蛋白优质牧草种植和肉用羊、瘦肉猪、奶肉牛、蛋肉鸡、淡水鱼和珍奇动物养殖。北部荒漠半荒漠地区，大力发展绒山羊。

（2）种子产业开发。1996 年以前，张掖市玉米制种面积不到 1250hm²，种子产量仅 750 万 kg，随着《中华人民共和国种子法》的颁布，中种、正大、奥瑞金、东亚、德农等国内大型种子企业纷纷在张掖市设立分公司，建立种子生产基地。2014 年，全市杂交玉米制种面积达到 72.92 万亩，产量达 3.8 亿 kg，产值突破 24 亿元，制种面积占全国的近 25%，产量占全国大田玉米用种量的40% 以上；"张掖玉米种子"还被国家商标局批准为地理标志证明商标。

根据《张掖市国家级杂交玉米种子生产基地建设规划》（2012～2020 年），要将张掖市建设成为"标准化、集约化、规模化和机械化"的国家级杂交玉米种子生产基地。基地以张掖市甘州、高台、临泽三县（区）的 29 个主要玉米制种乡镇和部分农场为主，规划基地建设面积 120 万亩，其中甘州区 14 个乡镇，65 万亩；高台县 8 个乡镇，17 万亩；临泽县 7 个乡镇，38 万亩。

（3）果蔬产业开发。以"绿色生产"引领蔬菜产业发展方向。以甘州、高台、临泽作为重点，加快无公害绿色蔬菜示范基地建设，优势互补、资源共享、辐射带动绿色蔬菜产业发展。依托有机产品、无公害、绿色认证产品，塑造蔬菜品牌，增强产品的影响力和竞争力。加强蔬菜质量安全监管，强化农残抽检、监测力度。依托甘州、临泽、高台养殖基地产生的粪便，促进"种种－养殖－沼气－蔬菜"的有机衔接，形成农业循环产业链。推广"互联网＋"模式，对蔬菜种植、冷藏、保鲜、运输、交易、加工、包装进行一体化设计，建设大型蔬菜集散中心。

（4）轻工原料开发。张掖市是粮油、马铃薯、啤酒原料和中药材轻工业原料的重要产区。以种植标准化、生产集约化、品种专用化、产品优质化、加工精深化为目标，发展轻工原料。

立足资源和区位优势，以山丹（花寨、霍城、李桥）、民乐（洪水、民联、顺化、三堡）、甘州（花寨、安阳）为主，发展种薯、专用薯，稳定发展有机鲜食薯生产；以板蓝根、孜然、王不留行、甘草、防风、黄芪、柴胡等品种为主，以民乐县、甘州区、高台县为重点区域，发展中药材；依托国风、祁连葡萄酒业，带动葡萄种植业；以山丹（东乐、位奇、清泉、李桥、陈户）、民乐（六坝、民联、三堡、李寨、新天、丰乐、北滩）沿山地区为主，发展啤酒麦芽和啤酒花生；以山丹（马营、霍城、花寨）、民乐（县南丰、洪水、永固）为中心，发展"双低"油菜基地。

2. 加快培育龙头企业

坚持用工业的思维来谋划农业的发展，因地制宜地把扶持和培育龙头企业的发展放在突出地位，并不断推进重点龙头企业的建设，使其上连市场、下连基地，覆盖千家万户（图9-2）。

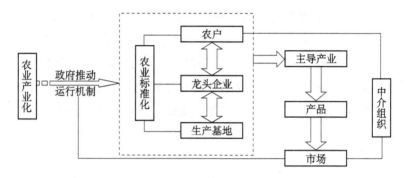

图9-2　农业产业化运行要素关系图

为促使农产品竞争力和农业产业化经营水平的不断提升，须强化农业生产标准化，将农户、龙头企业和生产基地有机联结起来（图9-3）。

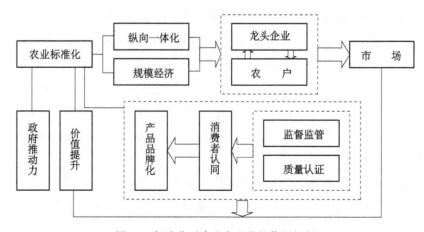

图9-3　标准化对农业产业化的作用机制

要实现农业产业化，需要在龙头企业和农户（基地）之间建立一种"双赢"的联结机制：龙头企业通过对终端市场的划分、产品多样化加工不断提升农产品价值；通过对农产品的标准化生产，保证龙头企业原料的长期、有效供应。鼓励龙头企业设立风险资金、信贷担保、利润返还等多种形式，与农户（农民专业合作社）形成利益共享、风险共担机制，实现龙头企业与农民专业合作社深度融合。

围绕四大主导产业，以张掖工业园区、临泽新民滩工业园区、山丹城北工业园区、民乐六坝经济开发区、高台南华工业园区为载体，逐步推动龙头企业发展。

（1）以临泽淀粉厂15万t柠檬酸、张掖15万t专用面粉加工、昆仑公司5万t玉米淀粉、高台10万t桑大叔专用面粉、民乐银河粉丝、张掖马铃薯全粉为骨干的粮食加工龙头企业群体。重点发展柠檬酸、单细胞饲料酵母、无水葡萄糖、高档专用面粉、衣康酸等高附加值的玉米淀粉下游产品。

（2）以张掖甘绿脱水蔬菜股份有限公司、高台番茄酱厂、张掖真空冻干食品公司、张掖百信贮运公司为骨干的蔬菜加工龙头企业群体。重点发展优质脱水蔬菜、番茄酱、真空冻干蔬菜、无公害净菜。

（3）以滨河集团饮料、张掖果品加工、临泽红枣为骨干的果品加工龙头企业群体。重点发展高档葡萄酒、临泽红枣系列食品、系列饮料、苹果梨汁等产品。

（4）以临泽华特猪场、肃南鹿场、张掖珍禽场为骨干的畜禽养殖加工龙头企业群体。重点发展畜禽分级屠宰、保鲜储运、火腿肠、高档乳制品等肉制品。

（5）以临泽华特集团饲料厂和高台宏达、临泽牧源、民乐银河为骨干的草产品加工龙头企业群体。大力发展优质草块、草粉、草颗粒等饲草产品。

（6）以张掖金象集团、临泽绿源公司、奥瑞金公司、高台种子公司为骨干的制种龙头企业群体。重点发展玉米、蔬菜、花卉制种。

（7）以山丹、民乐高烹油厂，张掖、山丹麦芽厂，斯丹纳啤酒花颗粒加工厂为骨干的轻工原料加工龙头企业群体。重点发展啤酒大麦芽、啤酒花颗粒、啤酒花浸膏高烹油、精炼食用油。

（8）以河西制药厂、肃南鹿系列保健食品开发、张掖市中药提炼厂、凯源螺旋藻、山丹黄参开发为骨干的保健食品开发龙头企业群体。重点发展中药材现代化精深加工和保健品开发。

二、加大农业生产服务体系

按照"新四化"的要求，农业社会化服务要实现两个根本性转变：一是从追求数量向注重质量效益转变；二是从单纯服务农业向服务农产品加工、销售转变。这就要求加强农业科技服务体系建设。而目前农业科技服务体系尚处于分散、碎片化状态，农、林、牧、水自成体系，分属不同管理机构，难以形成合力，造成农技服务资源重复浪费。

强化农业社会化服务体系建设，调动农民、企业等社会力量参与农业社会化服务工作，逐步形成国家扶持和市场引导相结合、有偿服务与无偿服务相结合的新型农业社会化服务体系。公益性、共性关键技术的推广与示范，主要由政府支持的推广机构承担，实行低价和免费政策。鼓励和支持企业、农民去推广有市场前景的开发类技术。

在稳定、加强农业技术推广机构的同时，大力发展农民、企业技术推广与服务组织，支持农村各类专业技术协会的发展。实行产学研、农科教相结合，建立开放、流动、竞争、协作的运行机制，优化配置农业科学研究、农业教育和农业推广资源，加强协调、通力合作、形成合力，切实加强农业科技创新能力和提高农业科技成果转化率。充分调动科研机构、大中专院校和科技工作者参与社会化服务工作的积极性，建立专业技术人员、农民、企业家等广泛参与的多元化的农业社会化服务队伍。

积极培育经营性服务组织，鼓励集体经济组织、龙头企业、农民专业合作社、专业化农业服务公司、农民经纪人等参与农业社会化服务。支持发展生产性服务，采取设立专项资金，对农业经营性服务组织在生产服务设施、种苗培育、测土配方施肥、病虫害专业化防治、农产品运销贮藏、质量溯源体系等方面的投入给予支持。

三、加快农民专业合作社建设

农民专业合作社是在农村家庭承包经营基础上，同类农产品的生产经营者或者同类农业生产经营服务的提供者、利用者，自愿联合、民主管理的互助性经济组织。农民专业合作社以其成员为主要服务对象，提供农业生产资料的购买，农产品的销售、加工、运输、贮藏，以及与农业生产经营有关的技术、信息等服务。

张掖市围绕制种、养殖、果蔬、轻工原料四大支柱产业和马铃薯、棉花、中药材等特色产业，采取政策牵动、行政推动、试点带动、服务促动等措施，加快推进农民专业合作社的发展。2014 年，全市工商登记注册合作社达到 4477 家，其中国家级示范社 17 家、省级示范社 47 家、市级示范社 147 家。入会成员 4.65 万人，带动农户 17.5 万户，占总农户的 63%，拥有资产 44.2 亿元，年经营服务收入达 31.98 亿元，纯收益 7.08 亿元。

1. 主要特点

（1）围绕特色产业办社。农民专业合作社依托当地资源优势，围绕制种、养殖、果蔬、轻工原料四大支柱产业和马铃薯、棉花、中药材等特色产业组建，形成了各具特色的产业带。

（2）经营领域广泛又相对集中。经营领域涉及种植、养殖、销售、技术服务等，但又相对集中于种植和养殖，两项合计占 87.3%。

（3）类型多样。从合作社的组建和运行方式看，农民专业合作社大体上有以下四种类型：一是"龙头"支撑型。即以企业为龙头，既解决了企业的原料问题，又解决了补品的销路问题。此类合作社主要集中在养殖业。二是基地联动型。主要是依托集中连片、设施完善、条件优越的基地，大力发展高效农业、走规模化发展之路。这类合作社主要集中在葡萄和蔬菜产业。三是市场牵动型。主要依托规模化生产的特色产品优势，创力专业市场，把市场与田间地头对接，解决农民"卖难"问题。四是大户带动型。主要由种植、养殖、纳税大户或技术能人依托生产、资金、技术、市场等资源带着创建。例如，有多年蔬菜种植运销经验的梁家墩镇五号村农民王家学带头创建的"甘州区宏泰瓜菜种植专业合作社"，带动该镇及周边乡镇的 3000 多农户建成了 7500 多亩的蔬菜生产基地，年增加农户收入 1000 多万元。

（4）发展不平衡。在 6 县区中，甘州区最多，达 189 户，占全市专业合作社总数的 57.6%。从产业领域来看，养殖、瓜果蔬菜等方面的合作社相对集中，运营良好，而玉米制种、马铃薯等方面的合作社相对少，且运营质量差。

2. 主要存在的问题

（1）规模小，辐射带动功能不强。在工商部门注册的 434 家合作社中，从出资看，全市 434 家合作社，出资在 100 万元以上的只有 122 家，占全市合作社总数的 28%。绝大多数都在 50 万元以下，有的仅 10 多万元，如高台县永翠蔬菜合作社、宏丰蔬菜合作社和山丹县绿大地瓜菜合作社，出资分别为 10 万元、13.8 万元和 12 万元。从合作社成员看，入社成员在 100 人以上的仅 1 家，在 50 人以上的也只有 7 家，其余均在 50 人以下（表 9-1）。

表 9-1　张掖市农民专业合作社规模

年份	合作社/户	出资额/万元				成员/人		
		<100	100~500	500~1000	>1000	<50	50~100	>100
2008	264	206	57	—	1	204	60	—
2009	434	312	120	1	1	363	70	1

数据来源：根据张掖市工商局《2009 年度农民专业合作社登记管理情况统计表》整理

（2）产业链条短，发展后劲不足。多数合作社集中在猪、牛、羊的养殖和水果、蔬菜的种植行业中，尚处在出售初级产品的阶段，缺乏产品深加工。合作社成员在整个农业产业链中的利润分配中所得太少，利润空间非常有限。有的专业合作社建立的基地规模小，能提供的产品不多，无法满足市场需求。有的虽然有一定的规模和发展潜力，但附加值高的产品不多，带动能力不强。同时，在合作社领办人中，普遍存在"宁做鸡头，不做凤尾"的小农意识，缺乏引领胆识。同类产品在相同区域内品牌杂乱、相互恶性竞争。

（3）内部治理机制不完善，运行不规范。几乎所有的合作社都有章程，都成立了理事会，也有一整套制度规章。但调查中发现，一部分合作社的章程并不是自己订立的，而是从别处"移植"来的，对自身的约束性很差。有些合作社有理事会，但理事会中有些并不"理事"，或不知道该怎么"理事"，有些合作社也有"按交易额分配"或"按股分配"的规定，但真正兑现的很少。甘州区 410 个专业合作组织中，运转正常、辐射带动能力较强、具有一定经济效益的仅有 80 个，占 27.4%；机制不顺、运转不良，甚至根本没有经营活动的 212 个，占 72.6%。一些农民专业合作组织形同虚设，没有发挥组织应有的功能。农民专业合作组织数量上虽有增加，但有实力、有活动、能有序开展工作的只占 17%；缺少生机、勉强维持的占 29%。其余 54% 基本上有名无实，个别组织挂牌后没有开展过任何活动。另外多数组织服务比较单一，主要集中在产前、产中、产后的某个环节上，进行综合服务、产加销一体化经营的很少。大部分专业合作组织没有规范的章程，没有进行工商登记注册。据调查统计，目前，运行良好的 80 个农民专业合作社中，工商登记注册的 66 个，其中，养殖业 37 个，占 56%；种植业 28 个，占 42.5%；服务业 1 个，占 1.5%。民政部门登记的 8 个，尚未履行登记手续的 6 个，养殖业、种植业和服务业分别占 82.5%、10%、7.5%（杜三宝，2010）。"民办、民有、民管、民受益"的合作制原则不能很好体现，这样既不利于广大农民利益的维护，也不利于合作社的长期稳定发展。另外，相当一部分专业合作组织缺乏信息获取的平台，信息服务手段落后，自有资金有限，限制了组织活动的开展和功能的发挥。自身建设薄弱已成为制约甘州区农民专业合作组织发展的一个重要因素。

3. 主要措施

创新制度，加大支持力度。一是创新金融支持制度。除加大政策性金融对专业合作社的信贷支持外，应允许农民以土地承包经营权抵押贷款，拓宽融资渠道。二是创新财政扶持制度。在项目建设上，给农民专业合作社优先资金支持，市县财政每年要拿出一定数额的专项资金扶持合作社。三是创新政府帮扶合作社工作机制。整合社会资源，开辟合作社生产经营、项目争取的绿色通道，积极促进"农超对接"。

第二节　大力发展非农产业，促进非农转移

一、循环工业

张掖市已初步形成了以能源、化工、轻工、纺织、食品、酿造、建材、机械、电力、冶金、果蔬加工等为主的工业体系。就轻工业内部结构而言，以农产品为原料的轻工业比例远大于以非农产品为原料的轻工业（占 90% 左右）。首先，张掖市是传统的农业市，农业产值在整个国民经济中的地位相当重要，悠久的农业发展历史和雄厚的发展现状为农副产品加工制造业的发展提供了有利的物质基础，反过来农副产品加工制造业的发展又会带动张掖市农业的发展，从而有力地带动整个张掖市经济的发展；其次，张掖市的轻工业比例高于重工业，其中轻工业中以农副产品为原料的产业又占整个轻工业的 60% 以上，可见

农副产品加工制造业的发展直接关联到整个工业的经济实力；再次，农副产品加工制造业内部各生产部门之间有着很强的原料、产品和废弃物之间相互利用的循环关系；最后，张掖市有着优越的区位优势，历来就是区域内重要的农副产品生产和销售基地，拥有省内和省外广阔的市场，有很强的发展潜力。

1. 农副食品加工业

张掖市的农副食品加工业中制糖业主要原料为甜菜；谷物磨制业的主要原料为玉米、小麦等谷物；淀粉及淀粉制品加工业的主要原料为玉米和马铃薯；植物油加工业的主要原料是油菜籽等油料；果蔬加工业的主要原料是水果和蔬菜；屠宰业的主要原料是牛、猪、羊等牲畜和鸡、鸭等家禽；肉类食品加工业的主要原料是屠宰业生产的牲畜和家禽的生肉；饲料加工业的原材料除一般的大豆、玉米和青饲草以外，还以各食品行业生产过程中产生的废渣为原料。生产的最终产品可被直接消费，并且大多数产品都可以提供给食品制造系统使用，也有一部分可提供给饮料制造系统（图9-4）。

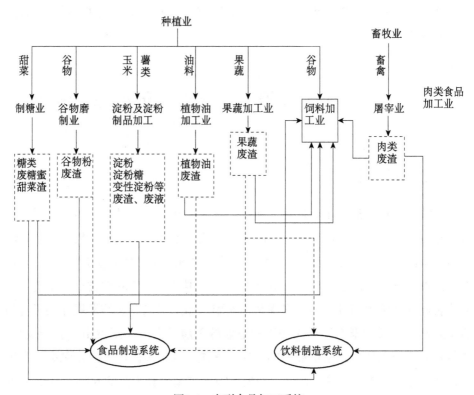

图9-4 农副食品加工系统

2. 食品制造业

张掖市食品制造业中糖果制造业的主要原料是制糖业，还有少量的果蔬、药材、淀粉、初乳及乳制品等的需求；烘烤和方便食品制造业的主要原料范围很广，基本上包括了所有上述农副食品加工业生产的主要产品；营养保健食品制造业主要原料范围也很广，基本上包括了所有上述农副食品加工业生产的主要产品，另外中药材和初乳及乳制品也是很重要的生产原料；液体乳及乳制品制造业的主要原材料是畜牧业生产的牛奶等初乳，其产品可以作为糖果制造业、烘烤及方便食品制造业、营养保健品制造业的原料；调味品制造业的主要原材料有淀粉、小麦、大豆等，也可以使用制糖业、淀粉加工业和谷物磨制业生产过程中产生的废弃物作为原料，其产品主要有味精、酱油、食醋、番茄酱等，可以应用于肉类食品加工业、烘烤及方便食品制造业和营养保健品制造业等。食品制造业生产的产品大部分都可被消费者直接使用，其生产过程中产生的废渣主要用作饲料加工业的原材料（图9-5）。

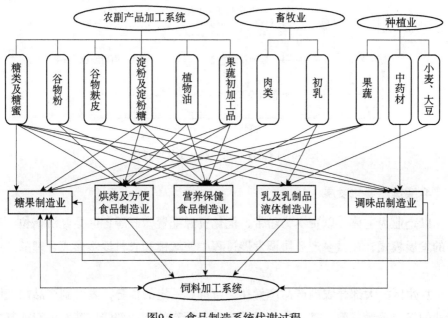

图9-5　食品制造系统代谢过程

3. 酒精及饮料制造业

张掖市酒精及饮料制造业的构成比较简单，主要是软饮料制造业、酿酒业和酒精制造业。软饮料以果蔬汁及果蔬汁饮品、瓶（罐）装饮用水等为主，其生产原料主要来自于种植业的水果、蔬菜等和农副食品加工业的液乳、淀粉糖、果蔬初加工品、一般糖类等。酿酒业目前主要是以小麦、玉米、高粱、葡萄等酿酒农产品为原料，另外还有直接以酒精制造业生产的食用酒精为原料；这里涉及的酒精主要指食用酒精，传统意义上讲食用酒精制造业的原材料应该为种植业生产的小麦、玉米等农产品，而目前在一定的技术水平下淀粉加工业和制糖业生产过程中的某些废料经过再加工可产生酒精，因此在"减量化"原则制约下，应尽量使用其他农副食品加工业生产的废物再加工酿制酒精。另外，整个酒精及饮料制造业其生产过程中产生的废渣也可作为饲料加工业的原料（图9-6）。

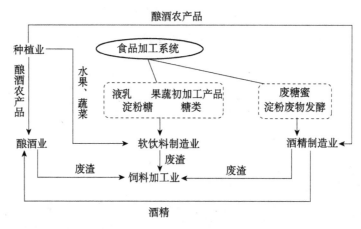

图9-6　酒精及饮料制造系统代谢过程

4. 实施差异化发展

以企业为主体，以资本为纽带，优化资源配置，开展各区县经济错位、互补的发展模式，在城乡产业协调发展过程中使城镇和农村逐步形成合理的产业分工。

甘州区的大部分农副产品产量在全市都有一定的优势，其农副产品加工制造业的发展最为成熟，基本上包括了张掖市所有的产业部门，其发展特征基本表现了全市的特征。因此，其主导部门的选择应该与全市主导部门的选择基本一致，可选择饲料加工业、果蔬加工业和淀粉及淀粉制品制造业作为目前大力发展的产业（表9-2）。

除甘州区之外，高台县的农业发展现状最好。目前高台县农副产品加工制造业中发展较完善的是果蔬加工业、谷物磨制业和葡萄酒酿造业，充分发挥了农产品中的果蔬（尤其是葡萄）和谷物的资源优势，今后这三个产业部门应该继续稳定发展。另外，制糖业是今后最需要培植的产业部门。

临泽县地处甘州区和高台县之间，其产业发展受这两个地区的影响较大。目前临泽县农副产品加工制造业中以红枣加工和番茄加工为主的果蔬加工业、屠宰业和肉类食品加工业发展较完善，充分发挥了农产品中的果蔬（尤其是红枣和番茄）和畜牧业的资源优势。另外，临泽县粮食生产的资源优势相对明显，可选择的主要发展部门有饲料加工业、玉米淀粉及淀粉制品加工业、谷物磨制业、烘烤及方便食品制造业、酒精制造业和调味品制造业，其中虽然饲料加工业和淀粉及淀粉制品加工业在多个相对不变要素作用下的发展时序较靠前，但其相邻的甘州区和高台县已分别将这两个产业部门选为重点培植的对象，在区域互补原则下，临泽县只有选择调味品制造业和烘烤及方便食品制造业作为今后主要培植的对象。

表 9-2　张掖市各县（区）农副产品加工制造业内部门结构优化方案

地区	部门结构优化方案
甘州区	饲料加工业、果蔬加工业和淀粉及淀粉制品制造业为主导产业，其他产业按全市主导产业的选择次序依次培植
高台县	稳定发展果蔬加工业、谷物磨制业和葡萄酒酿造业，着力培植制糖业、饲料加工业和糖果制造业
临泽县	稳定发展以红枣加工和番茄加工为主的果蔬加工业、玉米淀粉及淀粉制品加工业、屠宰业和肉类食品加工业，着力培植调味品制造业和烘烤及方便食品制造业
民乐县	稳定发展以滨河集团为代表的酿酒业和以银河集团为代表的果蔬加工业，着力培植薯类淀粉及淀粉制品加工业、调味品制造业和软饮料加工业
山丹县	稳定发展肉类食品加工业和植物油加工业，着力培植烘烤及方便食品制造业和酒精制造业
肃南县	大力发展液体乳及乳制品制造业、营养保健品制造业、肉类食品加工业和屠宰业

山丹县和民乐县接壤，并且都与甘州区相邻。它们的农业生产中有很多相似的地方，在充分发挥本地区的资源优势和区域之间部门互补的原则下，应将两个县联合考虑。受资金、土地、技术等方面的制约，每个县的农副产品加工制造业在发展过程中只能选择有限的几个产业部门作为主导部门，而不应面面俱到。综合来看，山丹县的农产品产量都在民乐县以下。因此，民乐县相对于山丹县而言有条件优先选择优势产业。目前，民乐县发展较为突出的产业部门是以滨河集团为代表的酿酒业和以银河集团为代表的果蔬加工业。山丹县较为

突出的产业部门是肉类食品加工业和植物油加工业。今后，它们都应该得到稳定发展。另外，民乐县粮食和水果的资源优势很明显，尤其是薯类的生产，因此，可以选择的培植产业部门有薯类淀粉及淀粉制品加工业、饲料加工业、谷物磨制业、烘烤及方便食品制造业、酒精制造业、调味品制造业、软饮料加工业，其中饲料加工业是相邻的甘州区的重点培植部门，所以只能选择薯类淀粉及淀粉制品加工业和调味品制造业作为进一步发展的对象，另外依托银河集团果蔬加工业的优势，可延伸发展软饮料加工业。山丹县的相对优势资源也是粮食生产，在区域互补的原则下，其可选择的产业部门只有谷物磨制业、烘烤及方便食品制造业、酒精制造业，在多个相对不变要素作用下应该选择烘烤及方便食品制造业和酒精制造业作为下一步培植的对象。

　　肃南县是一个牧业县，因此其相对的优势产业很明显，主要是屠宰业、肉类食品加工业、液体乳及乳制品制造业和营养保健品制造业，其中液体乳及乳制品制造业和营养保健品制造业的优势最明显，应该优先发展。

　　张掖市农副产品加工制造业应在各县（区）部门结构调整的基础上，以果蔬加工业、淀粉及淀粉制品制造业、饲料加工业、调味品加工业和肉类食品加工业为重点布局部门，以骨干企业为龙头，发挥区域比较优势，以张掖市为重点发展中心，以兰新铁路、国道312和国道327线为重点发展轴线，营造"一圈、两带、四点"的部门发展空间布局体系（图9-7）。"一圈"表示临泽县—肃南裕固族自治县—山丹县，依托兰新铁路、国道312和国道327及相关省道，形成的以肉类食品加工业为主的专业生产圈。"两带"表示高台县—临泽县—甘州区—民乐县，依托兰新铁路、国道312和国道327，形成的以果蔬加工业为主的专业生产带，其中高台县以葡萄加工为特色，临泽县以红枣和番茄加工为特色；临泽县—甘州区—民乐县，依托兰新铁路、国道312和国道327，形成的以淀粉及淀粉制品制造业为主的专业生产带，其中临泽县和甘州区以玉米淀粉为主，民乐县以薯类淀粉为主。"四点"表示高台县和甘州区——两个以饲料加工业为主的专业生产点，以及临泽县和民乐县——两个以调味品加工业为主的专业生产点。其他生产部门都根据其资源需求分别分散地布局在各县（区），空间联系性较差。

图9-7　主要部门发展的空间布局示意图

5. 加快工业园区建设

张掖市开发区建设起步于 20 世纪 90 年代初，先后经过工业小区、经济新区和全国乡镇企业东西合作示范区几个建设发展阶段。2003 年，全市六县（区）均建立了工业园区。其中，张掖、民乐、山丹城北、临泽、高台五个工业园区分别于 2006 年 3 月、8 月经省政府批准为省级开发区，2007 年 3 月经国家发改委、国土资源部、建设部审核进入《中国开发区审核公告目录》。2013 年 3 月，甘肃张掖工业园区升级为国家级经济技术开发区，成为全省 5 个国家级经济技术开发区之一。肃南祁青工业园区 2010 年由省开发区建设发展领导小组审批工业集中区发展规划。

张掖市建有县级以上现代农业示范区 8 个，其中国家级（甘州区）1 个，省级（临泽县）1 个，县级 6 个（高台 2 个，山丹 3 个，民乐 1 个）。包括甘州区国家现代农业示范区、临泽县省级现代农业示范区、高台县县级现代农业示范区、山丹县现代农业示范园区、民乐县六坝现代农业示范园区等（表 9-3）。

表 9-3 张掖市工业园区发展规划

名称	主要产业
张掖经济技术开发区	按照"一区四园"空间布局,即高新产业园、循环经济示范园、农产品产业园、煤化工产业园,重点发展冶金新材料、电力能源、农副产品加工、煤炭资源综合开发利用产业。同时,发展新型建材、矿产品加工和现代商贸物流等辅助产业。冶金新材料方面,重点发展钨钼新材料、特种铁合金等。煤炭资源综合开发利用方面,重点发展煤制气和煤制蜡及煤炭资源综合开发利用;电力能源方面,重点发展火电、生物质发电、垃圾发电等;农副产品加工方面,重点发展玉米种子、果蔬、畜产品和酿造原料加工业;新型建材方面,利用工业固体废弃物,发展新型环保建材;矿产品加工方面,重点发展矿产品精深加工;现代商贸物流方面,大力发展以金融服务、现代物流、商贸流通为主的现代商贸物流业
民乐工业园区	重点发展农副产品加工、化工新材料、装备制造业和生物制药、现代物流业等产业。农副产品加工方面,重点发展马铃薯淀粉加工、大蒜和果蔬产品加工和畜产品加工,建设马铃薯加工和大蒜、饮品等绿色食品加工基地;化工新材料方面,扩大锦世、富源化工生产规模,提高红矾钠、碳酸锶、锶镁合金、氯化锶、复合肥等化工产品生产能力,抓好电石后续产品开发和产业链延伸,大力发展其衍生新材料产品,构建电石循环经济产业链,利用民乐丰富的硅石资源,发展有机硅产业;装备制造方面,重点发展新能源电动汽车、大型喷灌等农用机械设备;生物制药方面,围绕以板蓝根、甘草、柴胡等中药材为主导的中药材深加工,积极开发以中药材加工生产中的废渣为原料的其他产品,提高资源综合利用率;现代物流方面,大力发展以金融服务、现代物流、商贸流通为主的现代商贸物流业
临泽工业园区	以农副产品加工作为主导产业,重点发展玉米种子加工及红枣、番茄等食品、饮品精深加工
高台工业园区	重点发展农副产品加工、煤气化及延伸产业、现代商贸物流产业。农副产品加工方面,重点发展以酿酒葡萄、畜禽、番茄等产品精深加工为主的食品及轻工业;煤气化及延伸产业方面,重点扩大焦炉煤气规模,发展煤气化及延伸产业;现代商贸物流方面,大力发展以金融服务、现代物流、商贸流通为主的现代商贸物流业
山丹城北工业园	按照"一区两园",即城北工业园区和花草滩循环经济产业区的空间布局,重点发展商贸物流业、煤炭综合开发利用和高载能产业。煤炭综合开发方面,重点建设精洗煤、煤矸石发电、电石等项目,中远期实现煤炭资源的综合开发利用,延伸产品链建设1,4-丁二醇项目,配套建设甲醛装置、变压吸附装置、乙炔发生装置等;高载能产业方面,主要建设硅铁、锰铁、水泥等高载能项目;商贸物流业方面,发挥城北工业园区区位优势,将山丹打造成为张掖商贸物流业发展的次中心
肃南祁青工业集中区	按照"一区二园"的空间布局,即祁青工业园和大河工业园,重点发展矿产品采选及初加工。祁青工业园主要发展钨、钼、铜、铁、石灰石等采矿、初级选矿,大河工业园主要发展矿产品初级选矿和建筑石材、玉石加工业

张掖工业园区和五县工业园区,按照集聚生产、集中治污、集约发展的思路,加快基础设施建设,调整优化功能布局,积极推动张掖工业园区升级为国家级经济技术开发区,形成"一区三园"和"一县一园"的产业发展新格局。在有效承载重点产业发展、构建循环经济产业链和清洁生产体系的同时,优化公共资源和要素资源配置,把园区建成产业集聚、用地节约、项目孵化、科技创新、人才培养的主阵地。现代农业区,以张掖绿洲现代农业试验示范区为核心、甘州国家现代农业示范区为重点、其他五县农业产业园为补充,培育壮大特色产业,实现规模化、标准化、产业化发展,构建现代农业体系。现代物流集散区,主要包括张掖物流中心、各县区物流园区和各类专业批发市场,按照大通道、大市场、大物流的发展思路,加快建设滨河新区综合型物流园

区、南二环路物流园区及各县商贸物流区，形成立足河西、辐射周边的商贸物流中心。

以打造产业集群为重点，抢抓发展机遇，大力招商引资，着力培育以特色农产品加工、冶金新材料、化工新材料和装备制造业为主导，以建筑建材和现代商贸物流业为辅助的开发区产业体系；以资源整合为途径，创新合作机制，实现错位发展，把张掖经济技术开发区和民乐工业园区打造成为产值千亿元的开发区，形成以千亿元园区为主体，带动其他园区共同发展的空间格局；以科技创新为驱动力，转变发展方式，实现"精明增长"，推动开发区结构调整和产业升级；以基础设施建设为突破口，改善园区投资环境，完善综合服务功能，增强要素集聚能力，提升品牌形象和竞争力；注重土地节约集约利用和环境保护，大力发展循环经济和清洁生产，实现开发区可持续发展，努力将开发区建设成综合环境优、发展速度快、质量效益高、辐射带动力强、富有创新活力的重要区域，成为推动生态工业发展的先行区和重要支撑平台。

二、旅游业

张掖市的自然旅游资源主要有肃南、民乐祁连山区、山丹焉支山、张掖东大山的原始森林；山丹军马场和肃南县沿山草原，其中山丹军马场为亚洲第一大马场；肃南西部的七一冰川，是世界上离城市最近的冰川；历史上极负盛名的张掖甘泉、高台月牙泉；"塞上江南"金张掖的田园风光；山丹石峡口、民乐与青海交界处的扁都口等关隘。肃南马蹄寺、民乐海潮坝、扁都口景区的开发，张掖大野口景区、森林公园、黑河山庄旅游度假区的建设，都是立足于自然旅游资源开发、发展生态旅游的典型。

历史文化旅游资源内涵丰富，主要表现在以下方面。①民乐东、西灰山的新石器时代遗址，距今约五千年；山丹的四坝文化，属火烧沟类型，其年代相当于夏朝；黑水国遗址的新石器时代遗存等，说明张掖市是中华民族先民活动的重要地区。②张掖位于丝绸之路中段、河西走廊中部，又是汉、明长城经过的重要地区。汉代的烽燧，明代的长城（又称边墙）在区内有些地段保存完好，如山丹新河驿长城博物馆的建立与开发，就是立足于对长城文化资源的开发的，目前已形成一个旅游热点。③肃南县祁连山北麓自西向东有文殊山石窟、马蹄寺石窟、金塔寺石窟、泱翔石窟等，它们像一串璀璨的明珠，映衬出张掖历史中丰富的文化积淀。④众多的文物古迹和遗址包括肃南祁丰和元太子碑；高台县骆驼城遗址；临泽香姑寺等，不一而足。除此以外，张掖市博物馆、肃南县博物馆等，都是重要的历史文化旅游资源，具有鲜明的地方特色和民族特色。

"红色旅游资源"极具开发价值。"红色旅游资源"主要包括：全省国防教育基地红西路军烈士张掖纪念馆；高台、临泽红西路军烈士陵园；肃南红石窝会议纪念碑；山丹艾黎捐赠文物陈列馆、培黎图书馆、培黎学校，以及艾黎、何克陵园等。

张掖市客源市场自 2006 年以后进入加速增长期（图 9-8）。2013 年张掖市共接待境内外游客 760.55 万人次。其中，国内游客 752.37 万人次（含乡村旅游人数累计 193.16 万人次，实现收入 5.86 亿元），实现旅游综合收入 39.12 亿元。全市现有 A 级景区 25 家，其中 4A 级景区 13 家，星级饭店 33 家，旅行社及分社 42 家，旅游直接就业人数 3 万多人。2014 年，全市共接待境内外游客 1100 多万人次，同比增长了 46%，实现旅游综合收入 58.95 亿元，同比增长了 50.69%。2014 年 1～6 月，全市共接待境内外游客 596.7 万人次，实现旅游综合收入 34.1亿元，同比分别增长了 34.99% 和 44.59%。

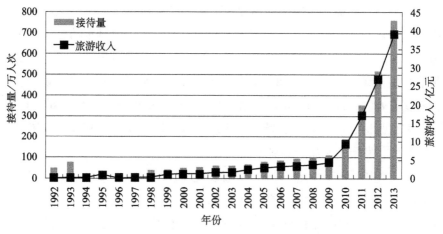

图9-8　张掖市旅游接待变化情况示意图

1. 加快发展乡村旅游业

张掖市位于河西走廊中部，南依祁连，北靠合黎，属温带大陆性气候，日照时间长，光热充足，再加上黑河的滋养和哺育，使这里成为大型灌溉农业区，是甘肃省的商品粮基地，立体农业、生态农业、节水农业、特色农业、设施农业和高效农业突出。现建成以石岗墩高科技农业示范园区、民乐六坝农业高新技术观光园、高台绿色通道高效生态农业观光园区、西部草业等为代表的农业旅游发展基地，其中石岗墩高科技农业示范园区于1999年被财政部列为财政支持农业科技推广示范园区，园区内以农业作前提，以工业创效益，以旅游促形象，在不到十年的时间内就接待游客10多万人次，年收入达到2000多万元，直接和间接就业人数达到2500人以上，综合效益显著，已经成为西北地区水平一流的以农林业、养殖业、农产品深加工、休闲娱乐相结合的产业基地和农、林、工业为一体的旅游产业基地。

目前，张掖石岗墩高科技农业开发示范园区已初具规模，园区的日光温室大棚，引进以色列先进技术，运用自动控温、滴灌节水、无土栽培等技术，生产反季节蔬菜、瓜果新品种等，吸引了区内外广大的游客参观游览。除此之外，山丹、高台、临泽等地的日光温室大棚的蔬菜种植、河蟹养殖、花卉栽培等已形成一定规模，不但改善了农业结构，增加了农民收入，而且随着河西旅游业的开发，必将成为新的旅游热点。

以现代农业为载体，依托张掖现代农业试验示范区，以特色农业带、重点风景区和公路沿线为重点，培育甘州区梁家墩镇梁家墩村、临泽倪家营乡南台子村等一批专业旅游村，开展现代观光和体验旅游，开发绿色生态科技体验旅游产品。注重乡村旅游专业人才的引进与培养，提高乡村旅游管理人员的专业素质。完善乡村旅游区的道路、通信、医疗救护设施的环卫生设施（包括厕所、垃圾收集和无害化处理）；增加乡村旅游标识（包括地图、线路、服务设施和机构指向、景点、动植物说明等）。

适当发展农村饭店，积极开展"农家乐"。农村饭店和家庭饭店规模小、投资少，有益于当地农村经济的发展。建设以农家乐为典型的农村家庭饭店，健全开业前培训制度、年检制度，使业主和服务人员具备一定的素质，对违反规定或设施和服务质量差的进行处罚。

开发农业旅游消费产品。建立优势绿色环保食品生产基地，充分利用本地资源开发旅游食品，加大马铃薯小食品、红枣枸杞汁、红枣保健醋、枣蜜、枣泥、真空保鲜枣等产品的开发力度，加强宣传，扩大产品销售的地域范围，让游客在园区内自己动手采摘成熟果实，用新鲜绿色蔬菜和家禽做家常饭菜，尽情享受"回归自然"的无穷乐趣。

2. 推动大旅游业的深度开发

强化"大旅游、大产业、大市场"观念，加快大佛寺、丹霞地质公园、张掖国家湿地公园、焉支山、山丹马场、神沙窝城市沙漠公园等重点旅游景区开发。建设祁连山腹地环线道路等景区路网，提高旅游景区通达能力。开工建设张掖宾馆、甘州区五星级和各县四星级酒店，完善景区游客服务中心、停车场等配套设施，提升旅游服务功能和接待水平。

要在形象定位上突出特色，围绕张掖特有的自然风光、历史文化、民族风情、文物古迹等特色资源优势，着力打造以"七彩丹霞、裕固花香、清凉世界、湿地之城"为鲜明特点的金张掖旅游整体形象，把特色旅游资源培育转化为特色旅游品牌，进一步提升张掖旅游的知名度和核心竞争力。

要在产业定位上突出特色，把旅游业放在加快工业化、城镇化、推进农业产业化、建设生态安全屏障和经济通道的大格局中来谋划，放在产业升级和提高产业竞争力的大背景下去考虑，在互动融合中拓宽新路子、创造新优势，努力把旅游业培育成区域经济发展的支柱产业和引领第三产业发展的龙头产业。要在目标定位上突出特色，按照"发展大旅游、开拓大市场、形成大产业"的工作思路，围绕打造"金张掖旅游目的地和全国著名的夏季休闲度假胜地、宜居宜游地和区域性游客集散中心、生态保护科考研究体验基地"的目标，整合资源、打造品牌、拓展市场、提升质量。

要在文化内涵上再挖掘。文化是旅游的灵魂，旅游是传播文化的重要载体。要充分挖掘张掖中国历史文化名城和中国优秀旅游城市的文化内涵和品牌优势，力争建设一批能够展示张掖特色文化内涵和城市品位的文博馆所，开发一批特色文化艺术作品，挖掘一批特色文化演艺节目，推进旅游品牌与文化品牌的深度融合。要围绕张掖市鲜明的历史文化、佛教文化、民俗文化、丝路文化、地理文化特色，搜集整理历史典故、人文轶事和民俗风情，充分挖掘"金张掖"悠久的文化底蕴，赋予每个旅游景点以鲜明的文化内涵和人文特色，使导游有夸说景点的自豪感，游客有观听景点的新鲜感，游后有回味景点的思念感。要积极引进知名创意公司、文化企业、主流媒体等参与运作、包装和推介张掖市的旅游品牌，以人文内涵提升旅游品位，彰显张掖形象。

　　在运行机制上再创新。要坚持政府主导、市场运作、企业经营、依法管理的原则，推进旅游管理体制改革，逐步形成全市一体化的旅游管理体系，为构建张掖大旅游格局奠定基础。要放宽旅游市场准入，打破行业、地区壁垒，鼓励社会资本公平参与旅游资源开发，鼓励各种所有制企业依法投资旅游产业，支持民营和中小旅游企业发展，培育具有竞争力的大型旅游企业集团。要创新旅游资源开发模式，鼓励省内外优势企业和知名企业，通过参股、收购、合资、租赁等方式，创办旅游企业，参与景区建设，借助外力打造旅游精品。要创新景区管理体制，加大旅游资源整合力度，坚决打破条块分割、各自为政的混乱局面，加快景区产业化进程，提高旅游业的综合实力和整体竞争力。要积极拓展旅游市场，主动融入"丝绸之路"精品旅游大格局，进一步强化与周边地区的旅游协作，形成市场互动、客源互送、利益共享的格局，使游客进得来、留得住，提升旅游经济的质量和效益。要加大政府政策支持和资金投入力度，建立旅游业发展专项资金，落实支持旅游业发展的项目建设用地、税收优惠、政府奖励和融资等政策，为加快旅游业发展提供有力保证。

　　构建"两带、五区、七线"总体发展布局，进一步完善旅游规划体系，加强旅游基础和配套服务设施建设，培育和发展旅游新业态，提升旅游行业人才队伍素质，努力实现全市旅游业跨越发展。

　　3. 培育两大特色旅游带

　　依托厚重的历史文物古迹和悠久的历史文化资源，形成东起山丹的峡口古城，经甘州府城、临泽昭开故里至高台骆驼城的丝绸历史文化旅游带；依托沿祁连山丰富的森林、草地、峡谷、冰川等旅游资源和祁连山腹地环线公路、兰新铁路、G45连霍高速公路、G213线，逐步形成东起肃南皇城，经民乐、山丹、肃南县城，至七一冰川、嘉峪关的祁连山北麓腹地生态旅游带。

　　丝绸之路历史文化旅游带。重点开发建设山丹峡口古城、汉明长城、艾黎捐赠博物馆、山丹大佛寺、民乐永固古城遗址、六坝圆通塔、甘州府城、张掖大佛寺、黑河国家湿地公园、黑水国遗址、城市沙漠公园、石岗墩全国农业旅游示范点、张掖绿洲农业试验示范区、祁连玉文化产业园、张掖丹霞地貌、红西路军纪念馆、骆驼城、草沟井古城遗址等景点景区。深入挖掘历史文化内涵，丰富旅游产品，将历史文化旅游与自然生态旅游结合起来，形成名胜古迹观光游、古郡文化游、绿洲产业游、爱国主义教育游等旅游活动，主动融入大区域"丝绸之路"旅游圈。

祁连山用地生态旅游带，遵循"环保优先、生态第一"理念，重点建设皇城夏目塔拉景区、山丹马场景区、扁都口景区、马蹄寺景区、七一冰川景区、张掖丹霞地貌景区、索朗格中华裕固风情园、康乐赛汗塔拉景区、祁连天池、文殊寺景区等，延伸产业链条，丰富旅游内容。

4. 建设五大旅游区和七条精品旅游线路

实施项目带动，彰显旅游产品特色，提升旅游产品功能，优化旅游产品结构，培植强势旅游品牌。突出生态休闲旅游、宗教文化旅游、地质科考旅游、经红色爱国旅游主题。

五大重点旅游景区主要介绍如下。

（1）张掖雷鸣文化名城湿地休闲观光游览区。依托黑河水资源和黑河湿地资源，打造集城市湿地、历史文化、现代文明于一体的生态张掖。加强黑河流域湿地资源保护与开发，建设中国离城市最近的国家级湿地公园和城市湿地公园，恢复修建"金土水火土"五行塔，再现张掖"水天一色""塞上江南""三面湖山一面杨柳""半城芦苇半城塔影"的自然景观。深入挖掘以张掖大佛寺为主的佛教文化，以黑河湿地为主的水韵文化，以马可波罗旅居张掖进行贸易和文化交流为主的古丝绸之路文化，以明粮仓为主的农耕文化。开发城市沙漠公园、黑水国遗址、大佛寺文化广场等文化旅游设施。

（2）张掖丹霞地质公园观光旅游区。以彩丘景观为龙头，自然风光为背景，丹霞地貌为特色，整合张掖和肃南、临泽两县的旅游优势旅游资源，打造河西走廊及丝绸之路上最亮丽的画廊，增强景区的吸引力和竞争力，使景区成为河西走廊旅游的一个有力支撑点、丝绸之路旅游的一个新亮点。

（3）宗教石窟文化艺术欣赏旅游区。以马蹄寺为中心，开展宗教文化体验游、石窟艺术欣赏游等活动提升佛教圣地马蹄寺景区的知名度，改建张掖－马蹄寺－金塔寺旅游等级公路，新建和完善马蹄寺景区浏览步道等设施。文殊寺景区主要修建和建造步游道设施，提高景区的服务和环境质量。开展滑雪和登山等探险旅游。

（4）草地森林休闲观光度假旅游区。以祁连山用地公路为纽带，以马营草原、窟窿峡、扁都口、海湖坝景区（点）为重点，开展草原森林度假休闲游、祁连山北麓油菜花观赏游、森林避暑生态游等。

（5）裕固风情休闲体验度假旅游区。以裕固族民族文化为主线，重点建设皇城夏日塔拉景区、康乐赛汗塔拉景区、索朗格中华裕固风情园、肃南海牙沟、七一冰川、祁连天池等景区。

开发的七条精品旅游线路介绍如下。

依托立体交通和精品旅游景区，整合区域旅游资源，积极培育特色鲜明、综合配套的复合型旅游线路。着力打造以张掖历史文化名城、丹霞地质公园、马蹄风景名胜区、黑河湿地公园、山丹马场、七一冰川、中国工农红军烈士纪念馆为支点的七条贯穿全市、联通周边的主干精品旅游线路，提高旅游综合竞争能力。

（1）环湖环山环沙区域联合自驾游：兰州—西宁—青海湖—祁连县—扁都口—马蹄寺—张掖丹霞地质公园—张掖大佛—黑河国家湿地公园—巴丹吉林沙漠公园—武威—兰州；

（2）湿地风光休闲游、大漠胡杨观赏游：张掖国家湿地公园—临泽县黑河烟林湿地—大湖湾—天城湖湿地、正义峡湿地—阿右旗海林础鲁怪石林—额济纳旗胡杨林；

（3）中国最美丹霞游：张掖市—丹霞地质公园—马场滩草原—肃南县城—索朗格中华裕固园；

（4）裕固风情体验游：张掖市区—马蹄寺—大野口—黑河峡谷—丹霞地质公园—肃南县城；

（5）祁连风光揽胜游：张掖市区—张掖绿洲现代农业试验示范区—神沙窝城市沙漠公园—扁都口—山丹军马场—焉支山；

（6）丝路文化体验游：张掖—酒泉—嘉峪关—肃南文殊寺—七一冰川；

（7）爱国主义教育红色游：山丹艾黎博物馆—甘州高金纪念馆—临泽梨园口战役纪念馆—高台红西路军纪念馆—肃南红石窝会议、大炼铜钢铁遗址。

三、商贸流通业

1.建设农业生产资料现代经营服务网络

充分发挥供销社农资经营主渠道的作用，建立以张掖市新合作商贸连锁集团公司、各县区生资公司为龙头，以区域配送中心为骨干，基层供销社、农资专业合作社、村级综合服务社、庄稼医院、加盟店、直营店为基础的农资现代经营服务网络。

（1）以现代产权制度为纽带，以合作联合为途径，以连锁经营、物流配送为方式，采取"龙头企业＋配送中心＋经营网点（连锁店、直营店、农家店、综合服务社）"的建设模式，开展连锁配送经营。

（2）整合供销社传统的农资经营网络资源，引导个体、私营经销大户进入供销社网点，优化、提升服务功能，形成以现代流通方式为支撑，以先进实用技术为手段的农资现代经营服务网络，改造发展连锁店、直营店、加盟店、综合服务社、庄稼医院等农资经营网点。

（3）依托各县（区）农资企业，兴办农资专业合作社，与农民结成利益共同体，帮助农民增收。以农资专业合作社依托，积极开展统一配方施肥、病虫害防治、田间技术指导等产前、产中、产后的系列化、专业化服务，使农资专业合作社真正成为降低农业生产成本、实现农民增收的惠农载体。

（4）充分发挥农资现代经营服务网络的作用，完善市级化肥储备制度，平抑农资商品价格，稳定全市农资市场。

（5）依托网络优势，积极掌握各种技术方式，提高为农服务水平，使供销社农资现代经营服务网络成为执行国家农资流通政策、抵制假冒伪劣、提供优质放心农资下乡的主渠道。

2. 建设农副产品物流服务网络

围绕区域性特色优势产业，依托现有的农副产品生产基地、经销加工企业、批发市场、专业合作社，把农产品的生产、收购、加工、贮存、销售连接起来，形成以批发市场、加工流通企业为龙头，农产品基地为基础，以加工、包装、配送为手段，建设基地—生产加工—物流配送—终端卖场一条龙的农副产品物流服务网络。

（1）充分发挥市供销社牵头全市棉花产业发展的优势，重点在棉花、啤酒大麦、蜂蜜、果品、畜禽等我市优势农副产品领域，建立生产基地，积极培育农副产品生产、加工和流通企业。通过订单方式组织产销链条，逐步形成"龙头企业＋生产基地（专业合作社）＋农户"的产业化经营格局。

（2）积极组建各类农产品协会和农民经纪人协会，争取政策支持，开展相关培训，提供信息、科技和农产品加销等综合性、系列化服务。加强农民经纪人队伍建设，使其成为农副产品购销和各类农村专业合作经济组织的领头人。

（3）充分利用供销社在资金、技术、信息、设施等方面的优势，广泛联合生产、加工、销售方面的企业、组织和农民经纪人，积极组建、兴办和规范各类专业合作社组织。

（4）推进农产品进超市和工业品下乡。实施品牌战略，发展优质、生态、绿色、无公害农产品，通过网络进入超市，提升农副产品附加值和经济效益。同时，把日用工业品配送到网络终端，使农民买上放心、实惠产品。

（5）加强农副产品交易市场建设，完善和拓展农副产品市场功能。根据全市各区域农产品资源特点，以供销社现有场地、设施为基础，按照改造为主、新建为辅的原则，提升建设农副产品市场，发展农副产品购销网点，形成城乡联通，协调运转的市场体系。

3. 建设农村日用消费品现代经营网络

以新建的张掖市新合作商贸连锁集团公司为龙头，以县级配送中心为枢纽，对接总社新合作商贸连锁公司和生产、物流企业，下连基层供销社、综合服务社、便民店、加盟店、直营店，建设以城市为中心，乡镇为骨干、村为基础的连锁配送便民服务体系。

（1）加大力度实施县级配送中心建设项目。依托民营超市企业，组建张掖市新合作商贸连锁集团公司，培育覆盖一定区域的日用消费品经营龙头企业，建设市（县）级配送中心，延伸网点，连接成线，开展区域配送业务。

（2）把基层社恢复改造同新合作县级配送中心项目建设有机结合起来，加大工作力度，加快建设步伐。

（3）加速网络整合，扩大连锁网点覆盖面。依托龙头连锁企业和配送中心，进一步整合系统内网络资源，对基层社门市部、综合服务社、个体小卖部进行开架式超市改造，统一服务管理、统一配送经营、统一形象标识，发展乡镇中心超市，连锁店、直营店、加盟店等经营服务网点，覆盖全市全部行政村。

（4）完善配送和采购双向流通功能，把价廉物美、安全实用的日用消费品销售到农村，把优势特色农产品输入大中城市，最大限度地发挥网络效率，真正实现网络资源共享，构筑新型的双向流通格局。

（5）提高对连锁网络的管理水平。引入信息技术等现代管理手段和具有连锁网络管理经验的人员，建立健全各项管理制度，实行专业化管理，提升网络运行质量。

4.建设再生资源回收利用网络

充分发挥自身优势，统筹规划，整合现有再生资源回收网络，建立以社区回收点为基础，以集散交易中心为载体，以综合利用处理为目标的市、县（区）、乡（镇）三级网络体系。

（1）加快建设甘州区废旧物资交易市场，按照消防、环保等规定，规划建设好旧型材、废旧金属和旧机电设备等交易区，发挥市场储存、集散、加工、交易、信息收集发布等功能，提高再生资源回收、集散和交易能力。

（2）大力整顿和规划回收网点。结合城市建设总体规划和街道社区服务体系建设，按照布局合理、网络畅通、设施先进、技术领先的要求，城区以社区、乡镇以村为单位设置回收点，发展再生资源回收利用网点。

（3）培育覆盖一定区域的再生资源回收利用龙头企业，支持引导龙头企业以资本为纽带，以资源化和无害化为目标，收编、整合、规范现有再生资源回收网络。

（4）加快组建市再生资源回收利用协会，加强行业管理和行业自律，发挥行业协会的桥梁和纽带作用，提高行业服务水平。

5.加快物流园区建设

充分利用区位优势，发挥铁路、公路等交通组合效能，加快形成社会化、专业化的现代物流服务体系。整合物流设施，推进信息化、网络化建设，促进传统物流企业向现代物流服务业方向转变。按照把张掖建设成区域商贸物流中心，把物流业培育成新的经济增长点的总目标，强化规划引导，以张掖国际物流园为龙头，以绿洲现代物流园、新张掖国际商贸城、张掖玉米种子暨农产品交易中心、金张掖再生资源回收交易市场和民乐中药材交易中心等重点物流园区为支撑，加快项目建设进度和市场推介招商，尽快形成骨干物流体系，推动张掖建设三级物流园区布局城市和重点物流中心城市。积极培训引进人才，建成电子商务创业孵化园，大力发展电商服务、现代智能物流、跨境电子商务，推动现代物流业加快发展（表9-4）。

表 9-4　张掖市物流园区建设规划

名称	位置	面积/亩	主要功能
建设张掖物流园区	张掖市滨河新区西三环以西、高速公路黑河长堤以北	1650	主要功能为依托火车站客运总站、高速公路服务区的人流、物流建设以仓储、农产品、工业品批发调运、购物、休闲、汽修等为主的大型批发市场及商品中转运输集散中心。承担甘肃西部、青海西北部和内蒙古西部各类农产品、日用消费品集散中心功能
南二环路物流园区	鸿宇广场西南部	2000	主要经营钢材、各类机械、机电设备、建材产品和家具等
火车站物流园区	原张掖百货站库区	4000	整合张掖原农副产品采购站库区等仓储资源，对调功能齐全、设施先进，整体协调的物流仓储配送中心。园区分生产资料、农副产品、建材、医药、木材、危化品、煤炭七大功能区。火车站物流园区以现有火车站货场和捷安物流铁路专用线为依托，打造河西走廊各类物资集散中心，成为立足张掖、辐射西部的大型物流周转中心
航空机场物流园区	机场商务区	300	依托航空机场开展建设，主要功能为航空客运、货运、机场购物、休闲旅游等。附设各类恒温保鲜库、加工交易区和大型购物广场等

第十章
城乡空间协调

第一节　加快新农村建设，化解剩余劳动力

一、加快社会主义新农村建设

党的十六届五中全会把建设社会主义新农村提到"我国现代化进程中的重大历史任务"的战略高度，其目标概括为 20 个字："生产发展、生活富裕、乡风文明、村容整洁、管理民主"，全面体现了新形势下农村经济、政治、文化和社会发展的要求。生产发展，就是要推进农业现代化，强化新农村建设的产业支撑能力；生活富裕，就是要促进农民持续增收，让农民共享发展的成果；乡风文明，就是要加快发展农村义务教育，留住乡村的文化；村容整洁，就是要加快农村能源建设步伐，完善基础设施，整治村容村貌，让乡村充满地域特色；管理民主，就是要加强农村基层组织建设，完善乡村治理制度和机制。

社会主义新农村建设的内涵既包括了路、电、水、气等生活设施和教育、卫生、文化等公共服务设施建设，也包括了以农田、水利、科技等农业基础设施建设；既包括了村容村貌整治，也包括了村民自治制度建设。最终把农村建设成为经济繁荣、设施完善、环境优美、文明和谐的社会主义新农村。社会主义新农村可以概括为五新：新村貌、新产业、新生活、新风尚、新组织。

为了解和掌握社会主义新农村建设现状和农民心声，采用分层简单抽样方法，对 108 个县乡干部和 520 个农户进行入户调查。调查的内容涉及生活状

况、生产情况、基础设施、环境卫生、文化教育、社会保障、民主管理、社会
治安及农民愿望等，共 82 个问题。结果表明，"加大投入，发展生产""收入增
加，生活富裕"是广大农民和乡村干部的迫切需要，同时对"环境优美，村容
整洁""治安良好，乡风文明"提出更高的要求，对"村民自治，管理民主"寄
予厚望，并且干部表现出比农民更高的愿景（表 10-1）。同时面临着增收难、上
学难、看病难、环境差四大难题，且农民的感受普遍强于干部（表 10-2）。

表 10-1　张掖市社会主义新生农村建设意愿　　（单位：%）

期望中的新农村	县乡干部	农户
实现农业机械化	48.6	42.8
住房宽敞、有电话、有自来水	37.4	44.4
社会风气好、村内管理民主	56.07	47.8
环境卫生好	39.25	33.2
有医疗、养老保险	53.27	36.7
生活消费水平大幅度提高	44.86	40.3
公共设施有保障	39.25	17.27
文化生活丰富多彩	56.07	36.47
学校硬件条件好，教学水平高	38.32	26.3

表 10-2　张掖市目前农村面临最大的难题　　（单位：%）

农村最大的问题	县乡干部	农户
农民收入低、生活困难	61.68	90.98
医疗条件差、看病难	60.75	74.28
教育落后、负担重	42.06	55.09
缺少农业科技	40.19	42.09
生产资料涨价过猛	39.25	38.5
农村卫生环境差	28.04	43.38
社会治安不好	8.41	11.9

　　农村基础设施薄弱，离新农村标准较远。调查发现，目前，8.6% 的村庄还
未通公路，17.85% 的村庄没有通班车；30% 的村庄无自来水，13.6% 的农户饮
水困难，亟待解决。环境问题突出，95.2% 的村庄没有垃圾和污水处理设施，大
部分农户使用传统旱厕，垃圾围村现象普遍。大部分农户仍以煤炭和柴草作为
生活用的主要燃料（91.9%），仅有 3% 的人在使用沼气，5.6% 的人在使用太阳
能；人畜分离远未实现，仍有 18.8% 的农户畜禽饲养与人同居一院，9.4% 的村
庄的饮用水水源存在污染（表 10-3）。

表 10-3 张掖市农村发展情况

指标	单位	2012年	2013年	2014年
一、村镇建设				
1.村镇现有房屋	万m²	4 853.24	4 942.97	5 097.9
居民现有房屋	万m²	4 149.21	4 195.01	4 308.77
2.自来水受益村数	个	813	816	818
自来水受益户数	万户	26.03	26.23	26.63
3.通公路的村数	个	834	834	835
4.通电村数	个	833	833	833
5.通电话的村数	个	835	835	835
通电话的户数	万户	24.42	23.18	22.06
6.通有线电视的村数	个	802	804	800
二、农村文化卫生教育科技				-
1.电影放映队	个	24	25	26
乡镇文化站	个	59	59	60
村文化室	个	824	824	826
2.乡村卫生机构数	个	918	925	927
医院病床数	张	3 157	3 293	3 341
3.农村小学数	所	475	469	452
专职教师人数	人	5 517	5 488	5 404
农村中学数	所	32	27	28
专职教师人数	人	1 717	1 457	1 429
4.农业科技机构	个	270	282	285
农民专业科技服务组织	个	351	389	405
农业科技人员	人	12 276	12 791	15 250
5.参加新型农村社会养老的人数	人	575 551	659 522	625 354
6.参加农村合作医疗人数	人	958 786	955 471	949 769

按照"生产专业化、生活社区化、环境田园化"的发展模式，加快实施新农村建设，积极推进新农村示范村和城乡一体化示范区建设，以城镇化带动新农村建设，增强重点小城镇、中心集镇产业发展和要素集聚能力，形成新的农村经济增长点。进一步加快农村基础设施建设，优先发展农村教育，全面落实"两免一补"政策，大力发展农村职业教育；加快农村公共卫生设施和基本医疗服务体系建设，建立健全农村合作医疗机构，完善农村的社会保障体系。加强乡镇文化站、村文化室等公共文化设施建设，进一步完善村务公开和民主议事制度，让农民群众真正享有知情权、参与权、管理权、监督权。

二、实施村庄整合

张掖市农村居民点用地规模大，占城乡建设用地面积的比例最大为69.41%。

人均占地多，全市人均农村居民点用地为268.45m²。甘州区、临泽县人均农村居民点用地小于220m²，山丹县、民乐县都在250～300m²，高台县为324.25m²，肃南县高达559.61m²。

农村居民点用地布局松散，基础设施建筑成本高。2015年年末，张掖市共有880个村民委员会和5650个村民小组，平均每个村农村居民点用地为29.23hm²、每个村小组用地为4.55hm²，造成土地利用粗放、效益较低，极大地增加了公共设施和生活基础设施的建设成本。

针对居民点多、小、散、关联少等问题，合理确定农村居民点的数量、布局、范围和用地规模。采取有效措施，加强居民点的合理重组和调整建设，适当迁并农村居民点，优化村庄整体布局。沿交通走廊分布的村庄，形成中心村或基层村，变线状散点式为点状集中式布局，并以路网加强与周边城镇的联系。通过政策引导，鼓励改造空心村，撤并自然村。引导村民逐步向小城镇和中心村集中。

1. 村庄的迁移流向

发展条件差的村庄向发展条件好的村庄集聚；无发展潜力的村庄向有发展潜力的村庄集聚；偏远山区村庄向镇区或平原中心村迁移；受水利工程建设影响的村庄向镇区或中心村迁移；沿河沿路分散的自然村向中心村或基层村集聚；受地质灾害或其他自然灾害影响严重的村庄向自然条件良好地区迁移。

2. 中心村布局优化

中心村是以区域位置和经济发展条件较好的居民点为中心，聚集周围一般村庄居民点后形成具有一定规模和良好的生产、生活环境，且能对周边一定区域内的经济发展起带动作用的村庄。发展中心村，可促使农村居住点集中，便于基础设施和公共设施的配套建设，节约资金使村镇企业相对集中连片发展形成规模效益，促进耕地相对集中连片，便于机械化作业和生产。同时，通过合理调整使用土地，实现充分利用土地价值，使其发挥更大的社会经济效益。加快中心村建设，是农村经济和社会各项事业再上新水平的必然选择，是实现农村城市化的一条重要途径。

一是对基础条件好，已形成一定规模的城乡结合部的村镇，通过完善基础设施、培育市场，发展乡镇企业来促进农村建设，如高台县南华镇、临泽县沙河镇顾庄村毗临县城，已初具规模，按照服务城市、融入城市、发展城市的思路在完善现有设施上下工夫。二是对集镇辐射力大，人流、物流、信息流强，交通便利的小城镇，如甘州区大满镇、民乐县六坝镇、南古区、甘州区前进村、刘庄村、临泽县向前村等，利用当地资源丰富，交通便利，建材、林果业、畜禽业发展快的特点，大力发展二三产业的农产品加工业。三是大力发展乡镇企业，以商活镇、以工富镇，通过乡镇企业发展，推动农村建设，如高台县南华镇、肃南县皇城镇、临泽县芦湾村、山丹县芦堡村工业企业和乡镇企业发展较快，通过税收和其他政策，拓展资金渠道，加快村镇建设。四是以农业为主，多业并举，发展高产优质高效农业，如临泽县板桥镇、山丹县位奇镇、临泽县西湾村等，通过农业高新技术的推广应用，带动村镇经济发展。

第二节　加快新型城镇化建设，吸纳剩余劳动力

区域是城市形成和发展的背景，而城市是区域的核心。无论是农村劳动力转移还是城乡协调发展，城市都是最终的归宿。引导建立合理的城镇规模和职能体系，实施产业发展并重的战略，充分发挥城镇集聚、辐射、带动作用，是农村劳动力转移与城乡协调发展的关键环节。

一、优化城镇体系规模结构

城市的存在与发展取决于一个中心对周围地区的吸引力和辐射力。吸引力和辐射力由于城市能量大小的不同而对城镇外部环境产生不同影响，因而形成了地域空间的等级规模特征。

如前述，农村劳动力的转移是有时空递进关系的，而城乡协调也是建立在不同的组织状态下的。根据张掖市城镇体系现状发展条件和特点，城镇体系的等级规模发展应是加快发展中心城市，积极培育区域副中心城镇，有选择地扶持重点城镇，适当发展一般乡镇。形成以中心城市为主，市域副中心为骨干，重点镇与乡镇相结合的四级规模结构（表10-4）。从而为农村劳动力的转移的城乡协调发展提供渐次发展的空间时序。

表 10-4 张掖市城镇体系等级结构表

地区	中心城区	二级城镇	重点镇	一般乡镇（人口规模小于0.2万人）
甘州区	甘州区（45.4）	—	甘浚镇（0.5）、大满镇（0.5）	平原镇、沙井镇、梁家墩镇、上秦镇、乌江镇（0.5）、党寨镇、碱滩镇（0.5）、三闸镇、小满镇
民乐县	—	城关镇（含洪水镇）（6.5）	六坝镇（1.5）	新天镇、南古镇、永固镇、三堡镇
山丹县	—	城关镇（含清泉镇）（8.0）	位奇镇（1.0）	霍城镇
高台县	—	城关镇	南华镇（0.5）	宣化镇
临泽县	—	城关镇（5.5）	新华镇（0.5）、平川镇（0.5）	蓼泉镇、板桥镇
肃南县	—	红湾寺镇（1.5）	马蹄镇（0.2）	皇城镇

数据来源：上海同济城市规划设计研究院，《张掖城市总体规划（2004～2020年）》

注：括号内的数据为城镇人口（万人）

二、优化城镇体系职能结构

城镇的职能主要是指城镇为自身以外地域提供产品和服务的作用，它是城镇在区域和区域城镇体系中的地位和作用的综合反映。

在各城镇的空间优化的基础上，城镇子系统如何能充分发挥其核心作用，产生集聚经济效益，就需要准确定位城镇职能，明确各城镇的合理分工，发挥各城镇的优势，形成合力谋发展。而张掖市目前的城镇职能从总体而言，还处于比较单一的低层次发展阶段，城镇之间还缺乏必要的分工和协作，使得城镇的优势还未能充分发挥出来。这样一来就需要积极发挥和突出甘州区这一综合性中心城镇作为张掖市政治、经济、文化中心的作用和地位，不断集聚各种生产要素，产生更强的集聚效应，成为区域中心，辐射带动各个县城镇；将五个县的县城镇作为张掖市域的综合性副中心城市，成为各县的经济社会发展中心，上引下连，对各县城镇的优势要因地制宜地发挥。

甘州区作为张掖市的中心城区和城市子系统的中心，城市职能相对完善，要继续通过经济结构的调整，整合资源优势，努力建成河西地区兼具商贸、工业、旅游等功能的综合型中等城市，带动张掖市的整体发展。

对于山丹县城关镇要充分体现其作为张掖市东部的主要对外联系的门户作用，借助交通的有利条件，加强张掖与相邻区域的联系和合作，并进一步发挥该县乡镇企业和新型加工工业集聚区等工业发展的良好基础，通过工业的发展带动农业和第三产业的快速发展，成为地区物资集散中心，逐步形成工业商贸、旅游的城镇职能。

临泽县城关镇目前属于高附加值农业和农产品加工、医药加工基地，应发挥其优越的区位条件和交通条件及丰富的农业资源优势，建成以"临泽小枣"等特色农产品及其加工等为特色的商贸和工业职能的城镇。

高台县城关镇的蔬菜生产和销售、酿酒、食品加工、建材等产业目前发展势头很好，要借助现有的产业基础和良好的市场，积极建成有一定规模的以工业商贸为主要职能的城镇。

民乐县城关镇的中医药加工、林果加工的生产基础好，应逐步建成以上述特色产业加工为主要职能兼有旅游职能的城镇。

肃南县的红湾寺镇因地理位置的原因，城镇规模较小，主要发展矿产开发和农牧产品加工，要发挥其农牧业的优势和格局特色，发展丰富多样的旅游资源，建成兼具农产品加工和旅游商贸为主要职能的城镇。

对中心城市和各县城镇的准确定位，有利于发挥其优势，建成具有区域特色的专业生产基地，促进经济发展，通过中心城市的集聚和扩散带动各县城镇的发展，进一步带动各个小城镇的发展，完善城镇体系的等级规模、职能和空间结构，更好地促进经济社会发展。在此基础上要促使各城镇间的积极联系和寻求分工协作，以促进城镇子系统中增长极作用的发挥，带动各地小城镇和广大农村地区的发展。

以高台县南化镇为代表，依托工业开发优势，建成乡镇工业型小城镇，实现以工富镇；以甘州区大满镇、民乐县六坝镇、临泽县新华镇为代表，依托第二、第三产业优势，发展商贸流通型小城镇，以商活镇；以山丹县位奇镇、甘州区甘浚镇、高台县宣化镇为代表，建立高效农业资源型小城镇；以肃南县马蹄镇为代表，依托风景旅游特色，带动旅游型小城镇的建设。

三、优化区域格局

由于地理因素的影响，张掖市的城镇，逐水资源而分布，较分散，空间格局不利于城乡系统的有序发展。而张掖市城镇子系统中包含的各个县城镇和中心城市在空间上呈现大致的线性分布：除红湾寺镇（肃南县县城）、民乐县县城外，中心城市——甘州区和其他三个县的县城都基本分布在兰新铁路两侧，交通便利。因此，城市子系统中的各城镇受交通条件影响较大，因此要借助和发挥这些县城的区位和交通的优势和联系，利用兰新铁路、国道312线、连霍高速公路等主要交通干线这一发展轴的有利条件，优化区域的格局，形成优势互补，刺激沿线城镇产生更加强大的集聚经济效益和规模，并与区位和交通条件相对处于劣势的肃南县县城、民乐县县城，以及分布于各个县的建制镇之间加强联系和互动，使城镇子系统的各个城镇紧密联系和合作，将不利因子转化为有利因子，提升并充分发挥城镇子系统的核心作用，最终形成"一心""三轴""五片"的城镇体系空间发展模式。

"一心"指作为市域经济、政治和文化中心的张掖市区，其具有较大的优势和优越的既有基础，应大力发展主城区——甘州区，提升城市化带动能力和经济辐射能力；"三轴"指市域范围内形成的三条城镇发展轴线，即交通型城镇发展的主轴线（连接高台县、临泽县、甘州区、山丹县的连霍高速公路、312国道及兰新铁路，形成了张掖市域内一条东西向的综合交通走廊，对内串起张掖市域各主要城镇，对外连接兰州、西安、上海等特大城市，逐步形成了张掖市东西向的城镇发展主轴线）、生态资源型城镇发展（与城镇发展主轴线相交叉的自北向南，沿黑河张掖北段、张掖市区、227国道的城镇发展密集带，集中了张掖市绝大部分城镇和人口，形成了依托生态资源带、南北向的城镇发展次轴线）和矿产资源型城镇发展（肃南县丰富的矿产资源及省道213线的交通条件，带动了该地区经济发展和城镇化建设，形成另一条城镇发展次轴线）的两条次轴线；"五片"指张掖市下辖的五个县，依行政区划边界划分为各县的经济发展片，利用各自的自然资源和区位、交通条件，围绕张掖市中心城区综合发展，以甘州区为核心，五县县城为中心结点区，以大满、南华等20个重点小城镇为小型结点区，促进产业集聚，增强小城镇辐射带动能力，形成合理布局、设施配套、功能齐全、各具特色的新型小城镇，增强城镇的综合实力和规模，以带动广大的农村地区发展。

四、发展特色小城镇

通过城镇的空间布局和职能明确定位后，各城镇应结合实际情况，在水资源承载力范围内，遵循以水定产的原则，调整产业结构和工业结构，促使城镇职能的充分发挥，更充分和高效地发挥城镇的集聚和辐射作用，才能在自身发展的基础上带动广大农村腹地的发展。

从上述各城镇的职能和优势产业可以看出，中心城市和各县城镇的产业结构中农业和旅游业都有较好的基础和优势，要在这一较好的发展势头上，遵循产业结构演进规律的前提下，依托丰富的生物资源，强化农业的基础地位，不断提高第一产业劳动生产率和农产品产量，通过食品加工、饮料制造等劳动密集型轻工业的发展，吸纳更多的农村剩余劳动力转移到非农产业，提高城镇的人口规模；并通过新型工业化道路，调整轻重工业比例，积极发展劳动密集型的企业，更大程度地发挥农业和劳动力资源优势；对各城镇的旅游资源要积极保护、开发和宣传，扩大旅游业的产业链条及相关产业的发展，促进第三产业的快速发展和向现代第三产业转化，使产业结构更加高级化和合理化，避免产业结构的趋同现象，通过第二、第三产业的发展带动城镇经济的快速发展，其中工业的发展空间非常大，应着力通过工业结构的调整构建以工业经济为主导的产业框架，促进经济水平的提高。

张掖市要在水资源的合理配置下，以水定产，贯彻"工业强市"的方针，通过新型工业化的发展道路，调整轻重工业的比例，积极发展低耗水、污染小、效益高的工业，对食品加工、新型建材、非金属矿产加工等有优势但又存在设备老化、产品技术含量低、生产管理水平低、产品初级化、规模小、污染重等问题，要及时加以改造和解决，以适应市场和水资源的要求。在积极发挥地方经济特色，扶持重点行业——食品加工业、能源产业、旅游工业品制造业，以及以先进技术改造机械、建材等传统产业的同时，还要培育以生物工程、新材料、新能源、机电一体化为代表的高新技术产业，实现工业结构的优化升级，促进城镇各产业的结构调整。

在工业结构的优化调整过程中，工业园区的建设和功能完善起着举足轻重的作用。甘州区及各县城镇要发挥已有的工业园区（东北郊工业园区、高载能工业园区和兔儿坝工业园区、民乐高新技术工业园区等）的基础和优势，并不断完善园区交通、通信、水电、物业等基础设施和配套服务体系的建设，将其构筑成工业集聚的平台，推进招商引资和项目建设，引导和鼓励工业企业向工业园区和重点镇集聚，形成工业发展优势，不仅促使资源的优化配置和高效利用，也实现了企业的规模效益。因此，通过工业园区的建设带动当地的工业结构转变，提升产业结构的层次。

五、在生态环境承载力范围内加快城镇化进程

人类学家认为城市化应该是社会中城市与非城市之间的来往和相互联系日益增多的过程，这种过程的结果表现为城市与乡村的相互影响，乡村文化和城市文化相互接触融合后形成一种新的整合的社会架构，同时含有城市与乡村两种文明。

由于张掖市城乡地域特点差异和历史原因，其城乡系统的环境相对封闭，水资源成为经济、社会、生态发展的主要约束因素；而在城市化进程中，通过人口增长、产业聚集和用地扩张又对生态环境产生胁迫：人口的集聚、城市人口密度的增加、居民消费水平和消费结构的变化，使得人们向环境索取的力度和速度加快，增加了生态压力；企业的规模扩大和性质也对生态环境造成了不小的压力，导致城镇的生态承载力十分有限，城镇化水平较低。要通过城镇化战略的实施，使农村经济获得较大发展，逐步缩小城乡之间、工农之间的较大差距还需要一个循序渐进的过程。其中，镇是联结城乡的纽带和桥梁，是实现城市化和都市化的过渡环节和预备阶段及关键环节，而张掖市的各小城镇的规模很小、职能不健全，大多是由农村集镇演变而来，城镇驻地的农业人口占绝大多数，表现为农村型的城镇，这些小城镇的人口规模发展不能促使城镇化的快速发展。这样一来，这些小城镇要加强与当地县城关镇的联系和分工合作，根据城镇的资源和环境的承载能力，因地制宜地调整产业结构，吸纳农村剩余劳动力，实现劳动力的就地转移，扩大城镇人口规模的同时实现生态环境的可持续发展。

因此，张掖市的城镇化发展要结合流域背景的特点，在生态环境承载力的范围内，以甘州区为依托，注重城乡系统中的核心——甘州区和各镇的发展侧重点和合理组合，以各镇为纽带，广泛联系广大农村地区，形成城-镇-乡的网络体系，促进城镇政治、经济、文化、科技和社会等方面的发展，以增强城镇的承载力作为实现农民非农就业的必要前提，加强区域的整体规划，加快城市化进程的同时，要与区域的资源和环境承载力相适应，并带动农村发展，与农村协调发展；在不断提升甘州区发展水平的同时，要积极发展和建设各小城镇，架设好这座连接城乡发展的桥梁，完善城镇体系。并提升人口城市化水平及合理的城市化用地规模，提高经济发展水平和社会的全面进步，扩大集聚-

扩散效应,对广大农村地区产生强大的辐射力。

六、严格规范新城新区建设

进入21世纪以来,随着人口大量涌入,城市空间发展不足的缺陷日益突出,亟须寻求新的发展空间,于是在全市几个重点城市开展了新区建设,包括甘州区滨河新区、高台县大湖湾生态新区、山丹县新区等(表10-5)。然而在新区建设过程中存在着随着圈地、盲目建设的现象。

表10-5　张掖各区县新区和园区建设规划

园区	规划范围	功能定位	发展规模	空间布局规划
张掖市滨河新区	规划总占地面积26.41km^2	滨河新区功能定位:以滨水空间开发建设为特色,形成集行政办公、休闲居住、生态旅游、科研教育、客运商贸为一体的综合性的现代化生态宜居新区	人口规模:20.0万人。用地规模:总用地面积2637.45hm^2,其中城市建设用地面积2378.38hm^2	以突出疏解城市中心区人口为目的,考虑本区现状形成的城市格局及正在进行的建设项目和即将进行的建设项目,按照分期建设和经营城市的模式,划分为行政办公区、生态居住区、文体科教区、湿地水涵养区、客运商贸区。根据用地的自然特征、规划功能定位和路网格局,形成"一心两轴四区六组团"。一心:区级行政办公中心。两轴:行政中心轴线和生态湿地景观轴线。四区:以不同功能定位形成的行政办公区、文体科教区、湿地水涵养区和客运商贸区。六组团:分布于规划区内的六个生态居住组团
张掖工业园区生态科投园	规划总占地面积10.55km^2	工业园区生态科技产业园功能定位:以高新科技产业和特色农副产品加工为主,融商贸物流及各类服务设施于一体,环境优美、配套齐全的生态型科技工业园	人口规模:6.8万人。用地规模:总建设用地面积1055.0hm^2	形成了"一心、两轴、三节点、四组团"的布局结构。一心:工业园行政中心;两轴:空间发展轴、经济发展轴;三节点:站前商业节点、科技研发节点、创业中心节点;四组团:生态科技组团、现代物流组团、商贸科研组团、生态居住组团
高台县大湖湾生态新区	总占地面积3.05万亩			由新城区、黑河湿地公园和大湖湾文化旅游风景区三部分组成。新城区规划总占地面积4500亩,总建筑面积64.6万m^2;黑河湿地公园依黑河而建,总面积1万亩,分东、西两区,东区总面积3000亩,重点突出文化、休闲及服务功能;西区总面积7000亩,充分发挥水域、草地、林地等资源优势,将湿地公园建设与湿地产业发展紧密结合。大湖湾文化旅游风景区主要由大湖湾景区和台子寺景区组成,总面积10.6km^2,其中水域面积5km^2

续表

园区	规划范围	功能定位	发展规模	空间布局规划
山丹县新区	规划总面积2.2km²			"一轴、两心、三区"的总体构想和空间新体系。一轴：以南北向为主要轴线，贯穿整个城区，这个轴线既是联系三个功能区的轴线，又是城市新区的景观视线通廊；两心：城市新区建设行政中心和景观中心；三区：在城市新区由北向南依次布局旅游休闲娱乐度假区、行政办公区和居住功能区。城市新区的功能定位是"形象之窗、宜居之城和休闲之地"，城市新区建设的重点工程包括行政综合办公、学校、医院、市政广场、博物馆、四星级酒店、湿地公园、新区水厂、艾黎新西兰国际旅游度假村，以及高标准商住区和基础设施等。新区从决策、规划到建设，无不体现了一种全新的城市发展思路，即组团开发的模式，把新城区结构分为旅游休闲娱乐度假区、行政办公区和居住功能区三大功能组团，各个组团看似独立，却又巧妙相连，不仅避免了城市快速扩张的"摊大饼"式做法，更彰显出大气魄和大手笔，推动城市由普通城市组团向经济发展引擎的转变，由常规生活配套向综合功能新区的转变，由一般城市新区向生态宜居新城的转变

坚持规划先行，合理开发建设城市新区，划定城市开发边界，提高人口密度，防止城市边界无序蔓延。要科学预测人口发展规模，以资源环境承载力为基准，严格控制新城建设用地规模，控制建设标准过度超前。按照集约紧凑、产城融合、功能多元、集聚人口的要求，统筹生产区、办公区、生活区、商业区、文化区等功能区的合理分布及适度混合，加强基础设施和服务设施的配套建设，在集聚产业的同时有效集聚人口，防止新城新区空心化。

优先保障产业园区用地指标，确保项目合理用地需求。建立园区土地储备制度，各县市区土地储备中心必须储备一定数量的配套用地支持园区建设。探索园区工业用地弹性年期出让制度。推进节约集约用地，加大对闲置土地、空闲土地、低效用地的清理力度，定期对闲置土地进行清理，对闲置2年以上的依法予以收回。对于园区引进符合其产业定位的重大投资项目（城区投资在5亿元以上，县域投资在2亿元以上）的用地指标，应重点予以保障。

七、分类指导城镇发展

把加快发展县城作为优化城镇规模结构的主攻方向，加强产业和公共服务资源布局引导，提升质量，增加数量。积极实施大"1+5"战略，发展壮大县域经济，鼓励引导产业项目在资源环境承载力强、发展潜力大的县城布局，依托优势资源发展特色产业，夯实产业基础。加强市政基础设施和公共服务设施建设，教育医疗等公共资源配置要向县城倾斜。

（一）综合型城镇

1. 甘州区

以城区为中心，以张掖绿洲现代农业试验示范区、张掖沙漠地质公园、滨河新区、张掖黑河国家湿地公园、兔儿坝滩循环经济工业园为辐射的"1+5"生态城市框架体系。

老城区保存众多的历史文物古迹，千百年来的发展留下了悠久文明的烙印，汇集了城市商贸、金融、文化、行政各种大型公共设施，是全市的公共服务中心；循环工业园区是无污染、循环的特色农产品和矿产品加工基地；湿地公园和老城区交相辉映、相映成趣，使张掖这座城市既不失历史文化名城的风貌，又充满田园风情；滨河新区集生态、绿色、低碳、现代气息于一体，让城市更具蓬勃生机和现代气息；绿洲现代农业试验示范区体现了高效节水、绿色安全的现代农业发展方向，体现了张掖现代农业大市的特色；沙漠地质公园与湿地遥相呼应，共同构成了张掖功能区划合理、产业布局清晰，集历史、文化、生态、现代为一体的生态城市框架。

2. 临泽县城

临泽县城所在区域为河西走廊中部平原区，兰新铁路阻隔了城市向北发展，城市发展方向确定为以向南发展为主要发展方向，强化主城区和开发区两大分区的城市职能。主城区总面积为 $6km^2$，汇集了城市商贸、金融、文化、行政各种大型公共设施。工业区位于县城东部，开发区远期和远景向西扩展，总面积为 $4.8km^2$。加快主城区公共服务设施以及基础设施建设，提高城市综合服务功能。依托临泽工业园区，推进园区整合，重点发展以玉米种子加工、农产品加工、新型建材、装备制造、新能源开发、矿产品加工和生物技术等为主的绿色环保加工型工业，加快锰铁、煤炭、凹凸棒等资源开发利用，促进产业集聚，建设国家级玉米种子产业园、新能源开发基地、全省循环经济发展示范园区。通过主城区和开发区的建设，将临泽县城建成张掖市的后花园，以发展特色农副产品加工业为主的，兼具县域旅游服务中心职能的绿洲生态城市。

3. 高台县城

立足"丝绸之路古镇、红色文化名城、生态宜居之都、休闲度假乐园"城市发展定位，以建设"黑河水乡城市"为目标，按照"两心三带四片区"的城市空间布局，不断提升基础设施建设水平，强化服务功能，改善城市环境，提升建设品位。高度重视县城新区建设，把新区作为产业发展及承接农业转移人口市民化的主战场，推动产业集聚发展。将高台县城建设成为以加工业和第三产业为支柱，商贸、历史文化特色旅游和红色旅游为发展重点的绿洲生态城市。

4. 山丹县城

按照"一核双链三区"的城市空间布局，依托焉支山、大佛寺、汉明长城、山丹马场、艾黎文化、丝绸古道等地域和特色文化优势，东整西拓、南控北扩，改造提升老城区；加快城市新区建设，配套完善公共服务、旅游接待、行政办公、生态居住、商务会展等基础设施，促进新老城区融合发展。依托丰富的矿产资源，强化工业园区发展定位，积极发展循环工业，延伸产业链条，不断夯实经济基础，努力建设工商兴盛、旅游兴旺、文化兴起的活力之城。

5. 民乐县城

按照"一城两区两轴"的城市空间布局，以县城为中心，生态工业园区为副中心，完善城市结构布局，扩大城市规模，重点实施城西圣天佛教文化区、城北新区、老城区改造提升和生态工业园区基础设施建设工程，美化城市形态，完善配套公共设施，着力构建人居环境优美、生态产业兴旺、旅游文化繁荣、人民生活幸福的高原生态城。

6. 肃南县城

按照"一心一轴两区"的城镇空间布局，依托山、水、石、文化城一休的高原山地城市特征，立足"山水肃南，裕固家园"主体定位，精心打造依山傍水、小巧玲珑，特色化、花园式山水小城。推进最具民族风情的旅游文化特色县建设，促进劳动力布局向旅游服务、玉石加工销售、文化演艺等第三产业转化，创建中国裕固族文化展示基地、高原生态旅游体验基地、民族团结和谐示范基地，凸显山水相依、裕固风韵、绿色生态的城市特色。将肃南县城建设成为中国裕固族风情展示地，高原生态文化旅游地，祁连玉特色产业加工地。

（二）交通节点型城镇

上秦镇、新华镇等交通区位条件较为优越的小城镇，要依托良好的交通区位条件，发展商贸物流产业，促进城镇建设与现代服务业的有机结合和协同发展。在城镇建设上，充分考虑交通线路与城镇的关系，通过合理规划、交通立体化处理等，避免线路对城镇的割裂。围绕交通节点，发展适宜产业，优先规划布置商业商务和公共设施，把交通节点放大为经济门户，实现土地利用价值的最大化，将交通节点型小城镇建设成能够带动镇域发展的现代服务中心。

（三）文化旅游生态型城镇

加快马蹄乡、倪家营、南丰乡、文殊寺镇、康乐镇、平山湖镇、巷道镇、大马营镇等文化旅游生态型城镇的发展。依托镇域丰富的旅游资源，以合理开发利用为目标，打造品牌景点；依托文化底蕴、特色民俗风情打造品牌活动；依托集观光导游员、民俗风情讲解员、农副产品推销员于一身的小城镇旅游经营者队伍。按照旅游业与小城镇建设协调发展的需要，将城镇基础设施建设与旅游业发展有机结合起来，逐步建成设施完善、功能完备的旅游小城镇。积极引导当地农民参与旅游项目开发和从事旅游服务，以旅游业带动城镇化，以城镇化促进旅游业的发展，为本地居民提供更多的就业机会，推进现代文明的整体进程。

（四）商贸流通型城镇

加快培育甘浚镇、大满镇、位奇镇、新天镇等商贸流通条件较好的小城镇发展。突出抓好商贸网点布局、商业体系构建和商贸新兴业态培育等工作；通过培育和发展商贸业，以商兴镇。加快城镇物流基础设施建设，依托现有优势产业，有效整合农畜产品生产、采摘、分类、包装、加工、储藏、运输、销售、配送等环节，不断提高农产品流通效率。实现农产品加工业由分散经营向规模经营转变，由粗加工向深加工转变，由面上销售向定点销售转变，实现农畜产品生产技术、产品质量、销售市场、经济效益的新突破，最终实现增加农民收入、繁荣城乡经济的目的。

（五）加工制造型城镇

六坝镇、南华镇、沙井镇等小城镇要依托现有工业基础，在实现规模化生产的同时，要加大技术改造的力度，实现技术升级、产品、产业结构的升级，提高产品质量，创立名牌，建立现代企业制度，实现产业集群化发展。突出抓好重大项目建设，通过项目建设形成更大的投资量，扩大产能，增强经济发展后劲。积极承接产业转移，扩大招商引资规模；坚持"走出去、请进来"，实行组团推介招商、招商小组驻点招商、挂职招商、以商招商等招商模式，开展相关产业的专题招商活动。抓好一批重大产业、农副产品加工、资源循环利用等项目的前期工作，组织重大产业的课题研究和规划，建立和完善项目储备制度和项目信息库。建立完善项目建设责任机制、协调机制和督查督办机制，加强对项目建设的组织领导和目标管理。通过加工企业的发展和壮大，带动城镇发展和区域城镇化进程。

（六）农业资源开发型城镇

党寨镇、宣化镇等城镇，要依托腹地丰富的农业资源，加快推进农业生产专业化、规模化、现代化步伐，通过农业和农村自身发展推进城镇化。坚持基地建设与龙头企业培植并重，坚持基地规模与质量管理并重，坚持原材料生产与产品加工并重，坚持生产、加工、流通一体化，实现产业建设综合效益的提升。打造一批产业长廊和集中连片的产业板块，形成若干个极具市场竞争力的农业经济产业集群。紧紧围绕建设现代农业产业基地和发展优势特色农业开展工作，稳步推进绿色食品原料标准化生产基地创建和品牌创建工作。制定绿色食品生产操作规程，建立质量全程可追溯体系，建立农业投入品管理体系，设立专供点，不断规范基地技术服务体系，加强基地培训和监督管理工作。大力发展农民专业合作经济组织，提高农民市场化组织程度。建立常规化的农地整理、土地检测和信息收集机制，动态化、持续性地推动农业资源的整合和适度规模化发展。

第十一章
城乡联系网络协调

为使张掖市城乡系统在结构合理和稳定的基础上有序发展，保障黑河流域的安全，并带动流域的发展，需要建立不同类型的社会经济联系网络，而城乡网络组织的有序发展依赖于城乡系统的子系统内部及子系统之间物质与非物质要素的联系，以及物质、能量、信息的交换。因此，需要从以下几方面来加强城乡联系，促使城乡系统有序发展。

第一节 城乡基础设施网络化

城乡资源的有效配置及社会关系的协调发展离不开完善的基础设施。基础设施是支撑和保障城乡社会经济活动运行的基础结构要素，包括交通运输、邮电通信、供排水和供电等生产性设施，还包括商业、科技、教育、卫生、文化、金融、环境保护等社会公用设施和公共生活设施；基础设施的网络化旨在使上述生产性和非生产性设施形成一个高效率的网络关联联系，成为城乡各种要素流的依托和保障。通过加大转移支付力度，加强农村基础设施建设，促进城乡基础设施的网络化形成，是解决城乡矛盾和缓解城乡差别的重要途径，也是城乡各种网络要素流的依托和保障。

一、经济性基础设施

经济性基础设施包括交通运输、能源、邮电通信等。而由于城乡基础设施的投入主体存在差异，城镇主要靠国家和政府提供投入；而农村的基础设施主要由农村和农民来解决。因此，城乡相异的基础设施投入能力造成了城乡各项基础设施的差距。

交通运输是经济发展的基础之一，是联系城市和乡村、发展横向经济联合的纽带，是资源开发、实现生产力合理布局的重要条件，也是实施对外开放、发展外贸的必备条件，也有助于人们生活水平的提高；交通运输业在国民经济体系中处于基础地位，是流通的物质支柱；交通运输设施是现代社会生活各方面都离不开的基础；交通运输的能力也成为影响经济发展的重要因素之一。张掖市的城乡交通运输方式以公路和铁路为主，其中公路发展又是重中之重。公路运输发展过程中要以国道312线、国道227线、国道GZ45线、省道213线为骨架，以甘州区为中心，逐渐建成通往县的三级以上公路及通往广大农村的20条县乡公路组成的公路网络体系，再以乡镇为中心，向乡村辐射，形成层次分明、功能齐全、四通八达的公路网络，进一步促进交通运输基础条件的发展，为加强城乡之间的联系提供有力保障。提高城乡之间公路的等级和质量，并加强设施的管理，建立社会化的运输服务体系，加强技术改造，努力实现运输装备、运输方式、运输组织、运输管理现代化，提高运输能力，提高客货运周转量，减少商品在流通过程中的时间，节约流通费用，促进农村商品经济的发展及其与城镇经济的联系，协调好公路建设与道路运输、城市交通与农村交通、交通建设与生态保护的关系，重点建设农村公路网络和农村客运网络。同时要积极依托陇海－兰新铁路为纽带，借助欧亚大陆桥的契机，各城镇和农村加强与沿线省市的经济联系和合作，甚至参与国际分工和协作及吸引更多资金，以便创造更多的张掖市城乡经济参与区域经济发展的机会和就业机会，从而提高自身经济发展的水平，也充分发挥交通运输穿针引线的作用。同时，交通条件的改善也提高了人们的出行效率，为人们提供了更多的出行选择。

加强交通路网和配套设施建设。加快推进兰新铁路第二双线建设进度，完成既有火车站改造和站前广场建设工程。继续抓好军民合用机场工程建设及试飞准备等工作，确保年底通航。加快建设甘州至肃南二级公路，新建和改扩建农村公路500km，提高公路通达能力。开工建设张掖道路运输应急救援保障中心、客运中心站、公交枢纽站和各县公交、乡镇客运站，改善城乡交通运输条件。

要围绕"三横六纵"干线网络建设，通过实现县域内农村公路达到通达、通畅的目标，进一步完善路网框架结构，使连接县域外毗邻县区的道路升级改造、内引外联，确保出入通畅。突出县乡主干线公路建设和通村公路建设，积极利用中央、省、市各项政策及各种投资渠道，重点搭建各县、区的通县、乡干线公路网，在规划和建设上要实现"四个连接"，即连接周边县市、连接交通枢纽、连接经济和产业开发区、连接著名旅游点，全面提升路网的通行能力和综合服务水平。

做好站场资源规划建设。对客运网络做合理的布局和规划，立足以乡镇为结合点，形成以城区为中心的运输网络。加强农村客运站场的建设，在班车运行的干线上要建设港湾式停靠站，在中心乡镇建设准四级客运站。

做好运力资源规划建设。加快完善农村客运网络，规范农村客运市场，大力发展城市公交，优化运力结构布局，促进连接航空、铁路、公路、城市公交等各种运输方式的运输综合枢纽建设，合理配置运输资源，促进各种方式的有效衔接，逐步实现客运"零距离换乘"和货运"无缝隙衔接"，完善"铁公机"三级运输网络，为全县经济社会发展提供立体保障。要尽快立项建设东乐至六坝 24km 的县际公路，连接兰新铁路东乐货运站；紧抓兰新铁路第二双线途径甘州区的机遇，同步规划建设与火车站连接的公路网络；紧抓石岗墩军民两用飞机场建设的机遇，尽快立项建设长 47km 的天飞路（天河集团至飞机场）。提高班线客车中高、中级客车的比例，分别达到 40% 和 52% 以上，年公路客运量、客运周转量分别保持不低于 8% 和 9% 的增长速度，货运量、货运周转量分别保持不低于 5% 和 6% 的增长速度，道路运输年产值保持 9% 的增长速度，增加值占全县当年生产总值的 25% 以上。

加强农田水利重点工程建设。推进黑河中游引水口门改造及重点河段整治工程，实施马营河、大堵麻大型灌区节水改造项目，完成山丹祁家店等 6 座病险水库除险加固、高台摆浪河等 6 条河流治理工程。全面落实高台、山丹小型农田水利重点县建设任务。加大农村安全饮水投入，解决 5 万农村人口和 1 万农村学校师生饮水安全问题。加强耕地保护，完成甘州、民乐等县区 26 个土地整理项目，整理复垦土地 7 万亩。

加强电力通信设施建设。继续推进城乡电网升级改造，建设高台 330kV 和平原堡 110kV 变电站，增容改造 1 座 110kV、4 座 35kV 变电站，进一步扩大电网输送和供给保障能力。加大设施农业集中区电力设施配套建设力度，保障设施农业用电需求。加强通信、信息基础设施建设，提升城乡信息化应用水平。

加强城镇基础设施和新农村建设。抓好以滨河新区和各县城为重点的城区建设，续建、改拓建城区道路 22 条，共 30km，配套建设集中供热供水、垃圾污水处理等基础设施，提升承载服务能力。推进天然气入户工程，发展居民、商服用户 1.2 万户。实施市区集中供热二期工程，新增供热面积 100 万 m^2。加大商品住房和保障性住房建设力度，开工面积分别达到 100 万 m^2 和 15 万 m^2 以上。加快山丹省级试点县和 60 个新农村示范点建设步伐，在统筹城乡发展、培育特色产业、培养新型农民、改善人居环境等方面取得新突破。

作为一种现代化的基础设施和空间网络——邮电通信基础设施，能实现人们对信息资源的共享，削弱空间阻隔对人类活动的影响。对于张掖市来说，要充分利用先进、实用和具备较强扩充能力性及升级换代性能的信息设备，逐步扩大电话、有线电视、互联网的覆盖率，加快有线电视网络整合，加强宽带通信网、数字电视网和下一代互联网等信息基础设施的建设，推进"三网融合"，构筑高速度、大容量和智能化的现代通信平台，从而加快完善城乡间的通信设施建设，并使农村地区通信条件逐步改善，以便于各地间的联系及决策部门对城乡经济的管理。

二、社会性基础设施

社会性基础设施包括教育、科研、卫生等基础设施。由于城乡分治造成这些基础设施的投资力度不同，产生了城乡差距过大。

以发展基础教育和职业教育为重点，缩小城乡和地区教育资源配置的差距。加快教育改革，加强素质教育，鼓励发展民办教育，积极发展现代远程教育，建立有效的教育资助机制，促进各级各类教育全面协调发展，努力形成大众化、社会化和终身学习的教育体系。把义务教育特别是农村地区义务教育作为重点，切实解决贫困地区和少数民族地区教育资源供给不足的问题，努力解决好流动人口子女受教育问题。实施农村教师培训计划，继续扩大高中阶段教育，提高国民受教育年限。推进职业教育和培训与劳动力市场对接，加强农村初中后和城市高中后职业技能培训。加强高校基础设施建设，发展社会急需的重点学科和专业；提高教学水平，增强高校学生的创新和实践能力，不断完善贫困大学生的救助机制。

对于医疗卫生条件也应切实加强政府财政对农村医疗卫生的投入力度，并保证财政投入的不断增长，使之与整个农村的发展要求相适应。除张掖市政府大幅度增加财力投入外，还可运用财政政策工具吸引和鼓励民间资本的进入，充分利用民间的力量积极推动农村医疗卫生事业的发展；并通过加强医疗卫生市场的监管，甚至强化必要的行政控制，倡导大众化、适用化的发展思路，增加公共卫生资源的重点向农村倾斜，向普通适用的技术、设备和药品倾斜，降低医疗成本，改善农村医疗卫生状况。上级政府加大对村级卫生站的公共卫生补贴力度，确保按时到位，加强对村医培训和村级卫生站改造的政府支持；积极探索乡镇卫生院改革求生的有效方式；加快建立农村新型合作医疗体系的试点和宣传推广；加强面向贫困农民的医疗救助体系建设。进一步调整和巩固城乡卫生服务网络，建立健全医疗救治和疾病防控体系，不断提升公共卫生服务和突发公共卫生事件应急水平。

发展农村的科技、教育、文化、卫生等社会事业，是政府的重要职责，所需要的投入应纳入各级政府的财政支出范围。就目前农村社会事业和发展来看，政府的投入主要集中在科技方面，其目标还是解决增加农产品产量问题，着力点在生产力方面。

第二节　加强经济联系网络化建设

城乡经济关系不仅是工业和农业的关系，而且包含城市产业部门与农村非农产业部门，特别是与农村工业的关系；农村内部也不仅是农业内部各部门之间的关系，还包括了农业和工业及其他生产部门之间的关系。因此，城乡经济的发展要实现网络化，构筑与水资源承载力相适应的经济结构体系，实现资源的高效利用和经济效益的提升。

加强城乡资源整合和市场融合，调整城乡利益分配机制。从城乡系统的整体角度出发，构建统一的城乡商品、劳动力、生产资料市场，建立和完善城乡市场网络体系；既要将城市功能和要素融入农村的发展之中，又要将农村的功能和要素融入城镇的发展中，提高农村地区的资源配置效率，推动城乡互动融合发展。通过放权让利、降本益农等措施，重构以工补农、以商促农、以城助乡的利益分配机制，拓宽农业开发的广度和深度，提升农业开发的质量和效益，建立风险共担、利益共享的城乡经济联合体，整合产业资源，统一规划产业布局，逐步促使城乡协调发展。

通过加大对农业科研的投入、改进农业生产环境、保护水和耕地等农业基本资源，提高农业综合生产能力，农业生产基本资源的有效保护是实现农业稳定的根本，也是城镇发展保障。按照"多予、少取、放活、协调"的原则，加大对农业和农村的投入，整合资源，实现财政支持向农业和农村倾斜，向支持农业产业化和农村教育、公共卫生等社会发展倾斜，向支持农业科技、农民培训及农民进入市场的组织化程度倾斜，作为调整国民收入分配结构的重要方向，逐步建立财政支农资金稳步增长的内在机制；不断转变农业生产方式以提高效益，进一步调整国民收入分配格局，逐步带动城乡协调发展机制的形成。

一、生产要素的城乡合理配置

由于各种生产要素流动趋利性的存在，城市和乡村两子系统之间要素的合理流动和配置，城乡系统结构和功能变化才能重组，系统才能向更加有序的方向发展，即城乡协调发展。通过有关的宏观政策和改革措施，改变城乡资源要素流动和配置失衡的局面，协调市场机制作用，引导城市的资金、技术等要素向农村地区流动；调节城乡资本和劳动的配置关系，加快农村剩余劳动力向市镇的转移和通过调整农村产业结构、发展非农产业实现劳动力就地转移；大力发展和完善农村资金市场，通过经济手段调节城乡之间的资金流动；推进流通体制改革，调节供求关系，盘活和协调农副产品和农业生产资料的流通，在农民增收的同时减少农民负担以提高农民的消费水平，以扩大农村市场，协调城乡市场结构，为城市工业的扩张提供基础保障，也为城乡经济的网络化发展提供保障，也保障了城乡系统发展中对资源、要素的高效、合理利用；建立沟通城乡关系的经济组织，全面发展城乡经济。同时，作为黑河流域和张掖市可持续发展的命脉——水资源的节约、高效利用，也是经济发展中不可忽视的重要因素。

二、城乡市场网络

统筹城乡发展，应十分注重发挥市场的作用。发挥市场机制在人口向城市迁移、要素向城市集聚、城市内部结构调整和外部扩张等方面的基础作用；发挥市场作用的核心是尊重市场规律，尊重市场的选择，而不仅仅是从行政计划和管理的角度来指定发展方向。在市场导向的城乡发展过程中，政府的作用主要是为市场机制发挥作用提供制度和政策空间，对那些约束个体、企业和社会组织参与城乡发展的障碍性制度进行改革和创新，使它们能够根据自身的利益需求和发展能力，在市场原则的约束下，自主地决定参与方式。使城乡市场种类日益完备、市场之间关联性和协调性逐步提高、市场空间结构层次不断丰富、核心辐射能力日趋增强和市场体系作用空间随之扩大；打破城乡地域界限，构筑城乡统一的商品市场、劳动力市场、生产资料市场，建立和完善城乡市场网络体系。

此外，政府也需要从国家或区域经济和社会的整体利益出发，从环境保护与可持续发展要求出发，从维护公众利益与实现以人为本的发展理念出发，对市场选择失效的行为给以限制和弥补，从而使城乡发展得以健康进行。

第三节　构建社会联系网络

城市和农村作为人类社会的两大异质单元，在发展过程中相互影响，只有形成新的整合架构和加强社会联系网络，才能实现城乡社会的协调发展。

一、城乡劳动力合理配置

城乡协调，意味着城乡双向作用机制的形成，将引起农业剩余劳动力的合理有序流动和非农化转移。从上述对张掖市城乡劳动力的比较来看，对于数量较大而质量并不高的农村劳动力转移安置是关键。因此，在控制城镇失业率的同时，要更加注重农村劳动力的配置。为避免农村劳动力的盲目流动和权益的保障，在不断进行农村产业结构调整的基础上，要以城乡统一的劳动力市场为导向，转变转移方式，尽可能地创造就业机会。改革传统的二元户籍制度，按照制度化、专业化、社会化的要求，共建城乡统一、平等竞争的劳动力市场，将农村就业纳入到张掖市统一的就业政策范畴，取消各种就业准入制度，消除农村劳动力在城市就业的各种"壁垒"，培育劳动力市场机制并不断扩大其作用，加强对劳动力市场的指导和法规建设及监督管理，吸引农村劳动力进入城市。对大量新增的城乡劳动力要积极进行就业培训和指导，能较快适应各产业的生产要求和劳动力市场的要求，寻求更多的就业机会来妥善安置；各行业和各工种所要求的技术资格等条件应对城乡劳动力予以平等对待。

二、加快建设城乡劳动力市场统一步伐，建立信息网络服务体系

争取尽快建立起以市级劳动力市场为龙头，县区劳动力市场、街道社区劳动力保障事务所和乡镇（村）劳务工作站（组）为主体，社会中介机构为补充的劳动力市场，形成城乡结合、上下统一的劳动力市场服务体系。把农民就业纳入公共就业服务的范围。完善劳动力市场功能，免费向务工人员开放，积极为外出务工人员免费提供就业信息和政策咨询，对求职登记的农民工免费提供职业指导和职业介绍服务。各区县乡镇也应开设面向务工人员的服务窗口或建立专门的服务场所，集中为务工人员提供服务。

市、县区劳动保障部门要建立劳动力市场广域网，形成外联全国各地的劳务市场和劳务基地，内联市、县区、乡镇、村四级，反应灵敏、运转灵活的劳务信息网络。

为适应城市经济的发展，需要对文化素质较低的农村劳动力进行职业技能的培训，使其能较快适应劳动力市场对劳动力素质的要求；整合全市各类培训资源，形成培训合力，多形式培训农村劳动力，不断提高农村劳动力的技能素质，加快农村劳动力由苦力型向技能型转变步伐。要充分发挥技工学校、职教中心、乡镇农科所和社会办学力量办学机构的作用，把培训与转移密切结合起来，针对性地采取"订单"培训，培训一批，转移一批。并通过逐步建立进城务工人员的保障体系，保障农民工的合法权利和权益。坚持劳动者自主择业、市场调节和政府促进就业的方针，统筹城镇新增劳动力、下岗失业人员和农村剩余劳动力就业，实行积极的就业政策，努力增加就业岗位。把发展劳动力密集型和资本技术密集型产业结合起来，鼓励发展就业容量大的服务业和各类中小企业。完善就业用工机制，对提供新就业岗位和吸纳下岗失业人员再就业的企业予以政策支持。鼓励劳动者自主择业和自谋职业、自主创业。积极推行阶段性就业和弹性就业等灵活多样的就业方式。强化政

府促进就业的职能作用，健全就业服务体系，完善对困难群众的就业援助制度，保护劳动者的合法权益。按照建立"县办职教、乡办中心、村办三农"的纵向培训格局和"培训联动、辐射延伸、分层施教、服务三农"的横向培训体系的思路，加快县、乡、村三级培训体系建设步伐，多措施并举开展各种类型农民素质教育培训。

第十二章
推进转移人口享有城镇基本公共服务

按照保障基本、循序渐进的原则，积极向农业转移人口提供城镇基本公共服务，推进城镇基本公共服务由主要向本地户籍人口提供转变为向常住人口提供，稳步推进义务教育、就业服务、基本养老、基本医疗卫生、住房保障等城镇基本公共服务覆盖全部常住人口。

第一节　完善城乡公共就业创业服务体系

坚持就业优先，引导剩余劳动力有序外出就业，促进剩余劳动力就近就地转移就业。加强职业教育和技能培训，统筹各类职业教育和培训资源，提高剩余劳动力培训绩效。充分发挥企业在剩余劳动力职业培训中的主体作用，调动企业培训积极性。组织开展创业培训，提供政策咨询、就业指导、项目展示、后续支持等创业服务，落实创业补贴、小额担保贷款、税费减免等优惠扶持政策。

实行城乡统一的就业失业登记制度，在就业创业所在地进行就业失业登记的，享受同等公共就业创业服务，建设全市集中的公共就业人才服务信息系统。建立城乡人力资源信息库和企业用工信息库，实现城乡就业供求信息联网。

建立覆盖城乡的就业促进体系，完善就业服务管理信息系统，将剩余劳动力纳入公共就业服务范围，享受与城镇居民同等的免费职业指导、职业介绍、政策咨询等公共就业服务。实施剩余劳动力职业技能提升计划，建设一批农民工实训基地，开展政府补贴农民工就业技能培训。加强劳动保障监察、劳动争议调解仲裁和法律援助，发挥各级解决企业工资拖欠问题联席会议作用，维护农民工劳动权益。

稳步提高农民工收入水平，维护农民工劳动报酬权益，严格实施劳动保障法律法规，健全以"一书两金一卡"制度为主要内容的工资支付保障机制，完善工资支付动态监控制度，推进工资支付诚信体系建设。强化劳动合同管理，切实提高农民工劳动合同签订率和履约质量，保障农民工与单位职工享有同等权益。清理各类针对农业转移人口的就业歧视政策，消除城乡劳动者的身份差异，实现同工同酬。

第二节 促进城乡公共服务体系均等化

一、城乡教育均等化

将农业转移人口随迁子女全部纳入当地教育发展规划和财政保障范畴，扩充教育资源，确保农业转移人口随迁子女按照就近原则在输入地公办学校平等接受义务教育。建立健全中小学生学籍信息管理系统，为学生学籍转接提供便捷服务。以城镇公办中小学为主，将随迁子女义务教育纳入各县（区）政府教育发展规划和财政保障范畴，足额拨付教育经费。义务教育阶段的农业转移人口随迁子女，按照相对就近入学原则，通过电脑派位等方式统筹安排在公办学校就学。对未能在公办学校就读的，采取政府购买服务等方式，保障随迁子女在普惠性民办学校接受义务教育。面向随迁子女招生的民办学校，依法享受与公办学校同等的优惠政策。设立民办教育发展专项资金，促进民办学校提高办学水平。将农业转移人口随迁子女纳入当地普惠性学前教育，纳入免费中等职业教育招生范围。所有高中应逐步面向农业转移人口随迁子女开放招生，农业转移人口集中且高中资源较为紧缺的县（区）应积极扩大普通高中教育资源。实现农业转移人口随迁子女在流入地平等享有参加中考、高考的权利。

推进城乡义务教育公办学校标准化建设，改善薄弱学校和寄宿制学校办学条件，均衡配置教师、校舍、设备、图书等资源，着力解决城区教育资源不足的问题，实现义务教育均衡发展。

加快职业教育发展。推行产教融合、校企合作的应用型人才和技术技能人才培养模式，推动专业设置、课程内容、教学方式与生产实践对接，逐步分类推进中等职业教育免除学杂费，构建现代职业教育体系。大力实施"互联网＋教育""三通两平台"工程，加快发展在线教育和远程教育，促进优质资源共享和教育公平。加强教师队伍建设，推进城乡教师交流，提高农村教师待遇。

二、城乡医疗卫生均等化

将农民工及其随迁家属纳入社区卫生计生服务体系，按国家规定免费提供健康教育、预防接种、妇幼保健、传染病防控、计划生育等基本公共卫生服务。加强农民工聚居地疾病监测、疫情处理和突发公共卫生事件应对。完善医疗救助政策，鼓励有条件的地方将符合条件的农民工及其随迁家属纳入当地医疗救助范围。

加快建立健全公共卫生服务体系、城乡医疗服务体系、基本医疗保障体系、药品供应和安全保障体系、卫生信息管理体系。在城乡基层医疗卫生机构普遍落实居民健康档案、健康教育、传染病防治、预防接种、孕产妇保健、儿童保健、老年人保健等国家基本公共卫生服务项目，进一步扩大重大公共卫生服务的覆盖面。统筹卫生资源在城乡、区域之间公平配置和合理布局。构建公共卫生控制体系。健全疾病预防控制体系，稳步扩大公共卫生服务内容，改善疾病预防控制机构基础设施和设备条件，建立健全精神卫生服务体系，加大对公共场所环境卫生、有毒有害作业场所和群众生活饮用水的监测力度，保证公共场所、劳动作业场所及生活饮用水的安全。完善突发公共卫生事件应急体系和医疗救治体系，建立健全全市统一的突发公共卫生事件应急指挥系统，依托综合医院建立紧急医疗救援中心，加强应急处理和医疗救治队伍建设，提高应对突发公共卫生事件的快速反应能力、控制能力和保障能力。

三、城乡社会保障均等化

以扩大农民工社会保障覆盖面为重点，依法将稳定就业的农民工纳入职工基本养老保险参保范围，扩大参保缴费覆盖面，适时适当降低社会保险费率。

贯彻落实《城乡养老保险制度衔接暂行办法》，研究制定城镇职工基本养老保险和居民基本养老保险制度衔接的实施细则。鼓励灵活就业农民工参加职工基本养老保险。依法将农民工纳入城镇职工基本医疗保险，允许灵活就业农民工按照当地参保办法，参加基本医疗保险。强化企业缴费责任，尽快实现农民工参加工伤保险、失业保险、生育保险制度全覆盖，建设市级集中的城乡居民养老、医疗信息系统，支持跨区域社会保障业务办理。将符合条件农业转移人口纳入城镇最低生活保障范围。推进商业保险与社会保险衔接合作，开办各类补充性养老、医疗、健康保险，保障农业转移人口多元化参保需求。

强化社会保险制度建设。实施全民参保计划，基本实现法定人员全覆盖。坚持精算平衡，完善社保资金筹资机制，分清政府、企业、个人等的责任。适当降低社会保险费率。积极推进机关事业单位养老保险制度改革，落实养老保险关系转移接续政策，逐步提高离退休人员养老保障待遇。完善统账结合的城镇职工基本养老保险制度，实施职业年金制度，着力扩大企业年金覆盖面，鼓励发展商业养老保险，促进商业保险与社会保险、补充保险相衔接。健全医疗保险稳定可持续筹资和报销比例调整机制，全面实施城乡居民大病保险制度。改革医保支付方式，发挥医保控费作用。改进个人账户，开展门诊费用统筹。整合城乡居民医保政策和经办管理。鼓励发展补充医疗保险和商业健康保险。将生育保险和基本医疗保险合并实施。健全住房保障和供应体系，加快保障性住房、棚户区改造、农村危旧房改造工程建设，扩大住房公积金覆盖面，切实改善城乡群众居住条件。

统筹推进城乡社会救助体系。强化社会救助与社会福利、社会保险、扶贫开发等制度的衔接配套、系统配置，完善以最低生活保障、特困人员供养、受灾人员救助为基础，以医疗救助、教育救助、住房救助、就业救助为专项，以临时救助为补充，以社会力量参与为基本内容的"8+1"社会救助制度体系，健全与经济社会发展和物价上涨水平相适应的城乡低保、五保供养标准和保障资金自然增长机制，适时提高保障标准，保障困难群众基本生活。

第十三章
城乡生态环境协调

　　黑河流域生态环境脆弱，而张掖市作为一个水资源短缺的城市，可以说水资源是城乡发展的命脉。同时张掖市农村地域较广，农村人口占3/4，农业占据国民经济的重要地位，农业也是用水大户，可见农村的生态环境决定了城乡的环境状况，也关系到整个流域的生态安全。因此，要实现流域和张掖市的可持续发展，必须高度重视农村生态环境保护问题，把它放在和城市环保同等重要的地位，实现城乡环保投入平等；加强对农村生活垃圾和牲畜养殖的粪便污染治理，加大对农田的保护，防止退化、盐碱化和沙化；并加大对污染的河流、水源保护的投资。坚持以人为本的原则，树立生态意识和城乡发展与生态环境相协调的观念，通过生态设计来实现对各资源的高效利用和合理配置，统筹安排污染工业布局，统一协调环境整治和保护；通过城乡经济结构的调整，转变经济增长方式；建设节水型产业，使水资源得到合理分配、高效利用，避免生产、生活、生态用水的相互挤占。积极扩大城乡之间的经济联合和生态治理、社会发展的协作，推动城乡一体化；建设治理并重，促进城乡生态环境一体化，实现可持续发展。

第一节　加强生态功能区建设

　　将张掖市划分为3个生态功能区，同时将"中部川区绿洲湿地复合生态功能区"及"南部祁连山地生态功能区"各划分为2个亚区（表13-1，图13-1），针对不同的生态功能区进行保护（表13-2）。

表 13-1　张掖市生态功能区划方案

生态功能区	名称	生态功能亚区	名称
I	北部荒漠戈壁生态保育区	—	—
II	中部川区绿洲湿地复合生态功能区	II-1	中部湿地生态功能亚区暨张掖黑河湿地国家级自然保护区
		II-2	中部绿洲灌溉农业发展亚区
III	南部祁连山地生态功能区	III-1	南部沿山荒漠草原与旱作农业发展亚区
		III-2	南部森林保护与水源涵养生态功能亚区暨祁连山国家级自然保护区

表 13-2　张掖市生态功能区功能定位与发展方向

生态功能区		基本概况	功能定位	发展方向
北部荒漠戈壁生态保育区		位于张掖市北部,总面积7854km²。主要包括山丹河以北,甘州、临泽黑河灌区以北,高台盐池,肃南县明花乡,主要地形单元是龙首山、合黎山剥蚀残丘及与之相连的戈壁沙丘和盐碱滩地。土地荒漠化成分较大,植被稀疏,生态脆弱,是土壤环境退化最严重的地区,以土壤侵蚀敏感为主,属沙漠化极敏感-高度敏感区	巴丹吉林沙漠是河西绿洲的最大威胁,本区荒漠植被保护对防止绿洲沙化、保障农田安全具有重要意义。本区主导功能为遏制沙漠化扩展及防止荒漠化蔓延。通过构筑北部荒漠区"绿色长城",阻挡风沙南侵,保护中部绿洲生态安全	加强区域荒漠化生态保护与恢复,加快实施"三北"防护林、防沙治沙等工程,做好北部山前区域荒漠植被保护,重点防御"南护水源、北治风沙"的生态屏障退缩。减少人为对荒漠植被的侵扰与破坏,严格控制区域内各类造成生态环境恶化的工程建设、采矿和土地开发利用活动。加强荒漠草原围栏封育,控制畜群发展规模,建立草原植被恢复补偿机制,鼓励和引导生态移民,逐步改善荒漠景观,防止沙漠继续蔓延,强化对荒漠植被保护,使其发挥防护绿洲的重要生态功能
中部川区绿洲湿地复合生态功能区	中部湿地生态功能亚区暨张掖黑河湿地国家级自然保护区	位于张掖市中北部,属黑河流域中部平原区,地处河西走廊中部的"蜂腰"地带,地跨高台县、临泽县和甘州区。保护区沿黑河中游干流河道分布,东自甘州区三闸镇新建村起,向西经高台县罗城乡盐池滩至黑河正义峡出界处;北自黑河正义峡出界处起,沿黑河干流北岸、山丹河河道至甘州区红沙窝国有林场;南自甘州区三闸镇东泉村起,沿黑河干流南岸,经甘州区沙井镇兴隆村、临泽大沙河至五泉国有林场,沿大沙河河道与黑河干流南岸,至肃南裕固族自治县和高台县交界处,总面积411.64km²	本区的主导功能为保护生物多样性、动植物栖息地、调节气候、涵养水源、维持淡水资源、净化水质、蓄洪防旱、美化环境、降解有害物质,辅助生态功能为观光旅游和美化人居环境,同时具有科学研究和教育宣传等生态服务价值	本区以保护为主,主要包括:①我国西北典型内陆河流湿地和水域生态系统及生物多样性;②以黑鹳为代表的湿地珍禽及野生鸟类迁徙的重要通道和栖息地;③黑河中下游重要的水源涵养地和水生动植物生境;④西北荒漠区的绿洲植被;⑤典型的内陆河流湿地自然景观。加强基础设施建设,健全管理机构,完善管理体制,提高保护区的管护及科学研究能力。采取封育和适度的生态修复措施,维护湿地生态系统的生态平衡,提高湿地生态系统的生态服务功能。坚持适度开发,以湿地景观和自然资源为依托,开发生态旅游与多种经营,实现保护区及其周边社区自然资源的可持续利用和发展,形成集生态保护、科研监测、科学研究、资源管理、生态旅游、宣传教育和生物多样性保护等功能于一体的示范基地,为建设张掖市生态文明示范工程服务。把黑河湿地建设成为生态优美、特色突出、功能齐备、富有时代气息的高品位国家级自然保护区

续表

生态功能区		基本概况	功能定位	发展方向
中部川区绿洲湿地复合生态功能区	中部绿洲灌溉农业发展亚区	位于张掖市域中部，河西走廊腹地山前冲积扇中下部，包括甘州、民乐、山丹、临泽、高台县的大部分川地区，总面积7646.96km²。年降雨量62～195mm，年均气温5.8～7.6℃，可利用水资源丰富，光照与热量资源充足，是高效灌溉农业区。敏感因子是盐渍化、次生盐渍化和沙漠化	张掖绿洲作为河西走廊最大的绿洲带，是一道遏制巴丹吉林沙漠南侵、保护祁连山水源涵养区的天然生态屏障，是古丝绸之路的生命保障线，是张掖经济社会发展的集聚区，也是生态最为敏感的脆弱区。本区主导功能为生态农业发展区，是经济与产业辐射功能区和人口集聚功能区	把生态农业发展、黑河流域综合治理、保护黑河湿地与城市建设紧密结合，以生产绿色农产品为重点建设现代农业大市，加快建设国家重点支持的粮食增产工程，着力推动绿洲现代农业示范区建设。控制农产品主产区开发强度，优化开发方式，以节水、生态、循环、高效为主要特征，发展生态农业。 壮大特色优势产业，积极推进农业的规模化、产业化。发展特色农副产品精深加工产业，促进经济发展，拓展农村就业和增收空间。加强农业基础设施建设，改善农业生产条件。加强以农田水利为重点的农业基础设施建设，加快农业科技进步和创新，提高农业物质技术装备水平。强化农业防灾减灾能力建设。 合理分配和利用水资源，推广节水型、生态型农业。按照"多采光、少用水、节省地、高效益"的要求，发展节水型农业，提高水资源利用效率，不再扩大农田灌溉面积，积极调整作物种植结构，限制种植水稻等高耗水作物。 以县城为重点推进城镇建设和非农产业发展，加强县城和乡镇公共服务设施建设，完善小城镇公共服务和居住功能。 农村居民点及农村基础设施和公共服务设施的建设，要统筹考虑人口迁移等因素，适度集中、集约布局
南部祁连山地生态功能区	南部沿山荒漠草原与旱作农业发展亚区	本区位于祁连山北麓及冲洪积扇中上部，主要包括肃南县大河乡、民乐县南部和山丹县南部，面积3918km²。年降雨量149～328 mm，气温温凉。首要敏感因子是土壤侵蚀，其次是沙漠化	本区主导功能为旱作农业、畜牧养殖、水土保持、宜最大限度地提高植被覆盖率、降低水土流失强度。辅助生态功能为生态景观功能及生态旅游	注重保护森林和草地资源，防治草场退化，防止超载过牧和草场利用季节性不平衡问题。山麓带退耕还林还草，适当发展特色林果业。适度调整山区林农种植结构，继续实施25°以上坡耕地退耕还林。加快生态移民，鼓励和引导天然水源涵养区的居民进行搬迁，保障移民建设用地

续表

生态功能区		基本概况	功能定位	发展方向
南部祁连山地生态功能区	南部森林保护与水源涵养生态功能亚区暨祁连山国家级自然保护区	本区主要为张掖境内祁连山国家级自然保护区（含焉支山、龙首山及东大山），位于张掖市南部，祁连山中段，包括肃南县大部，本区总面积22 093.40km²。海拔2500～4500m，年降雨量350～495mm。属土壤侵蚀高度敏感-中度敏感区。土壤中有机质和全氮含量均较高，含水量较大。保护区生态地域复杂，植被类型多样，具有中纬度山地植被的特征	祁连山是青藏高原东北部重要水源地和水源涵养区，是河西走廊的绿色水库，被誉为"高原冰原水库"。冰川储量大，对维系甘肃河西走廊和内蒙古西部绿洲的水源具有重要作用。本区主导功能为水源涵养、生物多样性保护、天然林保护、野生动植物的栖息地、维持区域碳氧平衡，同时具有科学研究和教育宣传的生态服务价值	以保护为主，切实加大祁连山水源涵养区保护力度，坚决落实《甘肃祁连山国家级自然保护区条例》，对核心区、缓冲区实行严格的保护措施，禁止一切开发活动。有效保护水源涵养林，大力营造人工林，确保区域水资源长期稳定。治理水土流失，维护或重建森林、湿地、草原等生态系统。严格保护具有水源涵养功能的自然植被，禁止过度放牧、无序采矿、毁林开荒、开垦草原等行为。巩固退耕还林、退牧还草成果。保护天然野生动物资源，建立繁育基地，禁止对野生植物进行滥捕滥采，保持并恢复野生动植物物种和种群的平衡，实现野生动植物资源的良性循环和永续利用。加强防御外来物种入侵的能力，防止外来有害物种对生态系统的侵害。保护自然生态系统与重要物种栖息地，防止生态建设导致栖息环境的改变。改进山区畜牧业发展方式，在现有草原围栏的基础上，重点发展高效的现代舍饲养殖，在不降低农牧民收入的同时，降低牲畜自然放养量，合理轮牧，保护林缘天然草地资源，减轻草场压力，使天然草场更好地发挥水源涵养功能。拓宽农民增收渠道，解决农民长远生计，推进生态补偿试验区建设，探索和运用生态补偿机制，通过向国家争取项目资金，逐步将自然保护区核心区的农牧民转为生态管护人员，加快缓冲区农村劳动力转移，最大限度地减少人为破坏，提高水源涵养能力

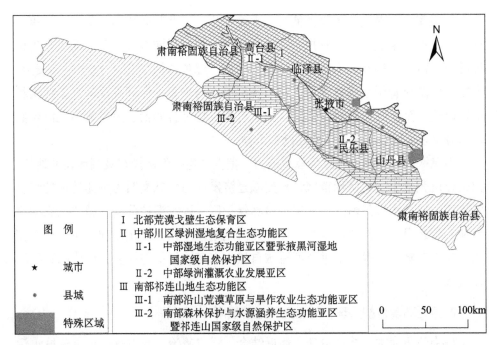

图13-1 张掖市生态功能区划

第二节 推动生态文明建设

1. 加强生态环境建设，构筑生态安全屏障

坚持"南保青龙、北锁黄龙、中建绿洲"，以祁连山生态保护与治理、黑河流域综合治理、湿地保护和大型综合防护林体系建设为重点，大力实施生态保护项目，全力构筑生态安全屏障。

南保青龙，提高水源涵养能力。实施林地、草地、湿地保护建设、水土保持、冰川环境保护、生物多样性保护。加快推进祁连山北麓游牧民定居工程，大力实施退耕还林、退牧还草等生态恢复和保护工程，落实祁连山自然保护区核心区农牧民转为生态管护人员的政策，加快缓冲区农村剩余劳动力转移，减少人为活动对生态的影响，不断提高祁连山水源涵养能力。

北锁黄龙，提高防风固沙能力。继续推进"三北"防护林、防沙治沙等工程建设，加强重点公益林管护和荒漠化治理，通过封滩育林育草，促进沙生植被的自然恢复，构筑北部荒漠区生态安全的"绿色长城"，维护绿洲生态安全。实施大型防风骨干生态林建设、农田林网更新与恢复、绿洲荒漠区人工残次林更新改造、荒漠区植被封育保护、林业有害生物综合防治、黑河流域荒漠化监测预警体系、城乡绿化一体化建设等工程。

中建绿洲，提高生态经济承载能力。把发展生态经济摆在极端重要的地位，积极建设张掖生态经济示范区，构建融经济发展与生态文明为一体的可持续发展体系。加快张掖黑河湿地国家级自然保护区、国家湿地公园、城北国家城市湿地公园建设，加强湿地水源涵养、黑河流域盐碱化及沙化治理、防护林更新改造和生态林建设等，推进黑河流域自然生态环境保护与恢复，创建国家级园林城市。

2. 强化环境保护治理，健全完善监管机制

坚持预防为主、综合治理，远近结合、标本兼治，着力解决重点流域水污染、矿区环境污染、城市大气污染、农村面源污染和土壤污染等突出环境问题。发挥市场在资源配置中的基础性作用，充分利用价格杠杆等经济手段，完善资源节约、替代与合理开发的激励、约束和补偿制度，形成反映资源稀缺程度、污染排放数量和市场供求关系的价格形成机制。继续完善许可证制度，实行排污总量控制制度，逐步减少二氧化硫、氮氧化物、氨氮、化学需氧量等主要污染物排放量。

3. 完善生态补偿机制，建立生态补偿试验区

落实国家生态补偿政策，完善森林效益补偿机制，扩大公益林补偿范围，逐步提高生态公益林补偿标准。探索建立以天然林管护补偿、天然草原补偿、荒漠植被管护补偿、水资源补偿、矿产资源开发补偿为主要内容的生态建设和环境保护补偿机制，争取自然保护区和重点生态功能区生态补偿资金，建立祁连山、黑河流域生态补偿试验区。积极开展湿地、水土保持生态效益补偿试点工作，促进生态保护与恢复。

4. 建设生态文化，打造环境友好型社会

加强生态环境法制教育和科普宣传，引导全社会树立正确的生态文明观，提高全民生态文明素养。坚持办好绿洲论坛，为生态城市的实践提供科学指导，为绿洲经济可持续发展提供理论支持。保护和开发生态文化资源，建设生态文化保护区和生态文化宣传教育基地，维护生态文化多样性。倡导健康文明的低碳生活方式，加快编制生态市建设规划，大力开展绿色社区、企业、学校、医院、家庭等创建活动和生态县区、乡镇、村社等生态文明创建活动，促进形成生态文明新风尚。

5. 进一步加快城镇生态环境建设，以生态建设引领城市发展

高度重视城镇生态环境建设，把城镇生态环境建设作为贯彻落实科学发展观的重要内容和改善民生的重要工程。市区以改善城市生态环境、建设生态城市为目标，以建立国家级湿地自然保护区、国家级湿地公园和国家城市湿地公园为切入点，加强城市生态建设和园林绿化工作。加快编制、实施国家级湿地公园二期规划，设置各类功能区；启动建设张掖国家城市湿地公园，配套渠路、栈道、科普、观赏、娱乐等设施；实施湿地水源涵养工程，建设环城河道，配套园林景观，增加城市灵气；完善主城区绿地系统，恢复"五塔"景观，加大公园绿地、防护绿地建设力度，分区域规划建设街头绿地和特色市民活动广场，形成一链、二廊、三环、多核的城市绿地系统、生态系统、景观系统。各县城要因地制宜编制和实施城市绿地系统规划，扎实抓好城镇生态环境建设和园林绿化工作，高台建设黑河水乡城市、临泽建设生态园林城市、山丹建设省级园林城市、民乐建设高原生态城市、肃南建设民族山水园林城市，提升城镇品位和知名度，促进城镇人与自然和谐相处。

第十四章
建立健全劳动力转移和城乡协调发展的制度

第一节　城乡水资源管理制度

　　城乡水资源管理是以现代水权和水市场理论为基础，改革用水方式和管理模式，建立政府调控、市场引导、公众参与的水资源管理运行机制，采取行政、经济、工程、技术等综合措施，确立指标，明晰水权，实施总量控制、定额管理，推行水票运转方式，组建农民用水者协会，促进水市场形成，实现城乡水务一体化管理，通过经济结构调整与水资源优化配置的双向促运，提高水资源的利用效率和效益，实现人与水、经济与生态的和谐统一。逐步建立统一管理、职责明确、分级负责、行为规范运转协调的水资源管理体制。打破城乡分割、行业用水分割的管理体制，对全市水资源实行统一规划、统一调度、统一发放取水许可证，统一征收水资源费。实施工业用水定额、城市生活用水定额和生态用水定额指标。

　　随着经济的发展，以及保障黑河分水，张掖市水资源结构性和资源性缺水的局面会进一步加剧。因此，要实现张掖市和区域的可持续发展，必须以流域为基本单元，对水资源进行统一管理和调度。应通过流域立法，制定和完善有关流域综合治理和水资源管理的政策、法规来协调地方利益冲突，实现流域水资源的统一优化管理调度，建立以水权为中心的水资源管理和运行机制，并以流域为单元，地表、地下水相结合，水质、水量统一管理和城乡水务一体化管理模式，对全市水资源实行统一规划、统一调度，以促进水资源的合理开发、优化配置和高效利用，从而保证黑河流域的用水安全。

同时，针对水资源分配和流通的核心问题——如何协调利益分配，可以通过市场力量资源优化配置的优势来配置水资源，从微观上提高水价促进节水，从宏观上培育流域水市场促使流域上、下游之间及地区和部门之间的用水，从而促使流域水资源高效配置和流转。遵循水价形成机制，结合资源水价和环境水价，依据国家《水利产业政策》规定，按照满足运行成本、费用和获得合理利润的原则，建立符合市场经济规律和黑河流域特点的水价体系，发挥价格在节水中的杠杆作用，形成政府宏观管理、市场决定使用的水资源分配和利用机制。建立"高效节水防污的城镇体系"和"以水定城""节水养城"的城镇，加强对水资源的管理和利用，并建立与区域水资源承载力相适应的经济结构体系，以及与水资源优化配置和高效利用相适应的水利工程体系，提高水资源节约意识。针对水资源污染的日益严重，以及污水处理和循环使用有限的情况，要加大对工业污水与城镇污水的监督管理力度，建立污水循环利用的制度、法规，实施污水资源化。

随着张掖市经济、社会的快速发展，水资源短缺矛盾日益突出，为调节和缓解水资源的供求矛盾，需要建立水权制度，引进市场机制，实行水资源的有偿使用机制和价格机制，优化配置水资源，提高水资源的利用效率和效益，以水资源的可持续利用支撑经济、社会的可持续发展。

2002年年初，水利部正式将甘肃省张掖市确定为全国第一个农村节水型社会试点地区。张掖市选择在临泽县梨园河灌区和民乐县洪水河灌区展开试点。在试点中，把用水制度改革作为重点突破口，以此带动节水型社会建设全面展开。先根据各类作物多年来亩均用水量和后十年（2002～2012年）第二、第三产业、生态、生活用水的发展目标，确定灌区的总用水量。再根据灌区内农户承包地的数量，确定农户的水权及水量，并颁发水权证。在改革中，张掖制定了水资源管理、水费计收、水权交易、水利工程管理等一系列完备的制度，并成立"农民用水者协会"参与水资源管理，协会成员由农民选举产生。"农民用水者协会"负责将水权分至各农户，向农民出售水票，管理配套水利设施，处理农民用水交易纠纷等。水权制度改革后，水资源开始变为商品，农民用水完全实行"水票制"，即农民根据水权证标明的水量购买水票，用水时先交水票后放水。如果超额用水，需通过市场交易从有水票节余者手中购买，价格也是

"随行就市"。

一、建立水资源的有偿使用机制

水资源的有偿使用是指水资源使用者在取得水资源使用权时必须付出一定的费用或代价。建立和完善水资源有偿使用机制，可通过如下途径：①增加水资源收费范围，提高收费标准。水资源的价格应包括水资源费、水资源补偿费、税费、水处理费、污水处理费、输送费、超量水费等；②建立与取水许可制度相配套的水资源有偿使用制度；③建立排污收费制度，提高排污费的收缴额度，使排污费远远高于水资源恢复治理的费用；④加强对地下水污染和破坏的处罚力度，避免造成区域性下水资源的枯竭；⑤大力提高水资源的利用率和重复利用率。

二、完善初始水权分配制度

1. 合理确定用水总量控制和微观用水定额

水权的载体是一定水质和水量的水资源，分配水权就是要明确用水量。建立宏观用水控制总量和微观用水管理定额两个指标体系，是水权制度建设、初始水权分配和水权管理的基础。宏观用水总量控制指标确定后，通过层层分解，明确各地区、各部门、各行业、各乡镇、各村乃至各用水户可以使用的水资源量，把可利用的水资源量化到每个流域、地区、灌区、城市和单位，对各级用水进行控制。根据用水总量控制指标规定水资源的开发利用量，禁止超量取水。实行定额用水基价和超定额累进加价的水价制度，对浪费用水实行惩罚性水价。

2. 明确初始水权分配原则

（1）可持续性原则。保证区域水资源的可持续利用和社会经济的可持续发展。

（2）优先原则。在同类用水中，时间优先、水权优先；不同类水中，生活用水优先、基本农田灌溉用水优先；未开发水源的开发利用，效益优先、投资能力优先。当供水不能满足所有水权的水量要求时，按优先顺序供水，并按比例减少所有水权的用水量，但优先级高的用水减少比例小、优先级别低的减少比例大。

（3）节约用水，留有余量原则。根据合理的用水定额核定用水量，分配水权。由于各地经济发展不平衡，需水发生时间不同，人口增长和异地迁移会对水资源产生新的基本需求，初始水权分配在考虑生态系统需水不断增长的前提下，强调节约用水，需要适当留出一定余地。

（4）公众参与原则。初始水权分配应体现公开、公正、公平原则，鼓励公众参与初始水权分配方案的制定，成立用水户协会，负责各协会范围内初始水权分配的监督和协调工作。

3. 规范初始水权分配

水资源使用的主体是用水户，分配水资源的使用权就是要分配到用水户。

第一层次：将黑河流域水资源初使权分配到各地市。由于黑河流域横跨甘肃、青海、内蒙古三省（区），因此水量分配方案应由国务院或其授权部门批准，确定各地的用水总量控制指标。

第二层次：将张掖市水资源初使权（包括地表水和地下水资源使用权）分配到各区（县），政府行使水资源使用权，根据分配的水资源量，制定各行业用水总量控制指标。

第三层次：将各区（县）水资源使用权分配到水库、灌区、城市供水企业和其他直接从江河、湖泊或者地下水取用水资源的单位和个人。

第四层次：将水库、灌区和城市供水企业的供水分配到农户、城市居民和单位，实现水权配置到户。各区（县）政府根据可供水量和用水定额，向农民和城市企事业单位颁发水资源使用权证。

4. 完善水权管理制度

（1）明确水权所有者的权利与义务。持有水权证的用水户，应享有用水权、转让权、收益权和继承权。明确用水户的优先级别和用水量的增减方法，其节约下来的用水量，可依法转让并得到收益。供水单位保证按质按量供水。

（2）完善水票制。把水票制与水权管理结合起来，以水权总量确定水票，凭水票供水，使年度用水总量指标落到实处。完善水票制度首先要明确水票与水权的关系。水权是用水户利用水资源的权利，单位或个人经过法定程序支付水资源费后获得水权；实际用水时，还需要支付供水、输水、配水设施的运行费用和产权收益，即支付水费。水票反映用水户与供水单位之间的需要契约关系，用水户向水管单位购买水量，水管单位凭水票必须保证向其及时足量供水。

（3）建立水权登记制度。包括用水者名称和地址、水权使用的期限、水量、用途、取水地点、取水方式和节水措施；退水地点和退水中主要污染物含量、污水处理措施等；水权转让应进行记录等。

（4）建立水权公示制度。水行政主管部门（或其授权的水权管理部门）在对水权申请者进行资格审查后，对水权进行公示并举行听证会，决定是否批准用水户的水权申请。

（5）建立水权调整制度。因用水条件和水体状况发生变化而需要变动水权时，重新申请水权的单位或个人，要按照《取水许可制度实施办法》，履行相关程序重新申请、获准取水许可证，水行政主管部门会同有关部门统筹考虑水权现状及水权持有者的意见，对水权进行适当调整，调整后的水权按规定程序登记注册。

（6）建立水权终止制度。水权证有效期满，不再申请延期，或虽申请延期，但未被水行政主管部门（或其授权签发水权的机构）批准；违反相关政策法规，未按用途用水或不合理用水，或未达标排污；未依法进行水权转让；水行政主管部门（或其授权机构）有权吊销其水权证，终止其用水权。

5. 规范水权转让、培育和发展水市场

（1）由于水资源的特殊性，水市场是不完全市场（"准市场"）。水权转让涉及社会、政治、经济等各个方面的因素，不可能是完全的市场行为，必须受到政府的宏观调控，接受监管。水权转让必须遵循交易程序和规则，保证水权转让方、接受方和第三方的利益。

（2）成立水权交易管理部门。汇总用水资料，发布水资源供求动态信息，促进水权交易；监管水权交易活动，保证水权转让活动顺利实施。

（3）建立交易者资格审查制度。水权的卖方必须符合是可交易水权的合法拥有者；转让的水权可交易且无争议。水权买方必须符合取水、用水、节水条件。

（4）建立第三方影响评估和补偿制度。第三方影响主要有以下三类：①上游用水对下游的影响，特别是上游水权所有者将水权出卖给高耗水、高污染用户时，会影响下游的水量和水质。②向水体排放污染物造成水体质量下降，影响水资源利用价值。③跨地区水权交易时，可能会对卖水区产生潜在消极影响。管理机构应对水权交易可能造成的第三方影响进行评估，若对第三方的损害大于水权交易潜在的收益，交易行为不能获准。

（5）规范交易方式。水权交易可采取"协商"与"拍卖"两种形式。

（6）制定交易程度。①水权持有者和有意接受水权者分别向张掖水权交易管理部门提交水权转让申请书和水权购买申请书。②水行政主管部门（或其授权的水交易市场管理部门）在收到转让申请书和水权购买申请书后，根据水权转让的原则，依法对申请进行资格审查和影响评估。③资格审查合格、影响评估通过后，应将交易意向公示；相关各方无异议后，向交易双方发出审查意见；交易双方缴纳相应的管理费用后，发出正式批文，并将水权转让交易的结果登记注册，通告社会。④水权转让双方得到管理机构的同意后，可以实施交易行为。

第二节　城乡土地管理制度

一、建立城镇用地规模调控机制和节约集约机制

1. 建立城镇用地规模调控机制

严格控制新增城镇建设用地规模，执行城市用地分类与规划建设用地标准，实行增量供给与存量挖潜相结合的供地、用地政策，适度增加集约用地程度高、发展潜力大、吸纳人口多的县城及集镇建设用地，提高城镇建设存量用地比例。探索实行城镇建设用地增加规模与吸纳农业转移人口落户数量挂钩政策。适当控制工业用地，优先安排和增加住宅用地，合理安排生态用地，保护城郊菜地和基本农田。统筹安排基础设施和公共服务设施用地。

2. 健全节约集约用地制度

完善各类建设用地标准体系，严格执行土地使用标准，适当提高工业项目

容积率、土地产出率门槛，探索实行长期租赁、先租后让、租让结合的工业用地供应制度，加强工程建设项目用地标准控制。建立健全规划统筹、政府引导、市场运作、公众参与、利益共享的城镇低效用地再开发激励约束机制，盘活城镇存量用地，建立存量用地退出激励机制，推进老城区、旧厂房、城中村改造和保护性开发，发挥政府土地储备对盘活城镇低效用地的作用。加大农村土地综合整治，健全运行机制，规范推进城乡建设用地增减挂钩，总结推广工矿废弃地复垦利用经验。

3. 深化国有建设用地有偿使用制度改革

扩大国有土地有偿使用范围，逐步对经营性基础设施和社会事业用地实行有偿使用。减少非公益性用地划拨，对以划拨方式取得用于经营性项目的土地，通过征收土地年租金等方式纳入有偿使用范围。

4. 深化征地制度改革

缩小征地范围，规范征地程序，完善针对被征地农民的合理、规范、多元保障机制。建立兼顾国家、集体、个人的土地增值收益分配机制，合理提高个人收益，保障被征地农民长远发展生计，健全争议协调裁决制度。

二、深化农村土地管理制度改革

全面完成农村土地确权登记颁证工作，依法维护农民土地承包经营权。在坚持和完善最严格的耕地保护制度前提下，赋予农民对承包地占有、使用、收益、流转及承包经营权的抵押、担保权能。保障农户宅基地用益物权，改革完善农村宅基地制度，在试点基础上慎重稳妥推进农民住房财产权抵押、担保、转让，严格执行宅基地使用标准，严格禁止一户多宅。在符合规划和用途管制前提下，允许农村集体经营性建设用地出让、租赁、入股，逐步实现与国有土地同等入市、同权同价。建立农村产权流转交易市场，推动农村产权流转交易公开、公正、规范运行。

（一）强化基本农田（草原）保护制度

严格土地用途管制，统筹耕地数量管控和质量、生态管护，完善耕地占补平衡制度，建立健全耕地保护激励约束机制。落实地方各级政府耕地保护责任目标考核制度，建立健全耕地保护共同责任机制；加强基本农田（草原）管理，完善基本农田（草原）永久保护长效机制，强化耕地占补平衡和土地整理复垦监管。

（二）推进农村土地流转

农民和土地的问题始终是在中国国情下的重要问题。土地流转使更多的农民从土地上解放出来，向城镇转移，向第二、第三产业集中，培育了新的创业群体，促进了城乡一体化发展。土地制度（包括所有权和使用权）是一项基本制度，历来是社会经济革命或变革的重要任务。进行农村土地流转制度创新，逐步割断离农转移劳动力同土地的"脐带"。农村剩余劳动力要实现彻底转移，自下而上的农村城市化赖以发展的基础的非农产业要实现专业化发展，面临一个不可回避的问题是如何处置转移劳动力原来承包的耕地，避免大量的亦工亦农的兼业化现象。为此，迫切需要土地使用权流转制度的创新，促使转移劳动力的土地向种田能手集中，实现农业规模经营。土地作为一种基本的生产要素，只有合理流转，才能提高其使用效益。从耕地退出的角度看，应该让退出耕地经营权的农户仍能凭他们原拥有的土地经营权而获得经营权收益。从耕地流入的角度看，政府应当采取措施培育、造就一个懂经营、会管理的农场主阶层。

随着农村经济发展和改革的深化，家庭联产承包责任制本身固有的弊端和所带来的矛盾日益显露，最大的问题是：土地资源的配置是一种人为的静态配置，土地使用权不能作为商品合理合法地流动，农村各种生产要素得不到合理配置和优化组合。

放活土地使用权，建立土地流转机制，对土地资源进行动态配置，让土地在流动中吸纳劳力、资金、技术等生产要素并与它们达到最佳组合。

土地流转既是实现农村经济工业化、城镇化的要求，也是农业产业化发展的必然要求，合理的土地流转，能够使农民从耕地上解放出来从事其他产业，使土地适当集中，形成建设规模，为建设农业基地和服务组织创造条件，带动农业向产业化经营和标准化方向发展，从而最终提高水资源的利用效益。促进土地合理流转，实行集约化、规模化经营，是提升农业产业化经营水平的必然选择，也是发展现代农业的必要前提和基础。近年来，甘肃省张掖市积极探索土地集约化经营的实现形式和运行机制，走出了一条适合当前农村土地流转的新路子——土地租赁集约经营（俗称"反租倒包"），创新了龙头企业与基地农户的利益联结机制，实现了农村土地经营的规模效益。

1. 土地流转的主要形式

（1）企业反租倒包。龙头加工企业为了确保生产原料需求，确定核心原料生产基地，采取大片租赁农民土地，再以每亩支付租赁费 200～500 元、务工费 100～200 元的办法转包给农户，实行品种、技术、施肥、施药、收获统一管理，既有利于新品种、新技术的推广应用和机械化种植、收获，降低了生产成本，提高了生产效率，又使农户通过租出土地获取了稳定的收益，剩余劳动力在基地和企业打工增加了收入。2007 年，山丹瑞达淀粉公司通过这种形式租赁农户土地 2.9 万亩，稳定、扩大了原料生产基地。

（2）公司自主经营。企业将从农户手中租赁的土地委派技术人员和种田能手经营管理。这样既保障了良种的试验培育、示范和推广，又应用推广了机械化种植和收获、节水灌溉、科学施肥等标准化生产新技术，提高了科技含量和亩均产量，使生产成本最小化，为大面积规模化种植提供了经验和依据。

（3）村社租赁经营。村委会干部牵头，与龙头企业签订购销合同，将农户的土地整体进行租赁，再将租赁的土地转包给农户或种植大户，村委会不收转包费，只是在种植大户向加工企业交售原料时，每千克提留 2～4 分钱作为村级积累。山丹县清泉镇双桥村将租赁本村农民的 700 亩土地，以每亩 450 元的价格转包给曹平等四人，进行马铃薯连片种植。仅此一项，租出土地的农户获得转让费 31.5 万元（除青壮劳力出外打工外，留守老人、妇女还可通过切种、种植、田间管理等增加收入 3.15 万元），承租者每人预计可获纯收入 15 万元以上，村委会也可增加一定数额的收益。

（4）联户租赁经营。多户农民联合起来，集中人力、物力、财力，租赁承包农户土地，进行连片种植，实现共同收益。山丹县霍城镇杜庄村在马铃薯生产示范建设中，多户联合，基本实现了整村水地反租倒包、集约化经营。全村连片种植马铃薯 800 亩，占本村水浇地的 84.5%。

（5）能人租赁经营。一些能人和种植大户，凭借自己的资金、技术和信息优势，与外地客商签订供货合同，然后租赁农民土地或承包集体土地，将农户分散的土地集中起来以销定产进行规模经营。山丹县霍城镇西坡村农民何文清，

2006年以每亩300元的租赁费租赁承包村上和山丹军马三场耕地1200亩繁育马铃薯良种，在生产过程中全部采用机械播种、施肥、起垄、土壤消毒、除草、覆土覆膜等标准化种植技术，收入170多万元。

临泽县作为甘肃省农村土地流转和土地纠纷调解仲裁规范化管理试点县之一，通过调查摸底、制定实施方案，成立机构、启动试点宣传培训、统一思想、确定原则、严把政策，规范程序、严格操作，全面清理、补签合同、整章建制、规范运行，扎实高效地完成了试点工作任务。出台了《临泽县农村土地承包经营权流转管理办法》《临泽县农村土地纠纷调解和仲裁办法》等地方规范性文件，统一使用了规范的《农村土地流转合同文本书》等23种仲裁文书，结合实际开展工作，有效地规范了全县农村土地承包秩序，促进了承包经营制度的进一步稳定和完善，保障了广大农民群众的合法权益，极大地化解和减少了农村土地矛盾，维护了农村社会稳定。

根据甘肃省张掖市农业局2014年3月至2014年6月的专项调查，截至2013年年底，农村土地流转面积约91.1万亩，占承包面积的36.43%，涉及农户8.42万户，主要有出租、转包、转让、互换、代耕代种等形式，其中出租面积约64.64万亩，占流转总面积的70.97%；转包面积约12.61万亩，占流转总面积的13.84%；转让面积1.75万亩，占流转总面积的1.92%；互换面积约5.38万亩，占流转总面积的5.91%；代耕代种面积约5.95万亩，占流转总面积的6.53%；股份合作面积约0.76万亩，占流转总面积的0.83%。全市规模经营面积74.83万亩，其中由承包户合作经营面积4.76万亩，租赁农户耕地经营面积69.21万亩，承包集体经济耕地面积0.86万亩。从规模经营单位数量来看，全市共有规模经营单位4519个，其中，农民专业合作社1710个，龙头企业79个，专业大户2153个，家庭农场574个，其他3个；从规模经营面积来看，50～100亩的2443个，101～500亩的1554个，501～1000亩的305个，1000亩以上的217个；从种植情况来看，种植大田玉米面积8.2万亩，制种玉米面积20.77万亩，马铃薯面积10.63万亩，蔬菜面积5.01万亩，中药材面积9.75万亩，林果面积0.38万亩，食葵、小麦等其他面积20.08万亩（表14-1）。

农村土地流转呈现出三个突出特点，形成了四种模式。三个突出特点分别为：一是流转速度加快。2013年全市农村土地流转面积达到91.09万亩，较2012年增加25.39万亩，规模经营面积较2012年增加19.13万亩；全市种植大户流转经营的面积达到 38.1 万亩，其中流转面积 100 亩以上的达 1003 户；万亩流转乡镇和整村流转增多，全市万亩流转乡镇达到 25 个，整村流转的村达到 33 个。二是流转形式多样。主要包括转包、转让、互换、出租、入股、代耕代种等形式，其中出租面积达到 64.64 万亩，占流转总面积的 71%。三是流转主体多元。2010 年以来，越来越多的农业产业化龙头企业、专业合作社等经营主体投资参与农业规模经营，成为推动农村土地流转的重要力量。2013 年，种植大户流转 38.1 万亩，龙头企业流转 23.49 万亩，合作社流转 18.2 万亩。通过多年发展，形成的四种模式：一是种植大户牵动型，这种类型的大户 3426 户，涉及农户 25.6 万户，经营面积 38.1 万亩，占流转面积的 41.8%；二是专业合作社统领型，这种类型的合作社 163 个，涉及农户 0.6 万户，经营面积 18.2 万亩，占流转面积的 20%；三是龙头企业租赁型，这种类型的企业 29 家，涉及农户 0.9 万户，经营面积 23.49 万亩，占流转面积的 25.8%；四是亲友托管协作型，这种类型的 2.9 万户。

表 14-1　张掖市农村土地流转经营情况

项目	单位	甘州区	临泽县	高台县	山丹县	民乐县	肃南县	合计
家庭承包耕地流转总面积	亩	221 200	71 750	69 870	249 993	480 028	7 200	1 100 041
1.转包	亩	19 507	12 670	20 588	1 990	7 181	7 200	69 136
2.转让	亩	800	2 610	—	—	—	—	3 410
3.互换	亩	87 432	4	—	—	6 050	—	93 486
4.出租	亩	97 501	50 706	45 465	245 903	443 744	—	883 319
5.股份合作	亩	4 500	6	3 817	2 100	0	—	10 423
6.其他形式	亩	11 460	5 161	—	—	23 053	—	39 674
家庭承包根底流转去向								
1.流转入农户的面积	亩	127 342	14 267	11 166	187 006	54 295	5 500	399 576
2.流转入专业合作社的面积	亩	63270	14535	16871	62987	75 423	1 700	234 786
3.流转入企业的面积	亩	11 024	20 332	9 840	—	18 619	—	59 815
4.流转入其他主体的面积	亩	19 564	226 161	31 993	—	331 691	—	609 409
流转用于种植粮食作物的面积	亩	186 483	47 974	40 467	18 345	235 305	—	528 574
流转出承包耕地的农户数	户	18 709	7 149	5 889	17 857	31 600	452	81 656
签订耕地流转合同份数	份	18 187	6 419	5 089	17 857	31 403	396	79 351
签订流转合同的耕地流转面积	亩	172 309	71 750	60 935	249 993	440 683	5 000	100 0670
仲裁机构队伍情况								
1.县级仲裁委员会数	个	1	—	1	1	1	1	5
2.乡级调解委员会数	个	18	2	9	8	10	7	54
3.村级调解小组数	个	245	17	136	110	172	102	782
仲裁委员会人员数	个	21		15	22	9	21	88
1.农民委员人数	个	3	—	2	1	1	7	14
2.聘任仲裁员数	个	21	—	25	22	40	40	148

续表

项目	单位	甘州区	临泽县	高台县	山丹县	民乐县	肃南县	合计
仲裁委员会日常工作机构人数	个	8	—	4	6	6	9	33
仲裁委员会专职人员数	个	5	—	2	6	2	—	15
土地流转市场体系建设情况								
1.县级流转服务中心数	个	1	2	1	1	1	1	7
2.乡级流转服务站数	个	18	7	9	8	10	7	59
3.村级流转服务点数	个	245	71	135	110	172	—	733

—表示无数据

　　甘州区在加快建立健全土地使用权流转机制，促进农村各种生产要素的合理流动和优化组合过程中，土地使用权流转面积已达 4356 亩，占全区耕地总面积的 0.65%。土地使用权流转呈现良好的发展态势，流转主要通过自主流转、大户转包、土地互换三种形式：①自主流转主要是农户根据需要自发进行流转，包括农户向本集体经济组织内成员的转包、转让、代耕代种和组织外经营者的租赁。这种流转分散、期限较短、转包标的不定、协议简单。它是目前农村分布最广、数量最大的土地流转形式。②大户转包主要是一些长期劳动力外出或稳定从事第二、第三产业农民的土地转包或租赁给接受方开展规模经营。这种流转面积往往连片较大，形成规模经营，经营户一般都是种养大户或经营能手，是一种最典型的有组织的流转形式。此种流转形式虽然还不普遍，但较之自主流转前进了一步，村级组织在其中起到了关键作用，有利于协调农户促使土地连片；有利于对外签订租赁协议，建立稳定的流转关系，具有较好的发展前景。③土地互换主要是为了方便耕种和管理的需要，农户之间实行土地使用权互换，如我区玉米制种户，为便于化分隔离区，通过乡村干部的帮助，在本村范围内以同样数量的土地，并辅以一定的经济补助，进行土地使用权互换，实现土地连片集中。

　　2010 年以来，随着粮食逐步走向市场化，土地使用权流转步伐加快，一方面显现出了一些新的特点：流转形式上实现由无偿向有偿的转变；土地使用权流转的主体由单一转为多样；土地使用权流转的市场取向明显。另一方面，土地流转初显成效：①土地使用权流转提高了土地资源利用率；推进了农村土地规模化进程，逐步实现农业的区域化、专业化、现代化。②土地使用权流转后，部分农民从事第二、第三产业生产经营，既获得了劳务收入，又学到了许多实用技术和经营管理技术，劳动者素质大大提高。同时，土地流转有利于人地分离，部分农民或业主将零星分散的承包地相对集中，解除了土地对农村剩余劳动力的束缚，推动了农村劳动力向非农产业转移，加快了农村劳动力的转移步伐。

2. 存在的主要问题

（1）土地流转不规范，隐患较多。农户间自由流转的大部分为口头协议，从调查结果看，农户私下自由流转占相当比例，农户在鉴定土地流转合同时怕麻烦，相互间拉不下情面。一些乡镇、村社的土地流转合同业主与农户之间的责、权、利关系没有明确的规定。

（2）土地流转市场化程度低，缺少中介服务性机构。目前，土地流转还没有形成完善的市场体系，缺乏一个从上到下网络状的中介服务机构，致使土地供求双方的信息受阻，信息辐射面狭小。

（3）认识不统一，政策不完善。农民具有很强的恋地情结。由于长期以来形成的对土地的依附性，一些农民想将承包土地的使用权进行流转而又心存疑虑，害怕彻底失去土地，当其外出打工或无力耕种时，往往选择私下协商代耕、临时性转包，相当部分农民把土地作为在其他行业呆不下去时的一种退路。

（4）土地流转费的确定没有可操作的价格标准。

3. 主要措施

（1）统一思想，提高认识。要充分认识到农村土地使用权的流转和集中是一个不平衡的、渐进的长期过程。农村劳动力向非农就业的转移将是一个漫长的过程。落实党的农村土地政策，保障农民的土地权益。在充分尊重农民意愿的前提下，允许打破按产业承包的界限和分散承包的格局，建立"自愿、依法、有偿"土地使用权流转机制，提高农地资源的配置效率。充分认识稳定完善的土地承包关系的重要性，要通过对土地流转的宣传和引导，向农民讲清土地流转的积极作用，让农民充分认识土地流转是解决人－地矛盾、地－水矛盾和增加农民收入的有效途径，土地流转不会动摇家庭承包经营权。真正让农民看到土地流转的好处，因势利导促进土地正常流转。

（2）把握原则，指导土地流转正常进行。土地流转要按照确定所有权、稳定承包权、搞活经营权、保障收益权的要求，坚持依法、自愿、有偿的原则有序进行。在具体的操作上应把握以下几点：一是自愿选择、互利有偿。农户是土地承包和流转的主体，对承包土地依法享有使用权、收益权和流转权，有权自主选择流转对象、数量、期限、租金等。集中成片流转的，须征得涉及农户的一致同意。由乡村集体经济组织引导的土地流转应当公开透明，不得搞暗箱操作。二是土地流转坚持不改变土地所有权和土地用途的原则。流转后的土地仍归农村集体所有，承包经营者不得擅自改变土地的农业用途。三是坚持在承包期内流转的原则。不论采取何种流转方式，流转期限不得超过二轮承包合同规定的承包期限。

（3）加强管理，保证土地有序流转。土地流转涉及农村基本经营制度和农民的切身利益，事关改革、稳定和发展，政策性强。为使农村土地流转工作制度化、规范化，重点建立以下四项制度：一是土地流转公开制度。为防止土地流转过程发生暗箱操作侵犯农民切身利益的行为，坚持把土地流转列为村务公开、民主管理制度的主要内容之一。二是土地流转备案制度。农户在自愿协商的基础上，采取规范形式流转的土地，双方当事人签订土地流转合同，并报村社发包方备案，保证农村土地流转的合法。对已形成稳定流转关系的要督促流转双方订立流转合同，同时加强对已订立合同的备案审查和鉴证，及时发现问题、消除隐患。三是调解仲裁制度。现已成立的农村土地承包合同管理机构和纠纷调解仲裁机构，要妥善化解和处理土地流转纠纷，依法维护流转双方的合法权益，促进农村土地流转的健康发展。四是档案管理制度。建立并管理好农村土地流转的档案，努力做到档案信息真实完整。

（4）依托乡、村集体经济组织，培育土地流转中介机构。在建立土地使用权流转机制过程中，通过建立三级（区、乡镇、村）土地信托服务体系，开展供求信息登记发布、中介协调、纠纷调处等工作；通过培育土地流转中介机构，使土地使用权流转从小范围转向大范围，从临时性、季节性转向整体性、常年性，从单向性转向综合性，把土地使用权推向市场，建立土地流转的长效机制；规范土地有序流转，促进农业结构的战略性调整，实现生产要素的优化重组。

（5）明确责任，强化服务职能。目前，农村土地流转中以自发性交易现象较普遍，这种自发性交易往往会加大交易成本和履约成本。要降低双方的交易成本和履约成本，就要在现有管理部门的基础上，设立区、镇、村三级土地流转的管理机构，建立、健全土地流转市场及其相关联的信息、咨询、评估系统，促进土地流转和业主开发的规范化、有序化。

第三节　城乡人口管理制度

农村劳动力转移在过程上可分为流动过程和稳定过程两个阶段。流动是农村劳动力离开农村或农业向城镇或非农产业转移，寻求新职业的过程；稳定是农村劳动力从农业中分离出来后相对稳定或"沉淀"于城镇地区或在非农产业就业的过程。

首先，要在管理体制上实行一系列相关的制度创新，改变流动人口体制外生存的格局。通过流动人口体制改革，"固化"流动人口漂流不定的心态与行为，这样既能主观上提高流动人口对流入地社会的认同感和归宿感；又便于客观上将流动人口的管理纳入迁入地区管理体制，从而有助于简化和方便城市发展规划和管理工作。这方面需要有关部门提供新的制度安排，将流动人口从体制外纳入到城市体制内社会生活中，提高他们对城市社会生活的参与程度，克服民工在劳资关系中的弱势地位和流入人口同本地居民的社会分割状况。新的制度安排应能做到，流入人口在为流入地创造巨大的社会财富的同时，也能够在流入地公平地享受到应得的利益，他们的户口、就业、生产经营、住房、医疗、养老、保险、子女就学、文化生活等都应该能成为流入地现存体制的组成部分，而不是仍然处于一种无法被流入地社会充分接纳的生存状态。只有将流动人口纳入到创新的体制内社会生活中，让他们也能公平地享受到体制的利益并受体制的约束，才能提高其经济地位和社会地位，以及对流入地的认同感和归属感，消除内外体制分割造成的社会分割状态。

其次，还需强化流动人口行为的自我约束意识，逐步建立和完善流动人口管理的外部、自身双重约束机制。政府部门、社会力量、社区居民、流动人口本身都应参与对流动人口的组织化建设，建立相应层次的管理机构。对进入正规部门"有单位"的流入人口，要进一步提高其组织化程度；而对"无单位"的流动人口，尤其是处于管理真空状态的"游动人口"，采取有力措施，将其纳入组织化管理范围。同时要充分利用流动人口聚居区的民间自我管理组织，逐步建立和完善流动人口自我约束机制，提高流动人口自我组织化的程度和自我管理水平。在具体管理手段上，运用证件管理和准户籍制度，强化证件管理的功能。流动人口管理的难度是因为流动人口一没有户口，二没有单位，体制外生存，组织化程度低，这就需要寻求新的管理方式和手段，提供新的制度装置，使流动人口的管理规范化。

（一）建立居住证制度

解决好人口问题是推进劳动力转移和城乡协调发展的关键，现行张掖市户口政策与城镇化发展不相适应。城镇基本公共服务以户籍管理制度为基础，公共服务规划和相关政策决定的服务资源配置以户籍人口为基准，使得外来流动人口与户籍人口在享受公共服务上存在差别。为此，推行居住证制度就成为一项重要的政策措施，以促使地方政府承担外来流动人口平等享有当地公共服务的责任。

从目前张掖市城镇化发展要求来看，主要任务是解决已经转移到城镇就业的农业转移人口落户问题，努力提高农民工融入城镇的素质和能力。要根据张掖市资源禀赋，发展各具特色的城市产业体系，强化城市间专业化分工协作，增强小城镇产业承接能力，特别是要着力提高服务业比例，增强城市创新能力。全面放开建制镇和集镇落户限制，有序放开张掖市落户限制，合理确定其落户条件。

根据甘肃省委、省政府研究出台的《甘肃省政府关于进一步推进户籍制度改革的实施意见》，就解决农业转移人口落户、建立居住证制度、统一城乡户口登记，形成系统规范的制度，张掖市应适时推出居住证实行全市"一证通"，让生活在张掖市的居民平等享受社会保险、义务教育等公共服务。推进农业转移人口市民化要坚持自愿、分类、有序，充分尊重农民意愿，因地制宜地制定具体办法，优先解决存量，有序引导增量。

1.居住证制度建立

结合张掖市人口流动及居住现状，为强调实有人口管理，对于非当地户籍人口，无论居住时间长短，都要求进行登记，形成了"临时居住证＋长期居住证"，或者"居住登记（不办证）＋居住证"的登记体系。在制度建设上，应专门制定居住证管理办法，从居住证制度的三个条件出发，即申领条件（表14-2）、凭证享受服务和权益保障（表14-3），以及居住证人员申办常住户口条件，制定出符合新型城镇化发展的户口政策。

表 14-2　张掖市对居住证申领条件的限定

临时居住证	居住证
到达居住地拟居住 1 个月以上的非张掖市区户籍人员均可办理，有效期为1年	拟居住时间在 1 年以上且符合下列条件之一的非张掖市区户籍人员，具体的条件如下：①已经与用人单位签订劳动合同并且在居住地的劳动保障部门连续缴纳社会保险费6个月以上的人员；②在工商行政管理部门取得营业执照的人员；③已购买房屋或者已在房管部门办理了房屋租赁登记备案，且在居住地的劳动保障部门连续缴纳社会保险费 6 个月以上的人员；④符合张掖市落户条件，但本人尚未办理户口迁移的人员；⑤张掖市居住证持证人的未成年子女。有效期为5年

表 14-3　张掖市对居住者享受服务和权益保障的限定

临时居住证	居住证
①参加本市组织的有关劳动技能比赛和先进评比，并享受相应待遇；②免费享受国家规定的基本项目的计划生育技术服务，符合法定条件者可在现居住地办理第一个子女的生育服务登记；③传染病防治和儿童计划免疫保健服务；④在居住地申领机动车驾驶证，办理机动车注册登记手续；⑤乘坐城市公共交通工具按照规定享受优惠；⑥法律服务和法律援助；⑦依法参加居住地社区组织和有关社会事务管理；⑧按照规定享受公共就业服务、社会保险等居住地人民政府提供的其他公共服务	在临时居住证之上的额外服务和权益如下：①按照规定参加居住地专业技术职务的任职资格评定或者考试、职业（执业）资格考试、职业（执业）资格登记；②参加科技发明、创新成果申报，按照规定申请科技人才计划资助、科技项目资助或者专利补助基金；③按照本市相关规定申请转为常住户口

2. 居住证制度建立保障措施

居住证制度是顺应流动人口发展新形势下，为张掖市创新流动人口服务和管理制度而实施的一项人口登记管理模式，也是推动实现张掖城镇基本公共服务由户籍人口向常住人口扩展的重要手段。居住证制度具有淡化户籍管理色彩、加强流动人口服务管理、促进城市经济和社会发展等积极意义。为此，应以"低门槛申领，阶梯式赋权"为原则，以保障流动人口享受服务和权益为重点，进一步调整完善居住证制度，一方面降低居住证申领条件，建立居住证与户籍的制度衔接机制；另一方面改革公共服务筹资体制，提高中央和省级政府支出比例，同时，建立动态的实有人口信息数据库，实现身份证、户籍、居住证信息系统联通，与政府各部门人口信息共享。

（1）降低居住证申领条件，建立居住证与户籍的制度衔接机制。大规模的人口流动大大弱化了户籍管理制度的人口登记功能，而后尝试实行的暂住证制度只重管理不重服务，持证率低，人口登记管理功能没有很好发挥。居住证制度对流动人口之所以具有吸引力，是因为其将管理与服务相结合。居住证制度与户籍制度一样，也要承担人口登记管理和福利权益分配两种功能，强调以福利权益分配功能促进人口登记管理功能，实现"双提升"。居住证申领条件过高，不利于外来人口的登记管理。即使居住证附带多项公共服务，乃至没有任何申领门槛的情况下，仍然会有一些外来人口不去登记，何况设定的条件较高，就更会影响登记的效果。因此，居住证申领条件应尽量低，遵循"低门槛、阶梯式"的改革路径，细化相关规定。

（2）改革公共服务筹资体制，提高中央和省级政府支出比例。公共服务筹资的高度分权化是造成地方政府在公共服务方面排斥流动人口的最重要原因。从国际经验看，大多数国家，特别是单一制国家的教育和卫生支出主要是中央和省级政府的责任；社会保障和救济则基本就是中央政府的支出责任。我国应提高中央和省级政府的公共服务和社会保障支出比例，从根本上破解基本公共服务均等化的制度障碍。提高中央和省级政府的支出比例，不能只是临时性的举措，要求建立明确的政府间分担机制，并且各地方的分担比例安排应尽量统一。为此，张掖市应要求流入地政府切实承担起为外来人口提供公共服务和社会保障的责任。同时，提高统筹分配层次，在市域范围配置公共服务资源，提高资源的使用效率。

（3）借助信息科学技术手段，开发完善居住证证件使用功能。信息科学技术的飞速发展为推行居住证制度提供了坚实的技术保障，也为居住证的使用开辟了更广阔的空间。居住证需要广泛使用，应充分运用现代科技手段，实现其携带、管理和使用的便捷。在制作居住证时，要考虑申领者迁移流动的特点，开发居住证兼容信息存储和信息修改两大功能。其中，信息存储功能旨在检查核验持证人身份，方便民警使用可携带的信息机器现场读取信息；而信息修改功能旨在登载持证人的暂住地址等动态信息，仅面向个别有权限的人员开放。社区民警或受委托的工作人员可以现场验证，并在派出所或社区警务室更改登记地址，无需再次申领和重新制证。

（二）健全人口信息管理制度

由于张掖市在人口有序管理的内容及其目标的各个环节上存在一系列的问题，因此，流动人口服务管理工作既要注重管理理念，又要注重管理政策；既要注重规模调控，又要注重结构优化；既要注重依法行政，又要注重配套服务；既要注重近期改革，又要注重长远规划综合考虑，因此要实现流动人口服务管理的有序规范，必须在人口信息管理、资格审查、公共服务供给三方面同步改革，形成合力。

1. 建立动态的实有人口信息数据库，实现部门之间信息互通共享

人口普查并非每年进行，政府各部门一般只从本部门的需求出发，通过各自的渠道，开展日常的人口数据采集、统计和估计，并且数据主要为本部门使用。由于关注点不同，且缺乏交流，各部门的数据难以形成真实、准确的实有人口数据，不仅不利于政府统一制定政策，也为落实居住证的凭证功能设置了障碍。为此，应尽快建立动态的人口信息管理系统，开发统一的管理软件，一方面实施各部门之间的数据库对接工程，使各类人口数据库互联互通，定期或不定期进行数据信息的比对和交换；另一方面以公安部门的户籍人口和外来人口的数据库为基础，形成实有人口数据库，人社、计生、民政、住建等其他政府部门以自身渠道采集的数据，均储存在实有人口数据库中，该数据库可以自动实现数据的清理、对比和更新。

2. 以成本调控为突破口，建立人口管理协作机制

（1）尽早建立以人口有序管理为导向的政策统筹协调机制和会商制度，降低因政策冲突导致区域流动人口过度聚集的政策成本，减少政府对市场的干预行为，还原流动人口正常的就业成本和生活成本。在各项政策法规颁布之前进行审查，对不符合流动人口成本调控思路或其他重大执政目标的政策提出修改和完善意见，交由相关部门进行充分协调，待形成一致意见后再颁布实施。

（2）强化以流动人口服务管理为导向的部门统筹机制，降低因政策设计和执行漏洞导致流动人口成本费用不实的问题。与人口服务管理相关的部门需要全面树立"成本调控"的理念，形成部门合力：在就业成本调控方面，要着力严惩违法用工单位，既强化劳动执法力量，维护流动人口合法的劳动权益，又要重点查处流动人口聚居区内的个体工商户、"六小七黑"等存在事实劳动关系的单位，间接提高特殊区域和特殊行业流动人口从业人员的择业成本；在居住成本调控方面，各个部门要统筹协作，加快城乡结合部城市化工程建设，严格控制新增违法建设，加大对违法建筑的依法拆除力度，保证流动人口居住环境安全；积极建立并完善出租房屋综合执法长效机制，尽快出台违法出租的处罚性法律法规，如地下空间及群租房的管理罚则；强化对违规中介机构和个人房东的间接执法，规范房屋租赁行为，如加强对出租房主偷税漏税的监管力度和处罚力度等。

3. 建立以"城市功能定位"为导向的公共资源合理配置机制

张掖市要力争提高城市公共资源，特别是土地资源的配置效率，在区域功能定位的指导下，更大程度地发挥土地资源在疏解人口与产业分布方面的重要功能。土地供给和使用应该符合城市空间结构的调整方向，统筹考虑中心城与新城的协调发展，兼顾不同区域的城市发展现状；在产业调整方面，着重淘汰调整低端产业，控制低级次产业吸纳流动人口的规模。逐步建立起产业退出机制和产业准入制度。结合土地市场专项整顿，强化土地资源的集约利用，着重提高农村集体建设用地开发效益。

4. 实现彰显人性关怀的城市社会融合

在人口有序管理的同时，必须树立迁移流动人口社会融合的根本理念。对于"非事实移民"式的流动人口，可以尝试利用市场的手段，引导其在区域之间合理分布，而对于"事实移民"式的流动人口，必须建立社会融合机制，即在一定的财力和监管机制等客观约束下，流动人口能够有机会逐步获得包括政治选举权、平等就业权、家庭团聚权等在内的多项权利，但是这种权利的赋予应该是有条件的、分阶段性的。

第四节　城乡社会保障制度

1. 完善社会保障的立法体系

从世界范围看，社会保障立法模式主要有两种：分散立法模式和综合立法模式。分散立法模式以德国为代表，指立法体系由若干部平行的法规构成，各个单行法规分别调整某一方面的社会保障关系。综合立法模式以美国为代表，其特点是以一法统驭多法，叫作"一法统驭，多法并存"。由于社会保障是一个系统工程，涉及经济、社会的方方面面，立法分散的局面不能适应改革的进行。因此张掖立法应借鉴综合立法模式的做法，由其统驭之前和以后的各单行法。制定《社会保险法》，以统一社会保险领域的各项立法。

2. 制定专门的社会保障法律法规

"重城镇，轻农村；先城镇，后农村"，是张掖乃至全国社会保障工作的一个特点。大量农民在二元城乡结构下生活逐渐陷入贫困化，其能享受的保障待遇越来越少，与城镇居民的差距越拉越大。特别是在城乡统筹过程中，失地农民的涌现，农村人口老龄化的日趋严重，使得给予广大农民社会保障的必要性日益凸显，成为社会保障工作的重点。因此，建议张掖制定统一的《农村社会保障法》，从根本上保护农民的社会保障权益，同时辅以制定若干配套的法律法规，如《农村最低生活保障法》《农村医疗保障法》《农民养老保障法》等。

3. 规范社会保障基金筹集与运营

一方面，相关立法也有空白，需尽快出台与社保基金监管相关的法律，如《社保基金监督管理条例》等，以规范社保基金的征缴、管理、支付、运营等行为，明确法律责任；另一方面，还需要建立一个完善的监管体系来保证社保基金管理的安全性。监督主体包括人大、财政、审计、监察部门、新闻媒体等。监督机构的管理宜采取中央垂直管理模式，使监督工作能够避免地方政府的干扰，且有利于资源配置，减少重复浪费。

4. 关注社会保险金的支付风险

（1）立法上，由于社会保障基金关系的是百姓的保命钱，牵动着社会的和谐与稳定，因此需要加大对挤占、挪用社会保险基金的违法行为的打击力度。建议在刑事立法中，增加对挤占、挪用社会保险基金的违法行为的制裁规定。

（2）司法上，建议人民法院广泛设立劳动和社会保障法庭，专门从事审理劳动和社会保障争议案件，发挥法律在保证社会保障工作中的强制和震慑作用。这个建议在实践中已有小范围的实施。例如，河南省新野县人民法院在2004年就成立了劳动和社会保障案件巡回法庭，办公地点设在该县劳动人事和社会保障局内。该巡回法庭的主要任务是负责审理涉及劳动和社会保障的各类行政诉讼案件，负责执行劳动和社会保障行政部门作出的行政管理、处罚决定、征收通知等。该项举措使得当事人获得了有力的司法保护，收到了良好的社会效益。故张掖市应加以借鉴。

参考文献

岸根卓郎 .1985. 迈向 21 世纪的国土规划：城乡融合系统设计 . 高文琛译 . 北京：科学出版社 .

邴启亮 .2005. 基于水资源承载力的青岛市城市规模研究 . 西安：西安建筑科技大学硕士学位论文 .

布坎南 J.2008. 宪法秩序的经济学与伦理学 . 朱泱，毕洪海，李广乾译 . 北京：商务印书馆 .

蔡昉 .2006. "工业反哺农业、城市支持农村"的经济学分析 . 中国农村经济，1:11-17.

蔡昉 .2010. 刘易斯转折点与公共政策方向的转变：关于中国社会保护的若干特征性事实 . 中国社会科学，（6）：125-137.

蔡思复，张燕生 .1991. 发展经济学概论 . 北京：北京经济学院出版社 .

曹广忠 .2001. 发达地区县域城市化水平量测与城市化道路选择 . 经济地理，（2）：213-217.

曹向昀 .1995. 西方人口迁移研究的主要流派及观点综述 . 中国人口科学，（1）:45-53.

曹宗平 .2004. 城镇化之路——基于聚集经济理论的一个新视角 . 西安：西北大学博士学位论文 .

柴发喜 .2002. 黑河流域生态环境保护和建设 . 生态经济，（9）:69-71.

陈烈，赖志才，夏才源 .1998. 珠江三角洲乡村城市化的思考 . 热带地理，（4）:289-295.

陈瑞萍，夏明，吴波 .2003. 城市经济增长与城市产业结构的调整 . 决策探索，（6）:13-14.

城乡一体化课题组 .1991. 上海城乡一体化研究综合报告 . 城市经济与区域经济，（3）:66-70.

程国栋 .2002. 黑河流域可持续发展的生态经济学研究 . 冰川冻土，24（4）:335-343.

楚静 .2008. 发达国家农村剩余劳动力转移模式及启示 . 湖北社会科学，（2）:94-96.

崔凤军，杨永慎 .1998. 产业结构对城市生态环境的影响评价 . 中国环境科学，18（2）:166-169.

崔永慧 .2008. 城乡统筹理论发展述评 . 农村经济与科技，（3）:5-6.

戴炳源，万安培 .1998. 乔根森的二元经济理论 . 经济体制改革，（2）:23-26.

戴式祖 .1988. 城乡一体化是经济社会发展的大趋势 . 城市问题，（4）:27-29.

邓大松，孟颖颖 .2008. 中国农村剩余劳动力转移的历史变迁：政策回顾和阶段评述 . 贵州社会科学，（7）:5-12.

丁忠义，郝晋珉.2005.农业产业结构调整中土地利用结构及其与粮食产量关系分析——以河北省曲周为例.资源科学，27（4）:95-99.

杜三宝.2010.农民专业合作社发展现状调查与思考——以甘肃省张掖市甘州区为例.中国商界，（10）:38.

段杰，李江.1999.中国城市化进程的特点、动力机制及发展前景.经济地理，19（6）:79-83.

樊亢，宋则行.1982.外国经济史（第一册）.北京：人民出版社.

方创琳，步伟娜，鲍超.2004.黑河流域水－生态－经济协调发展方案及用水效益.生态学报，24（8）:1700-1707.

费洪平，宋金平.1997.我国城市化地域类型及其协调发展战略.地理学与国土研究，（4）: 7-13.

费景汉，拉尼斯.1989.劳动剩余经济的发展.王月等译.北京：华夏出版社.

封志明.2005.资源科学导论.北京：科学出版社.

冯娟，曾菊新.2002.西部大开发中的城乡发展模式选择.地域研究与开发，（1）:27-31.

冯雷.1999.中国城乡一体化的理论与实践.中国农村经济，（1）:69-72.

冯尚友，刘国全.1997.水资源持续利用的框架.水科学进展，（4）:301-307.

冯云廷.2001.城市集聚经济.大连：东北财经大学出版社.

甘肃省张掖市志编修委员会.1995.张掖市志.兰州：甘肃人民出版社.

甘肃张掖地区土地利用现状调查汇总课题组，甘肃张掖地区行署土地管理局.1991.甘肃张掖土地资源（内刊）.

高立金.1997.托达罗的人口流动模型与我国农村剩余劳动力的转移.农业技术经济，（5）:35-38.

高前兆，李福兴.1991.黑河流域水资源合理开发利用.兰州：甘肃科学技术出版社.

高以诺，向清凯.2003-10-10.绍兴统筹城乡发展的五个轮子.经济日报，第五版.

耿雷华，黄永基，郦建强，等.2002.西北内陆河流域水资源特点初析.水科学进展，13（4）:496-501.

龚建平.2003.费景汉和拉尼斯对刘易斯二元经济模式的批评.求索，（3）:35-36.

郭书田.1990.失衡的中国——城市化的过去、现在与未来.石家庄：河北人民出版社.

郭熙保.1989.发展中国家人口流动理论比较分析.世界经济，（12）:38-45.

国家统计局农村社会经济调查总队社区处.2003.农村剩余劳动力定量研究.调研世界，（3）:18-21.

韩士元.2003.论城市经济发展的一般规律.天津社会科学，（5）:96-99.

郝寿义，安虎森.2004.区域经济学（第二版）.北京：经济科学出版社.

何景熙, 李晓梅. 2010. 我国农村劳动力流动性就业计量问题研究. 中国人口·资源与环境, 20(1): 87-92.

胡俊超. 2006. 改革开放以来我国农业剩余劳动力转移的特点和规律. 广西社会科学, (3):46-49.

淮建峰. 2007. 国外城乡统筹发展理论研究综述. 科技咨询导报, (14):205.

黄祖辉, 陆建琴, 王敏. 2005. 城乡收入差距问题研究——基于收入来源角度的分析. 浙江大学学报 (人文社会科学版), 35(4):122-130.

惠泱河. 2001. 二元模式下水资源承载力系统动态仿真模型研究. 地理研究, (2):191-198.

惠泱河, 蒋晓辉, 黄强, 等. 2001. 水资源承载力评价指标体系研究. 水土保持通报, 21(1):30-34.

霍华德 E. 2000. 明日的田园城市. 金经元译. 北京: 商务印书馆.

纪晓岚. 1997. 中国乡村城市化的特点、问题、对策. 村镇建设, (4):39-42.

江立华. 2000. 转型期英国人口迁移与城市发展研究. 北京: 首都师范大学博士学位论文.

景普秋, 张复明. 2003a. 城乡一体化研究的进展和动态. 城市规划, 27(6): 30-35.

景普秋, 张复明. 2003b. 工业化与城市化关系研究综述与评价. 中国人口·资源与环境, 13 (3):34-39.

蓝永超, 康尔泗. 2000. 河西内陆干旱区主要河流出山径流特征及变化趋势分析. 冰川冻土, 22 (2):147-152.

蓝永超, 康尔泗, 张济世, 等. 2003. 黑河流域水资源开发利用现状及存在问题分析. 干旱区资源与环境, 17 (6):34-39.

雷定安, 刘笑平. 1998. 托达罗的人口思想及其现实意义. 西北人口, (4):1-3.

雷社平, 解建仓, 阮本清. 2004. 产业结构与水资源相关分析理论及其实证. 运筹与管理, 13 (1):100-105.

李兵弟. 2004. 关于城乡统筹发展方面的认识与思考. 城市规划, 28(6):9-19.

李惠. 1993. 人口迁移的成本、效益模型及其应用. 中国人口科学, (5):47-51.

李吉鸿, 郭玉兰. 2004. 张掖市水资源短缺原因分析及对策. 甘肃农业, (6):42-43.

李锦生. 2004. 当前我国农业产业结构调整的思路. 现代经济探讨, (3):44-46.

李骏阳. 1998. 刘易斯人口流动思想述评——兼论我国农业劳动力的转移. 西北人口, (2):47-52.

李世明, 程国栋, 李元红, 等. 2003. 河西走廊水资源合理利用与生态环境保护. 郑州: 黄河水利出版社.

李廷才. 1988. 谈城乡一体化发展的新格局. 辽宁大学学报 (哲社版), (5):68-71.

李希, 田宝国. 2003. 建设节水型社会的实践与思考. 北京: 中国水利水电出版社.

李仙娥, 王春艳. 2004a. 国内外关于农村剩余劳动力转移基本理论问题研究综述. 经济纵横,

（4）:60-63.

李仙娥，王春艳.2004b.国外农村剩余劳动力转移模式的比较.中国农村经济，5:69-75.

梁睿.2002.试析发展中国家和地区农业剩余劳动力转移的两类典型.哈滨学院学报，23（11）:60-62.

林善浪.2002.农村非农产业结构调整的特点及其发展趋势.福建师范大学学报（哲学社会科学版），（1）:1-8.

刘昌明.2004.西北地区生态环境建设区域配置及生态环境需水量研究.北京：科学出版社.

刘传江，郑凌云.2004.城镇化与城乡可持续发展.北京：科学出版社.

刘炜，黄忠伟.2004.统筹城乡社会发展的战略选择及制度构建.改革，（4）:13.

刘小梅，刘裕.2004.经济发展中的城乡势能分析.财经科学，（6）:117-121.

刘晓春.2003.河西地区生态环境可持续发展研究.兰州：西北师范大学硕士学位论文.

刘学录，任继周，张自和.2002.河西走廊山地－荒漠－绿洲复合生态系统的景观要素及其成因类型.草业学报,11（3）:40-47.

刘扬，王铮，傅泽田.2003.我国农村剩余劳动力转移的模拟分析.中国农业大学学报（社会科学版），（1）:15-21.

卢玲，李新，程国栋，等.2001.黑河流域景观结构分析.生态学报，21（8）:1217-1224.

鲁雪峰.2005.对张掖市旅游农业发展规划的初步探讨.甘肃农业，（2）: 45.

罗斌.2002.农业剩余劳动力和农村剩余劳动力的定义分析.理论前沿，（7）:26-27.

马恩成.1995.珠江三角洲的乡村工业化、城市化与农业现代化、城乡一体化.中国农村经济，（8）:47-49.

马世骏.1981.生态规律在环境管理中的作用——略论现代环境管理的发展趋势.环境科学学报，（1）:97-102.

马远军.2006.城乡统筹发展中的村镇建设：国外经验与中国走向.特区经济，（5）:41-43.

马远军，张小林，梁丹，等.2006.国外城乡关系研究动向及其启示.经济问题探索，（1）:45-50.

麦肯锡全球研究院.2009.迎接中国十亿城市大军.http://www.mckinsey.com/mgi[2009-12-30].

芒福德 L．2009.城市文化.宋俊岭等译.北京：中国建筑工业出版社.

芒福德 L.2010.刘易斯·芒福德著作精萃.宋俊岭，宋一然译.北京：中国建筑工业出版社.

蒙吉军.1996.张掖绿洲生态平衡与绿洲的可持续发展.兰州：西北师范大学硕士学位论文.

宁越敏.1998.新城市化进程——90 年代中国城市化动力机制和特点探讨.地理学报，（5）:470-477.

潘启民，田水利.2001.黑河流域水资源.郑州：黄河水利出版社.

彭金发 .2004. 统筹城乡发展改变二元经济结构 . 中国特色社会主义研究，（5）：64-66.

彭珂珊 .2001. 国外农业集约经营发展进程对中国的启示进程对中国的启示 . 党政干部论坛，（6）：25-28.

秦尊文 .2003. 论城市规模政策与城市规模效益 . 经济问题，（10）：1-3.

申文明，张建辉，王文杰，等 .2004. 基于 RS 和 GIS 的三峡库区生态环境综合评价 . 长江流域资源与环境，13（2）：159-162.

沈孔忠 .1999. 城乡结合部农村社区转型与城乡协调发展 . 人文地理，（4）：38-41.

施雅风 .1995. 气候变化对西北、华北水资源的影响 . 济南：山东科学技术出版社 .

施雅风，曲光耀 .1992. 乌鲁木河流域水资源承载力及其合理利用 . 北京：科学出版社 .

舒尔茨 T W.1987. 改造传统农业 . 梁小民译 . 北京：商务印书馆 .

舒尔茨 T W.1990. 人力投资：人口质量经济学 . 贾湛等译 . 北京：华夏出版社 .

宋洪远 .2004. 调整城乡关系：国际经验及其启示 . 经济社会体制比较，（3）：88-91.

宋金平 .1996. 中国农村剩余劳动力迁移的特点、机制与调控研究 . 经济地理，16（3）：96-101.

宋林飞 .2001. 按照市场原则加速农村剩余劳动力的合理转移 . 中国劳动，（4）：12-13.

宋先松 .2004. 黑河流域水资源约束下的产业结构调整研究——以张掖市为例 . 干旱区资源与环境，18（5）：81-84.

孙百才 .2006. 城乡教育差距与收入差距 . 甘肃理论学刊，（2）：98-100.

孙峰华 .1999. 农村剩余劳动力转移的理论研究与实践探索 . 地理科学进展，18（2）：111-117.

孙福滨 .1999. 中国城市化过程中的人口迁移模型研究 . 西安：西安交通大学博士学位论文 .

孙国武 .1981. 青藏高原及其邻近地区大气环境的季节变化与甘肃受旱研究 // 王谦谦，瞿章，颜宏，等 . 青藏高原气象会议文集（1977-1978）. 北京：科学出版社：129-141.

孙菊生，张启良 .2005. 我国城乡发展八大差距及其变化趋势 . 统计研究，（7）：61-65.

孙晓琳，姚波，黄英维 .2003. 二元户籍制度下的农村剩余劳动力流动模型 . 统计与信息论坛，18（6）：23-25.

孙自铎 .1989. 城乡一体化新析 . 经济地理，（9）：32-35.

汤奇成，张捷斌 .2001. 西北干旱地区水资源与生态环境保护 . 地理科学进展，20（3）：227-233.

汤正刚 .1995. 城乡一体化：中心城市市域城镇规划的总方针 . 经济体制改革，4：17-22.

唐曲，姜文来，陶陶 .2004. 民勤盆地水资源承载力指标体系及评估 . 自然资源学报，19（5）：672-678.

陶希东，石培基，李明骢 .2000. 西北干旱区水资源利用与生态环境重建研究 . 干旱区研究，

18（1）:18-22.

托达罗 M P.1992.经济发展与第三世界.印金强译.北京:中国经济出版社.

托达罗 M P.1999.经济发展（第六版）.黄卫平译.北京:中国经济出版社.

汪和建.1996.发展城乡联系,促进区域经济发展.南京社会科学,（1）:53-57.

汪小勤,田振刚.2001.论我国城乡人口迁移中的不确定性及其影响.中国农村经济,（7）:61-65.

王美艳.2005.城市劳动力市场上的就业机会与工资差异——外来劳动力就业与报酬研究.中国社会科学,（5）:36-46.

王梦奎.2004.关于统筹城乡发展和统筹区域发展.管理世界,（4）:1-8.

王明华,王淑贤.2001.消除城乡二元结构推进中国农村现代化.农业经济问题,（2）:52-54.

王思远,王光谦,陈志祥.2004.黄河流域生态环境评价及其演变.山地学报,22（2）:133-139.

王煜,黄强,刘昌明,等.2002.基于最大可支撑人口的水资源量承载能力分析.水土保持学报,16（6）:54-57.

王振营.1993.人口迁移的规律——不同条件下人口迁移模型研究.北京:中国人民大学博士学位论文.

王振亮.2000.城乡空间融合论.上海:复旦大学出版社.

王智勇,王劲峰,于静洁,等.2000.河北南部地区水资源利用边际效益.地理学报,55（3）:318-328.

魏清泉.1997.城乡融合——城市化的特殊模式.城市发展研究,（4）:27-29.

吴楚材,陈雯.1997.中国城乡二元结构及其协调对策.城市规划,（5）:38-41.

吴瑜,余新民,张继定.2008.国农村剩余劳动力转移的基本情况及对策分析.中国农业银行武汉培训学院学报,（5）:54-55.

吴元波.2003.农村城镇化无法回避土地政策和户籍制度改革.中国乡镇企业,（11）:31-34.

伍新木,张秀生.1999.长江地区城乡建设与可持续发展.武汉:武汉出版社.

夏安桃,许学强,薛德升.2003.中国城乡协调发展研究综述.人文地理,5（18）:56-60.

谢文蕙,等.1996.城市经济学.北京:清华大学出版社.

熊维明.2001.论城乡协调发展与农民增收.华中农业大学学报（社会科学版）,（4）:24-28.

徐建华.2002.现代地理学中的数学方法.北京:高等教育出版社.

许经勇.2004.解决三农问题的途径:统筹城乡发展.南通师范学院学报（哲学社会科学版）,20（1）:40-45.

许新宜,王浩,甘泓.1997.华北地区宏观经济水资源规划理论与方法.郑州:黄河水利出版社.

许学强，胡华颖.1988.对外开发加速珠江三角洲市镇发展.地理学报，43（3）:201-212.

许学强，周一星，宁越敏.1997.城市地理学.北京：高等教育出版社.

许拯民.2005.河南省郏县水资源与农业种植结构调整优化规划研究.水利发展研究,5(7):44-
46.

阎蓓.1996.新时期中国人口迁移研究.上海：华东师范大学博士学位论文.

杨立新，蔡玉胜.2007.城乡统筹发展的理论梳理和深入探讨.税务与经济，(3)：56-60.

杨培峰.1999.城乡一体化系统初探.城市规划汇刊，(2):51-54.

叶忱，黄贤金.2000.江苏省城市化发展研究.现代城市研究，(6):7-12.

于小妹,孔荣,徐彦.2007.我国农村剩余劳动力转移的特点和对农村经济发展的影响及对策.农
业现代化研究，28（6）:696-699.

袁文倩.2005.户籍制度与农村剩余劳动力转移.西北大学学报（哲学社会科学版），35
（5）:146-149.

曾菊新.2001.现代城乡网络化发展模式.北京：科学出版社.

曾培炎.2004.树立和落实科学发展观实现全面协调可持续发展.求是，18:11-16.

张安录.2000.城乡相互作用的动力学机制与城乡生态经济要素流转.城市发展研究,（6）:51-55.

张超，杨秉赓.2004.计量地理学基础.北京：高等教育出版社.

张杜鹃.2002.城市经济增长可持续发展问题初探.生产力研究，（1）:62-63.

张戈平，朱连勇.2003.水资源承载力研究理论及方法初探.水土保持研究，10（2）:148-150.

张国，李录堂.2001.中国未来十年城乡协调发展的目标及标志.西北农林科技大学学报（社
科版），（1）:48-51.

张鸿雁，高红.1998.在中美城市化与城乡关系发展基本规律比较.江海学刊，(2)：167-172.

张竟竟.2001.河南省城乡关联发展研究.开封：河南大学硕士学位论文.

张静.2008.我国农村剩余劳动力转移的现状及政策选择.现代商业，(5):24.

张凯，张勃，郝建秀.2003.基于水资源条件的张掖地区产业结构态势分析.生态经济，
（10）:77-80.

张立生.1995.天津市城乡一体化协调发展的研究.城市研究，（3）:32-35.

张文新，朱良.2004.近十年来中国人口迁移研究及其评价.人文地理，19（2）:88-92.

张晓东，池天河.2000.基于区域资源环境容量的产业结构分析——以北京怀柔县为例.地理
科学进展，19（4）:366-373.

张晓东，池天河.2001.90年代中国省级区域经济与环境协调度分析.地理研究,20(4):506-515.

张掖市农业办公室.2005.全市农业和农村经济调研报告（内部资料）.

赵保佑.2004.制度创新：统筹城乡协调发展的关键.中州学刊,（6）:28-32.

赵威,焦士兴.2003.区域水资源承载力的定量研究现状与可持续发展对策.开封大学学报,17（2）:52-58.

甄峰.1998.城乡一体化理论及其规划探讨.城市规划汇刊,（6）:28-31.

郑欣淼,侯辅相,王同信,等.1990.城乡经济：在协调中走向一体.人文杂志,（1）:55-61.

中国科学院地学部.1996.西北干旱区水资源考察报告——关于黑河、石羊河流域合理用水和拯救生态问题的建议.地球科学进展,11（1）:1-4.

中国科学院国情分析研究小组.1996.城市与乡村.北京:科学出版社.

中央气象局.1978.中华人民共和国气象图集.北京:地图出版社.

周皓.2000.中国人口迁移研究综述.人口与发展,（5）:32-41.

周纪纶.1989.城乡生态经济系统.北京:中国环境科学出版社.

周立华,樊胜岳,王涛.2005.黑河流域生态经济系统分析与耦合发展模式.干旱区资源与环境,19（5）:67-72.

周琴南.1983.关于新疆降水水汽来源问题的研究//北方天气文集编委会.北方天气文集（4）.北京:北京大学出版社:179-181.

周一星,曹广忠.1999.改革开放20年来的中国城市化进程.城市规划,（12）:9-14.

朱宏斌,徐兴祥,殷占军,等.2010.2008年张掖市农村饮用水卫生状况调查分析.中初级卫生保健,24（1）:81-83.

朱镜德.1999.中国三元劳动力市场格局下的两阶段乡——城迁移理论.中国人口科学,（1）:7-12.

朱农.2001.中国四元经济下的人口迁移——理论、现状和实证分析.人口与经济,（1）:44-52.

邹珊刚.1987.系统科学.上海:上海人民出版社.

Bairacharya B N.1995. Small towns and rural development : A study of urban-rural relations in the hill region of Nepal.Asia-Pacific Population Journal,10（2）:27-50.

Bogue D J.1969.Principles of Demography.New York:John Wiley.

Bowler I .1999.Endogenous agricultural development in western Europe.Tijdschrift voor Economische en Sociale Geografie ,（90）:260-271.

Boyden S. 1993.Biohistory: the interplay between human society and the biosphere, past and present. Journal of Ecology, 81(1):193.

Daily G C, Ehrlich P R.1996.Socioeconomic equity, sustainability and earth' carrying capacity. Ecological Application，6（4）:991-1001.

Douglass M.1998. A regional network strategy for reciprocal rural urban linkages:An agenda for policy research with reference to Indonesia.Third World Planning Review, 20（1）:1-33.

Giddens A. 1971. Capitalism and Modern Social Theory：An Analysis of the Writings of Marx, Durkheim and Weber. London：Cambridge University press.

Golledge, Stimson.1997.Capitalism and modem social theory.Cambridge:Cambridge Universify Press.

Harris J R, Todaro M P.1970. Migration, unemployment and development: A two sector analysis. The Economic Journal, 60（1）:126-142.

Howard E.1984. Garden Cities of Tomorrow. Cambridge, Mass: MIT Press.

J Harris J R.1982. Rural Development：Theories of Peasant Economy and Agrarian Change. London: Hutchison.

Jones G A, Corbridge S. 2010.Thecontinuing debate about urban bias: The thesis, its critics,its influence and its implications for poverty-reduction strategies.Progress in Development Studies,10（1）:1-18.

Jorgenson D W.1961. The development of dual-economy.The Economic Journal,（6）:309-334.

Jorgenson D W.1967. Surplus agricultural labor and the development of a dual economy. Oxford Economic Papers, 19(3):288-312.

Lee E S.1966.A theory of migration. Demography, 3(1)：47-57.

Lewis W A.1954a.A model of dualistic economics. American Economic Review, 36：46-51.

Lewis W A.1954b.Economic development with unlimited supplies of labor. Manchester School of Economic and Social Studies,（5）:139-191.

Lipton M. 1977. Why Poor People Stay Poor:Urban Bias in World Development.Cambridge, Mass:Harvard University Press.

Mcgee T G. 1989. Urbanisasi or Kotadesasi? The Emergence of New Regions of Eonomic Interaction in Asia. Honolulu:University of Hawaii Press.

Ranis G, Fei J C H.1969.A theory of economic development.The American Economic Review,51（4）:533-565.

Ravenstein E G. 1976. The laws of migration. Journal of the Royal Statistical Sociey, 151（1385）:289-291.

Ray C.1999.Endogenous development in the era of reflexive modernity.Journal of Rural Studies, 15(3):257-267.

Rondinelli D A. 1983. Secondary Cities in Developing Countries:Policies for Diffusing Urbanization. Beverly Hills : Sage Publications.

Rondinelli D A. 1985. Applied Methods of Regional Analysis: The Spatial Dimensions of Development Policy. London:Westview Press.

Sagoff M. 1995. Carrying capacity and ecological economic. Bioscience, 45（9）: 610-620.

Samuelson P, Nordhaus W. 1992. Economics（14th Eds）. New York: McGraw-hill, Inc.

Todaro M P. 1969. A model of labor migration and urban unemployment in less developed counties. American Economic Review,（3）:138-148.

Wellise S. 1971. Economic Development and Urbanization.California:Beverly Hills California Sage.